Malinowski / Münch
Soziale Kontrolle

Kritische Texte:
Sozialarbeit
Sozialpädagogik
Soziale Probleme

Herausgegeben von
Hanns Eyferth
Paul Hirschauer
Joachim Matthes
Wolfgang Nahrstedt
Hans-Uwe Otto
Hans Thiersch

Peter Malinowski / Ulrich Münch

Soziale Kontrolle

Soziologische Theoriebildung und ihr Bezug zur Praxis der sozialen Arbeit

Luchterhand

Gesamtherstellung: Druck- und Verlags-Gesellschaft mbH, Darmstadt.
Printed in Germany, Januar 1975.
ISBN 3 472 58016 X.

Inhalt

1. Einleitung: »Soziale Kontrolle« als Grundbegriff der Sozialforschung und als Problembegriff sozialer Arbeit

Der Begriff »soziale Kontrolle« ist in der Soziologie so aktuell wie er historisch vorbelastet ist. Seine heutige Aktualität bezieht der Begriff aus einem weithin im Wandel begriffenen Selbstbewußtsein einer Soziologie, die sich nicht länger als Legitimationswissenschaft und als Problemmanipulationsinstrument der herrschenden Kräfte der jeweiligen gesellschaftlichen Systeme ausweisen will. »Soziale Kontrolle« ist zunehmend zu einem kritischen Begriff in verschiedenen Analysebereichen der Sozialwissenschaften geworden. Das gilt vor allem für solche Analysen, die sich im Rahmen der Sozialforschung mit den sogenannten sozialen Problemen und deren Handhabung durch die verschiedenen gesellschaftlichen Kontrollinstanzen befassen.

Dem sozialwissenschaftlich weniger informierten Leser wie auch dem nur allgemein mit der Geschichte der Soziologie vertrauten mögen diese Anfangsbemerkungen zweifelhaft erscheinen. Scheint doch der besagte Begriff beim ersten Zusehen und bei Kenntnis einiger Klassiker der Soziologie viel eher eine Kennzeichnung perfekter gesellschaftlicher Manipulation bzw. eine Kategorie konservativer Sozialtechnologen zu sein. Bei anderem Licht besehen zeigt sich der Begriff der sozialen Kontrolle jedoch von einer entgegengesetzten Seite: »Er wird zu einem Instrument der Sozialkritik an den Institutionen der Gegenwart, einer Kritik vor allem an der übertriebenen Freiheitsberaubung, die diesen Institutionen zugeschrieben wird« [1]*. Viele Sozialwissenschaftler sind inzwischen durch die analytische Tragweite dieser Kategorie dahingehend sensibilisiert worden, ihr Augenmerk in besonderem Maße auf die durch soziale Kontrolle bedingten Strukturen und Prozesse zu lenken, die im Zusammenhang mit gesellschaftlichen Problemen wie Armut oder Unterprivilegierung Phänomene wie Verwahrlosung oder Kriminalität erst schaffen. Diese Seite der Kritik an den gesellschaftlichen Zwängen und an den durch übermächtigende Kontrollen initiierten Diskriminierungsprozessen gesellschaftlicher Teilgruppen in aller Radikalität zu erschließen, hat die Soziologie allerdings lange versäumt. Auch heute sind derartige kritische Positionen bei weitem noch nicht ausgereift. Dennoch möchten wir auf folgender Feststellung beharren: Auch die vielfach in der Geschichte der Soziologie unter dem Motto der sozialen Kontrolle konstruierte Theorie der Konformität, wie sie in verschiedenen Schattierungen aus der europä-

* Anmerkungen s. S. 5

ischen und angloamerikanischen Soziologie bekannt ist, kann nur oberflächlich verdecken, daß dieser Begriff ein kritisches und emanzipatorisch einsetzbares Potential birgt, das einem zunächst vermuteten konservativen politischen Hintergrund diametral entgegensteht.

Um dieses Potential zu erschließen, sollte sich das theoretische Erkenntnisinteresse darauf richten, den verdinglichten Charakter der vielfach erstarrten gesellschaftlichen Kontrollstrukturen sowie die Zwanghaftigkeit der oft nur durch Herrschaft legitimierten normativen Systeme unter den gegenwärtigen gesellschaftlichen Verhältnissen zu entschleiern. Das heißt nichts anderes, als bestimmte gesellschaftliche Formen und Bewegungsprinzipien ihrer Versachlichung zu entreißen, sie durchschaubar und handhabbar werden zu lassen für diejenigen, die von ihnen betroffen sind. Denn die gesellschaftliche Wirklichkeit drückt sich für diejenigen, die unter deren Zwängen von struktureller Gewalt betroffen sind, zumeist als eine »Bewegung von Sachen (aus), unter deren Kontrolle sie stehen, statt sie zu kontrollieren« [2].

Diese bereits auf theoretischer Ebene einzubringende Intention hat ihr Ziel nicht zuletzt in einem gesellschaftspolitischen Interesse, das sich unmittelbar auf die gesellschaftliche Praxis richtet – auf die Praxis der sozialen Arbeit. Unter der Praxis der sozialen Arbeit verstehen wir dabei kooperative Handlungsmodelle bzw. kooperative Handlungsstrategien, die die Interessen und Tätigkeiten der von sozialen Problemen betroffenen Gesellschaftsgruppen, von Sozialarbeitern und Sozialpädagogen sowie von Sozialwissenschaftlern in sich vereinigen. In unserem Verständnis wäre diese Praxis eine Praxis *gemeinsamer* politischer Aktion zur Lösung gesellschaftlicher Probleme und zugrundeliegender Konflikte in einem ursächlichen Sinne, der sich grundlegend von der weithin üblichen Symptombehandlung der herkömmlichen Sozialarbeit unterscheiden würde. Neben der Kennzeichnung einer qualitativen und intentionalen Andersartigkeit des Handelns gegenüber der herkömmlichen Sozialarbeit soll der Begriff soziale Arbeit insbesondere auch den Stellenwert des Attributs »sozial« verdeutlichen. Wie die Analyse gesellschaftlicher Kontrollstrukturen und -prozesse im folgenden aufdecken wird, geht es bei den sozialen Problemen, die in der Reichweite der Handlungsfelder sozialer Arbeit liegen, nicht um isolierte Tatbestände oder zufällige Befindlichkeiten bestimmter Bevölkerungsgruppen, sondern um Erscheinungen, die tiefere Ursachen und Auswirkungen im sozioökonomischen und politischen Kontext der Gesellschaft haben. Soziale Arbeit mit dem Ziel der Aufdeckung und Lösung der ursächlichen Zusammenhänge sozialer Probleme und deren Kontrolle durch die Betroffenen selbst auf der Grundlage kooperativer Aktionen der bereits genannten Gruppierungen sowie weiterer politisch engagierter Kräfte – wie etwa Gewerkschaften, progressive politische Parteien, aber auch spontane Initiativen der Bevölkerung – müßte, in einer erweiterten Form als es die bisherige Sozialarbeit verstand, diese genuin sozialen Bedingtheiten in Rechnung stellen und auf sie einzuwirken versuchen. Damit soll nicht einem euphorischen Aktionismus das Wort geredet werden. Vielmehr sollte es darum gehen, in der Einheit von praxisgeleiteter Forschung und forschungskontrollierter Praxis [3] politisch relevante Handlungsmodelle zu entwickeln, die den sich treffenden praktischen und theoretischen Interessen der bezeichneten Gruppierungen zur gesellschaftlichen Durchsetzung verhelfen.

Ehe auf theoretischer Ebene diskussionswürdige Positionen bezogen werden können und bevor es gelingt, sich analytisch den bislang vorfindbaren Bereichen gesellschaftlicher Praxis gründlich zuzuwenden, scheint es erforderlich, sich über die Bedeutung und die sozialwissenschaftliche Verknüpfung der Kategorie soziale Kontrolle mit anderen theoretischen Begriffen Klarheit zu verschaffen. Soziale Kontrolle ist uns als Alltagsmenschen mehr oder minder bewußt aus den verschiedensten Situationen des Alltagslebens bekannt. Wer könnte nicht auf Anhieb verschiedene Beispiele für Erfahrungen über die alltägliche Gerichtetheit und Gelenktheit zwischenmenschlicher Handlungsprozesse, über deren Beobachtung und Bewertung durch die unmittelbare oder mittelbare soziale Umgebung aufzählen? Schwieriger ist es schon, sich reflektierend mit der oft erzwungenen Stabilität oder Kontinuität der meisten Elemente des gesellschaftlichen Lebens auseinanderzusetzen und die Gründe zu benennen, die uns in auferlegten Routinen erstarren lassen und alternative Handlungsmuster aus dem Bereich des Naheliegenden rücken. An diesem Problem haben die verschiedenen Kontrolltheoretiker eingesetzt, wie beispielsweise in der zusammenschauenden Darstellung der Kontrolltheorie durch *R. T. LaPiere* deutlich wird [4]. Wie viele Kontrolltheoretiker vor ihm interessiert *LaPiere* soziale Kontrolle in der unmittelbaren Verbundenheit des Sozialverhaltens. Zusammen mit Sozialisationsprozessen in ihrer Auswirkung auf die Strukturierung der Persönlichkeit und mit jeweiligen Situationskomponenten sieht er Sozialkontrolle als determinierende Kraft sozialen Verhaltens, wobei die Kontrollfunktion vermittelt ist durch individuelles Statusstreben [5]. Die prägende Kraft der sozialen Kontrolle für das soziale Verhalten haben auch nach *LaPiere* viele Theoretiker – das prominenteste Beispiel ist sicherlich *G. C. Homans* – erkannt. Vielfach gerieten dabei gesamtgesellschaftliche Zusammenhänge aus dem Blickfeld. In unserer kritischen Bestandsaufnahme der soziologischen Theorie sozialer Kontrolle wollen wir den Entwicklungsgang

der Problemdiskussion nachzeichnen und in einigen eigenen Ansätzen auf Entwicklungsmöglichkeiten der verschiedenen Thesen hinweisen.
Unser weiteres Interesse gilt der Diskussion sozialer Auffälligkeiten wie insbesondere abweichendem Verhalten und seinen gesellschaftlichen Bedingungen. Diese in den letzten Jahren auch in der BRD forcierte Thematik erscheint uns als einer der wichtigsten Verengungskanäle, durch die allgemeine sozialwissenschaftliche Erkenntnisse die Chance erlangen, in den unmittelbaren Relevanzrahmen der gesellschaftlichen Praxis einbezogen zu werden. Dabei verstehen wir die Befunde der neueren Kriminalsoziologie zur Rolle der Instanzen sozialer Kontrolle bei spezifischen Kriminalisierungs- und Stigmatisierungsprozessen – auch gerade was die herkömmliche Sozialarbeit anbetrifft – als Kritik an den Handlungsmodellen der etablierten formellen gesellschaftlichen Kontrollpraxis. Diese Kritik betrifft somit auf gravierende Weise das Selbstverständnis der Sozialarbeit als Institution. Eine gründliche Rezeption und kritische Würdigung der soziologischen Bedenken zu bestimmten Aspekten des Kontrollhandelns im Zusammenhang mit eigenen Erfahrungen aus der Praxis könnte u. E. Sozialarbeiter und Sozialpädagogen für eine Zusammenarbeit in einem Kooperationsmodell sozialer Arbeit, wie es oben angedeutet wurde, gewinnen.
Auf den letztgenannten Aspekt werden wir verstärkt, wenn auch zwangsläufig in Form allgemeiner Ansätze, im Schlußteil dieser Arbeit zurückkommen. Wir sind uns völlig klar darüber, daß es mit bloßen Bekundungen und theoretisch artikulierten Ansprüchen allein nicht getan ist. Allein die konkrete Diskussion zwischen den Standpunkten und die politische Bereitschaft, ein solches Modell zu institutionalisieren, werden in Zukunft weiterführen können. In einigen Bereichen sozialer Problemfelder wie etwa Jugendarbeit, Obdachlosenarbeit oder auch Nichtseßhaftenarbeit (um nur einige Beispiele zu nennen) deuten sich Innovationen bereits an. Das Ziel dieser Innovationen ist global die Aufhebung der Diskrepanzen zwischen Möglichem und Tatsächlichem in den zur Zeit vorgängigen gesellschaftlichen Verhältnissen und Strukturen [6]. In theoretischen und praktischen Arbeiten gilt es, diese Zielvorstellung zu präzisieren und in zunehmendem Maße zu realisieren.
Der folgende Text ist eine gekürzte und überarbeitete Fassung unserer Diplomarbeit an der Fakultät für Soziologie der Universität Bielefeld aus dem Wintersemester 1972/73. Für Anregungen zur Diskussion danken wir Günter Albrecht und Joachim Matthes sowie Hans-Uwe Otto in bezug auf die endgültige Fertigstellung des Manuskripts. Für technische Hilfen bei der Herstellung des Manuskripts danken wir Marianne Andörfer, Annemarie Kalkbrenner und Christine Malinowski-Kalkbren-

ner, die auch bei der Übersetzung der zahlreichen englischsprachigen Zitate half.

Bielefeld/Düsseldorf
im Juli 1974

Ulrich Münch
Peter Malinowski

Anmerkungen

Dieses Buch wurde in seiner überarbeiteten Fassung für einen breiten Leserkreis von soziologisch interessierten Laien bis hin zu den sogenannten Fachleuten geschrieben. Wir meinen, gerade für die Leser, die bislang nur wenig Kontakt zu sozialwissenschaftlichen Forschungsarbeiten, wie wir sie im folgenden Text verarbeiteten, gefunden haben, eine ausführliche Belegung der in unsere Arbeit einbezogenen Materialien und Gedanken liefern zu müssen. Wir haben deshalb umfangreicher als vielleicht sonst üblich Anmerkungen zu einzelnen Textstellen eingebracht. Sie sollen einer umfassenden Information des Lesers dienen. Um eine möglichst große Übersicht zu gewährleisten, sind die Anmerkungen im folgenden nach den Hauptkapiteln der Arbeit gegliedert und für jedes Kapitel von neuem durchgezählt. Einschübe in Zitate, die wir vorgenommen haben, sind im Text durch Klammerungen kenntlich gemacht, Auslassungen durch Punktation gekennzeichnet. Die Übersetzung fremdsprachiger Zitate erfolgte durch uns.

1 *M. Janowitz* 1973, S. 499.
2 *K. Marx* 1972, S. 89.
3 Für inhaltliche und terminologische Anregungen zu diesem Punkt danken wir *W. Springer*, der durch seine Seminare im Sommersemester 1972 an der Fakultät für Soziologie der Universität Bielefeld mehr Einfluß auf diese Arbeit ausgeübt hat als wir durch Einzelbelege kenntlich machen konnten.
4 Vgl. *R. T. LaPiere* 1954, S. 25 ff.
5 Vgl. ebenda: S. 45.
6 Diese Diskrepanz spricht *J. Galtung* 1972, S. 57, in seiner grundlegenden Definition von Gewalt an: »Gewalt liegt dann vor, wenn Menschen so beeinflußt werden, daß ihre aktuelle somatische und geistige Verwirklichung geringer ist als ihre potentielle Verwirklichung.«

2. Geschichtliche und allgemeinsoziologische Fundierung der theoretischen Konzepte »sozialer Kontrolle«

2.1. Die sozialwissenschaftliche Ausgangslage in Amerika und in Europa

Der Ursprung des Begriffs der sozialen Kontrolle ist in seiner heutigen Verwendungsweise in der amerikanischen Soziologie zu suchen. Hier wiederum hat er wichtige Impulse aus französischen Quellen erhalten. *A. Comtes* Bezeichnung »Voraussicht« (prévision) wird von *L. F. Ward* übernommen und in die Formel abgewandelt »Voraussehen, um kontrollieren zu können« (predict in order to control). *F. H. Giddings* (Geschichte als sozialer Selbstgestaltungsprozeß) und *F. Oppenheimer* (Geschichte als Selbstdomestikationsprozeß) schließen sich der Auffassung *Wards* an, wenn sie von der menschlichen Fähigkeit sprechen, sein gesellschaftliches Schicksal selbst in die Hände zu nehmen [1]*. Gleichzeitig erfolgt eine Absetzung von *H. Spencers* Determinismus, der der Ansicht war, »daß man den Gang der Entwicklung im wesentlichen sich selbst überlassen müsse« [2].

Die Auswahl der im folgenden besprochenen Literatur orientiert sich an einer Durchsicht von Wörterbüchern, lexikalischen Werken und Enzyklopädien zum Begriff der »sozialen Kontrolle« [3]. Beachtung finden hierbei eigenständige Ansätze zur Theorie der sozialen Kontrolle, die im folgenden dargestellt werden sollen. Wegen der räumlichen Begrenzung der Studie ist es nicht möglich, jeden gedanklichen Ansatz bis in alle Konsequenzen zu verfolgen oder die Bildung sowie Fortentwicklung von Schulen darzustellen.

2.1.1. Kategoriale Bestimmung und theoretisches Konzept der sozialen Kontrolle bei Ross

Das Verdienst, eine spezifische Verwendungsweise des Begriffs »soziale Kontrolle« eingeführt zu haben, ist eindeutig *E. A. Ross* zuzuschreiben. Seit 1896 sind von ihm mehrere Artikel im »American Journal of Sociology« [4] veröffentlicht worden, die er 1901 in seinem Buch »Social Control« zusammenfaßte.

Ross siedelt das Studium der sozialen Kontrolle im Bereich der Sozialpsychologie an, die sich mit der psychischen Wechselwirkung zwischen

* Anmerkungen s. S. 67

dem Menschen und der ihn umgebenden Gesellschaft beschäftigt. Die Sozialpsychologie gliedert sich dieser Konzeption folgend in zwei Unterabteilungen: Die *soziale Aszendenz* befaßt sich mit der Beherrschung des Individuums durch die Gesellschaft, während die *individuelle Aszendenz* die Herrschaft des Individuums über die Gesellschaft zum Thema hat. (*Ross* erwähnt z.B. die Rolle bedeutender Männer, Erfindungen sowie der Führerschaft). Die soziale Aszendenz untergliedert sich nun wiederum in »sozialen Einfluß« und »soziale Kontrolle«. Sozialer Einfluß meint die soziale Herrschaft ohne Absicht und Zweck. Sie manifestiert sich z.B. in Konvention, Gewohnheit, öffentlicher Meinung, Mode etc. Soziale Kontrolle ist im Gegensatz dazu die beabsichtigte Herrschaft über Individuen, die im Leben der Gesellschaft eine Funktion erfüllt [5]. Letzter Kategorie wendet sich *Ross* in aller Ausführlichkeit zu. Um diese zu rekonstruieren, müssen wir bei den verschiedenen Formen der Vergesellschaftung ansetzen, die Ross entwirft.

2.1.1.1. Natürliche Gemeinschaft und natürliche Ordnung

Die *Gemeinschaft*, welche Ross als »natürliche« bezeichnet, beruht weniger auf Kontrolle, als vielmehr auf einer Übereinstimmung von Individuen, die in direkter, persönlicher Beziehung zueinander stehen. Die Gemeinschaft basiert weiterhin auf ökonomischer Gleichheit oder einer Umgebung, die Gleichheit erzwingt. Die »natürliche Ordnung« der natürlichen Gemeinschaften wird aufrecht erhalten durch eine natürliche Ausstattung des Menschen mit vier Instinkten:

a) der spontan regulierenden Kraft der »Sympathie«,
b) der »Soziabilität« als dem Bedürfnis nach Nähe und Anwesenheit anderer vertrauter Personen,
c) dem »Gerechtigkeitssinn« als Wunsch nach Gleichbehandlung und
d) der individuellen Reaktion auf »Verstimmungen« (resentment) als der egoistischen Seite des Gerechtigkeitssinns [6].

Die Ausstattung der Individuen mit den vier Instinkten begünstigt die Entstehung einer natürlichen, nicht künstlich geschaffenen Ordnung. Die persönlichen Beziehungen und die ökonomische und soziale Gleichheit lassen – nach Ansicht von *Ross* – die Notwendigkeit von »öffentlicher Meinung, Recht, Religion und anderen ähnlichen Manifestationen allgemeinen Wollens (general will)« nur langsam entstehen [7]. Der natürlichen Ordnung stellt *Ross* damit eine Ordnung höheren Grades gegenüber, wobei er die Evolution von der einen zur anderen quasi naturhaft in der Zunahme indirekter Beziehungen sowie in der Schwächung der natürlichen Instinkte des Menschen – bedingt durch Zunahme des Privateigentums – begründet sieht [8].

2.1.1.2. *Soziale Ordnung und soziale Kontrolle*

Ross nennt die höhere Ordnung »soziale Ordnung«. Er definiert sie via negationis: Ordnung in diesem Sinne herrscht nicht in einem Zustand von Gewalt, konfligierender persönlicher Interessen, Desolatheit; Ordnung meint vielmehr die Vermeidung von Kollisionen, erfolgreiche Kooperationen, die Einhaltung konventioneller Regeln. Bereits mit dieser Definition von sozialer Ordnung, die eher als Idealbild erscheint denn als analytische Kategorie, vergibt *Ross* die Möglichkeit, die Kategorie der sozialen Kontrolle zu einem wirklich tragfähigen analytischen Instrument der Sozialforschung zu entfalten. Das wird noch deutlicher dadurch, daß er die soziale Ordnung als Produkt der sozialen Kontrolle kennzeichnet und damit diese beiden Begriffe in engen Zusammenhang zueinander setzt. Die Form sozialer Beziehungen, die angesichts der Abnahme der durch die natürliche Ordnung gewährleisteten direkten persönlichen Beziehungen vertragliche geworden sind, nennt *Ross* Gesellschaft. *Ross* verwendet den so entworfenen Gesellschaftsbegriff universal, wobei er übersieht, daß die diesen Gesellschaftsbegriff konstituierenden Annahmen einer sozialen Ordnung und einer sozialen Kontrolle bereits beschränkt, lediglich an einem bestimmten Gesellschaftstyp orientiert, eingeführt werden [9].
Diese u.E. wesentliche Einschränkung des Konzepts der sozialen Kontrolle muß bedacht werden, wenn im folgenden die von Ross analysierten Mittel der Kontrolle dargestellt werden.

2.1.1.3. *Die Mittel der Kontrolle und ihre Integration in die Gesellschaft*

Ross versteht unter sozialer Kontrolle die Herrschaft über die Handlungen und Ziele der Individuen, die von der Gesellschaft zum Wohle der Gesellschaft ausgeübt wird [10]. Mittel der Kontrolle sind dabei: öffentliche Meinung, Gesetz, Glaube, soziale Suggestion, Erziehung, Gewohnheit, soziale Religion, persönliche Ideale, Zeremonien, Kunst, Aufklärung, Illusion und soziale Wertung [11]. Wir stehen nun vor der schwierigen Aufgabe, diese breite Palette der Kontrollmittel darzustellen und zu analysieren. Um die Diskussion räumlich und zeitlich nicht ins Uferlose ausdehnen zu lassen, übernehmen wir nur zu gerne eine Dreiteilung des vorliegenden Materials, die *Ross* selbst vorgeschlagen hat.

1. Die erste Gruppe der Kontrollmittel reicht von der Kontrolle durch öffentliche Meinung bis zur Kontrolle durch soziale Suggestion. Diese Mechanismen zeichnen sich dadurch aus, daß sie auf eine Beherrschung des menschlichen Willens ausgerichtet sind.
Die *öffentliche Meinung* hat eine dreifache Möglichkeit, auf unerwünschtes Verhalten zu reagieren:

a) durch »öffentliche Beurteilung (public judgement),
b) durch »öffentliche Empfindung« (public sentiment) und
c) durch »öffentliches Handeln« (public action).

Diesen Kräften entsprechen die Sanktionen der »Meinung« (opinion), des »Umgangs« (intercourse) und der »Gewalt« (violence) [12].
Das *Gesetz* ist nach *Ross* das perfektionierteste und vollendetste Kontrollmittel. Seine Aufgabe ist zweiseitig: Es ist repressiv mit Aggressionshandlungen befaßt und ahndet als zwingende Macht Vernachlässigungen der Familie oder Vertragsbrüche. Das Charakteristikum legaler Sanktionen ist, daß sie »unumstößlich« (positive), »gewaltsam« (violent) und »körperlich« (corporal) sind. Der Ursprung des Gesetzes ist in den Absichten und Gewohnheiten der Masse zu suchen. Viele legale Sanktionen erhalten ihre Wirkung erst dadurch, daß sie sich an die Öffentlichkeit richten oder der Kooperation der Öffentlichkeit bedürfen [13]. Wenn das Gesetz auch nicht das einzige und ständig überragende Kontrollmittel einer Gesellschaft darstellt, so ist es dennoch »der Eckpfeiler des Ordnungsfundamentes« [14].
Die Mängel der bisher genannten Kontrollmittel [15] werden vermieden durch den *Glauben*. »...nicht verifizierbare Überzeugungen, die das berücksichtigen, was außerhalb der menschlichen Erfahrung liegt, werden wir *Glauben* nennen, und die Verhaltenskontrolle durch solche Überzeugungen werden wir als *Kontrolle durch Glauben* bezeichnen« [16]. Der Glaube erhöht, indem er kraft Überzeugung die perfekte Anpassung des Individuums an die Bedürfnisse der Gesellschaft ermöglicht, die Wirkung der gesetzesmäßigen Kontrolle.
Die *soziale Suggestion* kontrolliert Verhalten nicht durch Sanktionen jedweder Art, sondern wirkt ihrerseits, wie *Ross* hervorgehoben hat, einmal in der Form des sozialen Einflusses – also unbewußt und unbeabsichtigt; auf der anderen Seite wird sie als Zwang erfahren, der zwischen den Interessen der Individuen und denen der Gesellschaft Präferenzen setzt. Suggestion wirkt auf diese Weise formend auf die Gewohnheiten und Sitten der Individuen ein, indem sie das persönliche Leben entlang einer gesellschaftlich geforderten Skala von Ideen, Werten und Zielen anordnet [17].

2. Bezog sich die zuerst genannte Kategorie von Kontrollmitteln auf den Menschen als ein sich rational verhaltendes und steuerndes Wesen, so bringt *Ross* mit einer zweiten Kategorie von Mitteln die Kontrolle emotionalen und affektiven Handelns in seine Theorie ein. *Ross* bezeichnet den Ursprung der wilden, egoistischen Impulse, die letztgenannte Aktivitäten verursachen, als »unreclaimed jungle« [18], den es unbedingt mit den im folgenden näher zu bezeichnenden Kontrollmitteln einzudämmen gilt. Ein erstes Kontrollmittel, das ihm dazu geeignet erscheint, ist die *soziale Religion* (social religion). Sie ist die Überzeugung, daß zwischen den Mitgliedern einer Gesellschaft ideale Beziehungen bestehen. Die daraus resultierenden Gefühle lenken die individuellen Interessen und Sympathien in die Richtung eines »broad self« [19].

Der Abbau egoistischer und der Aufbau altruistischer Gefühle (sentiments) bei den Handelnden wird von der Gesellschaft durch Verhaltensmuster oder -typen veranlaßt, die *Ross* als *Leitbilder* oder *Ideale* bezeichnet. Kontrolle dieser Art wird dadurch forciert, daß sich die Handelnden auf Charakterzüge einstellen, wie sie auch auf Farben oder Gerüche reagieren [20].

Zeremonien – als drittes Kontrollmittel in dieser Kategorie – sind jene Verhaltensformen, die durch Imitation generalisiert werden. Die Bedeutung der Zeremonien verlagert sich, wie *Ross* anmerkt, dabei immer mehr vom Bereich der gesamten persönlichen Beziehungen zum Bereich einzelner Anlässe und Gelegenheiten. Zeremonien wirken symbolisch, indem sie in der Erinnerung einzelne Worte oder Gesten auf vollzogene Handlungsabläufe rückbeziehen. »Die Leistung der Zeremonie... besteht in... der Stimulierung der Vorstellung durch angemessene Gesten, Handlungen und Worte...« [21].

Kunst ordnet *Ross* als weiteres Kontrollmittel in diese Kategorie ein. Sie umfaßt alle die Mittel, durch die eine Idee an Ausdrucksstärke gewinnt. Ihre Möglichkeiten der Gefühlsmodifikation bei den Individuen sind folgende: Sie weckt Leidenschaften, schafft Sympathie, nutzt den Sinn für Ästhetik und für das Erhabene, perfektioniert soziale Symbole und fasziniert durch neue Muster und Typen. Der Künstler als Promotor dieser Möglichkeiten kann somit zur allgemeinen Anhebung der Moral beitragen [22].

Den von Natur bedingten hervorragenden Einfluß einiger weniger *Persönlichkeiten* auf die Masse sieht *Ross* schließlich als letztes Mittel der Kontrolle innerhalb dieser Kategorie an. In dieser Hinsicht sind die Persönlichkeiten wertvolle Werkzeuge »to political and moral authority« [23], wenn auch ihr Einfluß im Hinblick auf die soziale Ordnung nicht überschätzt werden darf.

3. Die dritte und letzte Gruppe enthält die Kontrollmittel, die das Urteil des einzelnen zugunsten der Gesellschaft beeinflussen. Dazu gehören Aufklärung, Illusion und soziale Wertungen.

Zum Zwecke der Moralisierung wird der Mensch über die Konsequenzen seiner Lebensziele *aufgeklärt*, und zwar in bezug auf seine eigene Person wie auch auf die Gesellschaft [24].

Die *Illusion* versucht, die Handlungen der Menschen zu kontrollieren, indem sie künstliche Konsequenzen und Sanktionen vortäuscht oder dem Handeln einen Wert beimißt, den es unbedingt einzuhalten gilt. Einige dieser Illusionen sind: Pseudo-Konsequenzen, Solidarität, Askese und Moralphilosophie [25].

Die Entwicklung zivilisierter Gesellschaften bedingt das Anwachsen und die Vielzahl menschlicher Wünsche, ebenso aber auch deren Lenkung und Kontrolle. So ist es zu verstehen, wenn *Ross* hervorhebt: »...die egoistischsten Wünsche und die Bewertungen, die die allgemeine Wohlfahrt am meisten bedrohen, werden unterdrückt, während die Wünsche und Bestrebungen vorangetrieben werden, die die meisten mit einiger Sicherheit zur Erfüllung bringen möchten, z.B. Wünsche nach allgemeinem Wohlbehagen oder die Achtung kollektiver oder ideeller Güter« [26]. *Wertsetzungen* dieser Art sind als soziale zu bezeichnen, da sie vom Standpunkt der gesellschaftlichen Wohlfahrt aus zu betrachten sind.

Die Ausführlichkeit der obigen Darstellung soll zeigen, mit welcher Differenziertheit sich *Ross* bereits mit den Mitteln der sozialen Kontrolle beschäftigt hat [27]. Dies kann jedoch nicht über den Mangel hinwegtäuschen, daß *Ross* – trotz Betonung des normativen Aspekts der Kontrollmittel – zu keinem expliziten Konzept sozialer Normen vordringt, das Aufschluß geben könnte über die Entstehung und das Funktionieren von Normen im Zusammenhang der sozialen Kontrolle [28]. Dieser Mangel wird vor allem dann entscheidend, wenn man ihn im Zusammenhang mit der von *Ross* entworfenen sozialen Ordnung sieht.

2.1.1.4. Das System der sozialen Kontrolle und seine Abgrenzung

Ross hatte bei seiner Konzeption der sozialen Kontrolle ausdrücklich eine demokratische Gesellschaftsform vor Augen [29]. Die Herrschaft von Klassen über Klassen schließt er aus diesem Begriff der sozialen Kontrolle aus. Für ihn kommt eine Klassenkonflikttheorie nicht in Frage; denn in der einseitigen Herrschaft »parasitärer Klassen« vermißt er die Kennzeichen *echter* sozialer Kontrolle: »sincerity, spontaneity, and elasticity...« [30]. Das knüpft an die schon oben skizzierten Beschränkungen seines Konzepts an. Damit wird aber die analytische Brauchbarkeit endgültig fraglich; denn er schließt relevante Aspekte der sozialen Wirklichkeit per Definition aus seinem Konzept aus, und zwar lediglich politisch wertend [31].

Diese kritischen Einwände werden auch nicht dadurch entkräftet, daß *Ross* die Herrschaft der Gesellschaft über ihre einzelnen Mitglieder, die einen rationalen wie auch harmonischen Entwicklungsprozeß in Gang halten soll, als eine wandelbare ansieht. »...soziale Kontrolle schwankt zwischen stark und schwach sowie zwischen mehr und weniger« [32]. Davon ist die Gesamtheit der Kontrollmittel betroffen, wenn auch einzelne daraus in schwächerem oder stärkerem Maße. Als Hauptursachen für solche Änderungen im System der sozialen Kontrolle führt *Ross* drei Dinge an: »Wandel in sozialen Bedürfnissen«, »partielle Dissoziation, die zurückzuführen ist auf das Aufkommen und die Auseinandersetzungen von und zwischen sozialen Klassen«, »Wandel in der Kultur und in den Gewohnheiten eines Volkes« [33]. Unabhängig von den Wandlungen einzelner Kontrollmittel innerhalb einer stabilen Gesellschaft dient das System der sozialen Kontrolle *insgesamt* der Schaffung sozialer Wohlfahrt, einem von *Ross* eingeführten Synonym für einen durch gemeinsame Aktion erreichten Gewinn für die Gesellschaft.

Bei der Darstellung des Systems der sozialen Kontrolle sowie der Wirkungsweise seiner einzelnen Kontrollmethoden gelingt es *Ross* nicht, die von ihm intendierte Trennung zwischen sozialem Einfluß und sozialer Kontrolle, wie auch die Trennung der sozialen Aszendenz von der individuellen Aszendenz aufrechtzuerhalten [34]. Analog dieser Kritik kann *Ross* der Vorwurf nicht erspart bleiben, daß seine Konzeption intendierter sozialer Kontrolle keine Antwort auf die Frage gibt, ob gesellschaftliche Kontrolle nur als bewußte oder auch als unbewußte verstanden werden kann. Weiterhin engt *Ross* seine Perspektive ein, indem er den Einfluß einzelner Individuen auf die Gruppe sowie die Bedeutung des Gruppenverhaltens in der Gesellschaft vernachlässigt [35].

Innerhalb des Systems sozialer Kontrolle kommen den verschiedenen Kontrollmitteln bei der Schaffung sozialer Wohlfahrt unterschiedliche Funktionen zu:

a) Eine *»ethische«* (ethical) Funktion erfüllen Kunst, persönliche Ideale, soziale Suggestion, soziale Religion, öffentliche Meinung und soziale Wertung, indem sie auf eine »moral order« hinwirken [36].
b) Eine *»politische«* (political) Funktion erfüllen Gesetz, Zeremonie, Erziehung, Glaube und Illusion, indem sie auf politischen Nutzen hinwirken.

Mit der Frage nach den Funktionen der im System der sozialen Kontrolle zusammengefaßten Kontrollmittel stellt sich für *Ross* auch die Frage nach ihrer Effektivität. Als Kriterium eines guten Kontrollinstruments formuliert er die Wirtschaftlichkeit der Anwendungsweise, womit gemeint ist, daß es nicht nur Gefühle der Individuen, sondern auch deren Verstand und Willen erreicht. Als weitere Charakteristika der Güte eines Kontrollinstruments führt er dessen Einfachheit (simplicity) und Spontaneität (spontaneity) an [37]. Schließlich sieht er in der Verteilung der sozialen Kontrolle eine Sicherung gegen deren einseitige Ausnutzung. »Die Verteilung der Kontrolle ist in der Tat die Hauptsicherung gegen ihre unmäßige Ausübung« [38].

2.1.2. Kategoriale Bestimmung und theoretisches Konzept der sozialen Kontrolle bei Cooley

Ein Jahr nach der Erscheinung von *Ross'* Hauptwerk »Social Control« erscheint »Human Nature and the Social Order« von *C. H. Cooley*. Darin und in »Social Organization« beschäftigt er sich mit dem Problem der sozialen Kontrolle und seiner Verknüpfung mit der sozialen Realität. Eine explizite Verwendung des Begriffs »soziale Kontrolle« ist bei *Cooley* dennoch erst in seinem späteren Buch »Social Process« zu finden [39].
»Ross und Cooley nahmen sich eines gemeinsam auftretenden und zusammenhängenden Problems an: nämlich, wie einerseits Verhalten kontrolliert wird und wie es andererseits aus unterschiedlicher Perspektive mit der Erhaltung der gesellschaftlichen Ordnung verbunden ist« [40]. Während *Ross*, ausgehend von der Dichotomie der individuellen und der sozialen Ziele, die Betonung auf die Mittel der sozialen Kontrolle legt, gilt *Cooleys* Aufmerksamkeit der Entwicklung der individuellen Persönlichkeit durch soziale Partizipation [41].

2.1.2.1. Die Einheit von Individuum und Gesellschaft und die darin vermittelte soziale Kontrolle

Ausgangspunkt *Cooleys* ist die *organische Einheit von Individuum und Gesellschaft* [42]. Das Individuum ist durch die Stränge der Erziehung und der Vererbung fest mit der Gesellschaft verbunden. Die Gesellschaft oder, wie er es nennt, »the human whole« ist andererseits durch ganz unverwechselbare Handlungsbeiträge mit den einzelnen Individuen verknüpft. Diese organische Sichtweite betont einerseits die Einheit des gesellschaftlichen Ganzen, vergißt aber auch nicht, die Bedeutung der Einzelpersönlichkeit für das soziale System hervorzuheben. Mit dieser

Aussage setzt *Cooley* sich deutlich von einer dichotomischen Perspektive Individuum versus Gesellschaft ab [43], wie sie z.B. von *Ross* vertreten wird.
Grundlage der Analyse von *Cooley* ist die »Soziabilität« (sociability) des Menschen. Diese stellt eine Kapazität, ein Bedürfnis nach sozialem Empfinden dar. Sie wird durch Vererbung weitergereicht, sie wird durch stete Konversation im Umgang mit anderen Personen geschult und reift schließlich zum Gefühl der Gegenseitigkeit. In dieser Hinsicht bestehen für *Cooley* Menschen nur in persönlichen Vorstellungen vom Gegenüber. Soziale Realität analysiert er demzufolge als eine persönliche Idee, und Gesellschaft ist damit lediglich eine Beziehung zwischen persönlichen Ideen [44]. Das Hauptziel der Soziologie muß deshalb sein, die gegenseitigen Vorstellungen der Menschen – die »soliden Tatsachen der Gesellschaft« – zu beobachten und zu interpretieren [45].
Das Verdienst von *Cooley* dürfte es sein, das »Selbst« und den »Anderen« nicht als sich gegenseitig ausschließende soziale Tatsachen gesehen zu haben. Vielmehr betont er, daß das Bild, das eine Person von sich selbst hat, durch die soziale Gruppe reflektiert wird, mit der der jeweilige einzelne interagiert. Dies faßt *Cooley* unter den Begriff vom »looking-glass self« [46]. Die so gewonnenen Vorstellungen schlagen sich beim einzelnen formend auf Charakter, Verhalten, Ziele, äußere Erscheinung etc. nieder. Auf diese Weise leitet Gesellschaft den einzelnen Handelnden.
Gleichzeitig mit den persönlichen Vorstellungen wächst auch die Fähigkeit für *Sympathie*, die *Cooley* als Verständnis für oder Teilnahme an Ideen und Empfindungen anderer definiert [47]. Indem der einzelne anderen Sympathien entgegenbringt, d.h. indem er sie versteht, existiert er erst wirklich. Die Gesamtheit der Sympathien eines einzelnen spiegelt als gesellschaftlich vermittelte die soziale Ordnung wider, zu der er gehört. So stellt der Geist des jeweiligen Subjekts einen Mikrokosmos des Ausschnittes von Gesellschaft dar, an dem es partizipiert [48].

2.1.2.2. Die Entwicklung der Persönlichkeit in Primärgruppen

War bisher nur relativ abstrakt von der Bedeutung gesellschaftlicher Beziehungen für die Ausbildung einer jeweiligen Persönlichkeit die Rede, so soll im folgenden konkreter auf den betreffenden Prozeß eingegangen werden, und zwar anhand *Cooleys Primärgruppenkonzept.*
Folgende Definition liegt diesem Konzept zugrunde: »Unter Primärgruppen verstehe ich solche Gruppen, die durch intime face-to-face-Beziehungen und durch Kooperation gekennzeichnet sind. Sie sind in vielfa-

cher Hinsicht primär; hauptsächlich jedoch dadurch, daß sie in grundsätzlicher Weise die soziale Natur und die Vorstellungen des Individuums prägen« [49]. Als weitere Hauptmerkmale der Primärgruppe führt *Cooley* an:

a) den unspezialisierten Charakter der Gruppe,
b) die relative Dauerhaftigkeit,
c) die geringe Mitgliederzahl und
d) die relative Intimität der Teilnehmer [50].

Das Ergebnis der engen Assoziation ist eine Vereinigung von Individuen zu einem *Ganzen*, das *Cooley* als ein »Wir« bezeichnet. Dennoch ist diese im »Wir« manifestierte Einheit eine differenzierte und konkurrierende, die allerdings ihren festen Zusammenhalt in der wechselseitigen Sympathie der Teilnehmer findet [51].

Ein weiteres Ergebnis der engen Beziehungen in Primärgruppen ist, wie es im zweiten Teil der oben zitierten Definition bereits anklang, die Vermittlung der ersten und vollständigsten Erfahrungen des sozialen Ganzen an den einzelnen. Primärgruppen sind nämlich nicht von der umfassenderen Gesellschaft trennbar, da sie Geist und Wesen derselben widerspiegeln. Primärgruppen vermitteln in dieser Hinsicht die für den Prozeß der Vergesellschaftung funktionalen Empfindungen an den Handelnden (Liebe, Ehrgeiz, Gefühl für ›falsch‹ und ›richtig‹ etc.) [52].

Cooley geht allerdings noch einen Schritt weiter, indem er die durch die Teilnahme an Primärgruppen vermittelten und im Prozeß des Persönlichkeitsaufbaus aufgenommenen sozialen Ideale als solche universaler Natur kennzeichnet, da sie von der gesamten Menschheit vertreten werden. »Durch das Leben in Primärgruppen werden soziale Vorstellungen erzeugt, die – insoweit sie ähnlichen Erfahrungen entspringen – in vielfacher Hinsicht der menschlichen Rasse gemeinsam eigen sind« [53].

An der hervorragenden Betonung der Persönlichkeitsbildung in der Primärgruppe und der damit veranschlagten Kontrollfunktion dieser Instanz muß sich jedoch Kritik entzünden, weil *Cooley* der Funktion der Primärgruppe eben dadurch zu große Bedeutung in modernen, differenzierten Gesellschaften beimißt, ohne daß er die Einwirkungen letzterer auf solche Gruppen in genügendem Maße hervorhebt [54]. So geht in diesem Konzept der Blick für komplexere gesellschaftliche Strukturen und deren Bedeutung für die soziale Kontrolle verloren [55]. Zudem vernachlässigt *Cooley*, indem er die menschliche Natur – die Einheit sozialer Empfindungen und Ideale – als universales Sozialisationsprodukt primärer Gruppen betrachtet, die unterschiedlichen Ausprägungen primärer Gruppen sowohl in unterschiedlichen Kulturen wie auch zu verschiedenen historischen Zeitpunkten und damit auch die voneinander zu unterscheidenden Personalisationsbedingungen. Demzufolge kann er auch nicht deutlich machen, daß die von Primärgruppen vermittelten Werte, Ideen und Ideale in Relation zu umfassenden gesellschaftlichen Strukturen und historischen Epochen zu sehen sind [56].

2.1.2.3. Rationale Kontrolle als Ziel der Intelligenz

Auf einer weiteren Ebene geht *Cooley* über die soziale Kontrolle als bloße Persönlichkeitsformung hinaus und richtet sein Augenmerk nunmehr auf die vielfältigen Interaktionsprozesse der verschiedenen gesellschaftlichen Gruppierungen und Organisationen. Diese Prozesse versteht er als geleitet durch *rationale soziale Kontrolle* [57]. Dabei ist solch eine Form der Kontrolle das Ziel eines durch Intelligenz geleiteten Handelns. »...unter rationaler Kontrolle verstehen wir eine Steuerung der Geschehensabläufe derart, daß deren Auswirkungen zum großen Teil auf Intelligenz rückbezogen sind, wenn auch nicht immer ausschließlich durch diese gelenkt« [58]. Die rationale Kontrolle wirkt in der Überwachung der zumeist unbewußt quasi mechanisch ablaufenden alltäglichen Handlungen der an den verschiedenen Gruppen partizipierenden Individuen. Sie ist somit eine Kontrolle der routinisierten Alltagsprozesse, die vorwiegend dann eingreift, wenn deren reibungsloser Ablauf stockt.
Soziale Kontrolle in rationaler Form setzt bestimmte Maßstäbe ihrer Anwendung voraus, die *Cooley* in zwei Kategorien einteilt:
a) minimale Standards, worunter er beispielsweise die notwendige Toleranz anderen Personen oder Gruppen gegenüber versteht;
b) höhere Standards, welche in ambitiöser Weise die Erreichung von Idealen stimulieren.

»Wenn Standards jeglicher Art allgemein akzeptiert werden, dann haben sie die gleiche Art Effekt wie der Gebrauch des Geldes im ökonomischen Austausch: sie grenzen Beziehungen ab und erleichtern dadurch Kooperation genauso wie sie Auseinandersetzungen beruhigen helfen« [59].
Trotz der Hervorhebung der Notwendigkeit der Standardisierung komplexerer gesellschaftlicher Interaktionen verweist *Cooley* auf die Sympathie als Grundlage der Teilnahme am sozialen Geschehen, denn nur sie vermag sozialem Handeln gerecht zu werden.
Durch die Analyse der Gelenktheit der vielfältigen Interaktionsprozesse verschiedener gesellschaftlicher Gruppierungen kann *Cooley* sein Konzept wesentlich erweitern. Seine definitorische Beschränkung auf »rationale« Kontrolle scheidet aber von vornherein eine Vielzahl anderer

Möglichkeiten der Kontrolle auf dieser Ebene aus, worin wir einen entscheidenden Mangel erblicken.
Wir können aber nach Durchsicht des Ansatzes von *Cooley* dennoch große Zugewinne hinsichtlich der von *Ross* vertretenen Position konstatieren: die Trennung von Individuum und Gesellschaft wird aufgehoben durch die Betonung von Interaktion und Personalisation. Folgerichtig verlagert sich der Schwerpunkt bei der Betrachtung sozialer Kontrolle fort von Aspekten einzelner Kontroll*mittel* hin zu Aspekten eines gesellschaftlich vermittelten Kontroll*prozesses.*

2.1.3. Ansätze zu einer vermittelnden Position bei Park und Burgess

Eine Aufsummierung vorliegender Bemühungen zum Studium der sozialen Kontrolle führt *R. E. Park* und *E. W. Burgess* zu einem Kompromiß zwischen den Konzepten von *Ross* und *Cooley* [60]. Unter dem Gesichtspunkt des *gemeinsamen Handelns* der Individuen ist soziale Kontrolle für die beiden Autoren das zentrale Problem der Gesellschaft. Bei der Bewältigung dieses Problems übernimmt die Soziologie die Rolle einer Methode zur Untersuchung der Prozesse, durch die Individuen veranlaßt werden, in der Gesellschaft zu kooperieren [61].

2.1.3.1. Die Beziehung zwischen kollektivem Verhalten und sozialer Kontrolle

Park und *Burgess* geben der sozialen Kontrolle eine zentrale Bedeutung, da sie in ihr – wie erwähnt – das Hauptproblem der Gesellschaft sehen. »(Alle) sozialen Probleme entpuppen sich schließlich als Probleme sozialer Kontrolle« [62]. In diesem Konzept wird der *Zwangscharakter fixierter Verhaltensmuster* zum Identifikationspunkt für soziale Kontrolle. Die fixierten Verhaltensmuster entspringen jedoch ihrerseits dem gemeinsamen menschlichen Handeln, der kollektiven Kooperation. Durch Ausarbeitung dieser zwiefältigen Sichtweise stellt der Beitrag von *Park* und *Burgess*, der wohl hauptsächlich von den Überlegungen *Parks* getragen wird, eine Integration der von ihren Vorgängern skizzierten Positionen dar. Denn ihre Betonung liegt sowohl auf dem kollektiven Verhalten, der gemeinsamen Partizipation der Individuen an sozialen Prozessen, als auch auf dem äußeren Zwangscharakter der im gemeinsamen Handeln geprägten Mechanismen sozialer Kontrolle. In dieser Wendung sehen wir einen bedeutenden Fortschritt im Vergleich zu den vorher besprochenen Konzepten. Allerdings darf u.E. nicht die Verkürzung des gesellschaftstheoretischen Aspekts und die gleichzeitige drohende Überlastung der Kontrollkategorie übersehen werden, die darin liegt, daß *Park* und *Burgess* alle gesellschaftlichen Probleme auf Probleme der sozialen Kontrolle reduzieren.

»Kollektives Verhalten... stellt das Verhalten von Individuen unter dem Einfluß eines Impulses dar, welcher allgemein und kollektiv zur Wirkung gelangt, eines Impulses also, der aus sozialer Interaktion resultiert« [63]. *Turner* bemerkt bei seiner Würdigung des *Park*schen Werkes folgendes: »Während der Begriff des kollektiven Verhaltens das Zustandekommen und Erneuern der Gesellschaft kennzeichnet, bezieht sich der Begriff der sozialen Kontrolle nicht nur auf jene Mechanismen, die einer traditionalen Beständigkeit unterliegen, sondern auch auf solche Mittel, durch die die in gesellschaftlichem Wandel einbezogene Koordination erreicht wird« [64]. Beide Begriffe sind in dieser Hinsicht nur Aspekte desselben Phänomens: *Gesellschaft als Prozeß*. Dieses Phänomen stellt für die Autoren einen Prozeß dar, der »die gegenseitige Unterordnung einzelner Mitglieder unter die Gemeinschaft« [65] verlangt.

2.1.3.2. Typische Kontrollmechanismen

Mechanismen der sozialen Kontrolle sind keine naturhafte Gegebenheit, sondern werden von Menschen in gemeinschaftlicher Interaktion geschaffen. Dieser Prozeß vollzieht sich in drei Etappen: über soziale Unruhe zu Massenbewegungen und hin zu gesellschaftsformenden Institutionen. Die daraus zunächst spontan entwickelten Formen sozialer Kontrolle sind: Tradition, Sitten, Gewohnheiten, Dogmen, Mythen, Zeremonien, öffentliche Meinung, Gesetz und religiöse sowie politische Überzeugungen. Zu analytischen Zwecken ist eine Klassifizierung in drei Gruppen möglich, die gleichzeitig einen Entwicklungsprozeß abbilden:

a) elementare Formen sozialer Kontrolle,
b) öffentliche Meinung und
c) Institutionen [66].

Im folgenden sollen diese Mechanismen mit wenigen Worten charakterisiert werden. Kontrollformen elementarer Art [67] werden ausgelöst duch elementare Kräfte, die nur zu einem gewissen Grade manipulierbar sind. Ihre Wirkung auf die Menge ist eine spannungssteigernde und – in einem Zustand der Erwartung – zu gemeinsamer Handlung mobilisierende. Diese elementaren sozialen Kräfte sind der Hintergrund jeder anderen Kontrollform. Die Geschichte großer Gesellschaften, z.B. ihrer Kriege und inneren Unruhen, zeigt uns, daß diese sozialen Kräfte nicht nur in der vorgesellschaftlichen Horde wirken, sondern auch in komplexen Sozialgebilden Interaktionen auslösen. Der einzige Unterschied liegt darin, so meinen *Park* und Burgess, daß die Horde – im Gegensatz zur Gesellschaft – keine Tradition hat. Dadurch fehlt jeglicher Bezugspunkt in der Vergangenheit, der gegenwärtiges und zukünftiges Handeln lenken könnte.

Eine besondere Behandlung und Beachtung durch die Autoren erfährt die öffentliche Meinung als weiterer Kontrollmechanismus. »Wir sprechen gewöhnlich von der öffentlichen Meinung als einer Art sozialen Klimas« [68]. Dieses soziale Klima kennzeichnet beständige, in eine bestimmte Richtung und auf ein bestimmtes Ziel zufließende Meinungsströmungen, die sich zu anderen Zeiten und unter anderen Umständen in ihre Gegenteile umkehren können. Unabhängig von diesen verschiedenen Strömungsrichtungen wird sich ein Interaktionszusammenhang feststellen lassen, demzufolge Individuen auf Motive oder Interessen anderer antworten. Aus diesem Interaktionsschema können sich jederzeit gemeinsame Handlungsziele entwickeln, die für die Gruppe dominierend sind. *Park* und *Burgess* bezeichnen diese Form der Gruppenbildung als »Öffentlichkeit« [69]; sie ist nicht als eine formale Organisation zu betrachten, sondern bezeichnet einen Bereich der bewußten Teilnahme und des Konsenses. Innerhalb dieses Bereichs ist die Aufmerksamkeit der Gruppenmitglieder auf einen bestimmten Punkt gerichtet, um den herum sich ihre Meinungen gruppieren. Dieser Mittelpunkt ist ständigem Wandel unterlegen: dem Wandel der öffentlichen Meinung. Denn die diesen Wandel begleitende rationale Diskussion sowie der Konflikt zwischen verschiedenen Meinungen sind die Determinanten der öffentlichen Meinung. Die durch die öffentliche Meinung ausgeübte Kontrolle ist deshalb auch immer mehr oder weniger rational. »Das Empfinden und die Tendenzen, die wir mit öffentlicher Meinung bezeichnen, sind niemals unqualifizierte Ausdrücke reiner Emotionalität« [70]. Für *Park* und *Burgess* steht die Kontrolle durch die öffentliche Meinung damit mindestens gleichrangig neben der Kontrolle, die von Legislative, Polizei und anderen entsprechenden Instanzen ausgeübt wird, wenn sie sagen, daß »Legislative und Polizei auf weite Sicht gesehen der Unterstützung durch die öffentliche Meinung bedürfen« [71].

Abschließend wenden sich die Autoren den Institutionen zu: Die Bestandteile einer Institution sind Konzept und Struktur. Das Konzept definiert die Interessen, Funktionen und Ziele, und die Idee der Institution wird durch die Struktur verkörpert, die auch die Instrumente und Mittel zur Realisierung der Idee liefert [72]. Der Entstehungsprozeß einer Institution ist durchaus mit dem der öffentlichen Meinung vergleichbar, da jedes Mitglied einer Gemeinschaft an der Schaffung einer Struktur – der Einheit von Sitten und Bräuchen, die bei Verkörperung einer sozialen Funktion als Institution bezeichnet wird – beteiligt ist [73].

Institutionen sind in ihrer Kontrollwirkung erst dann effektiv, wenn sie in einer adäquaten sozialen Situation existieren und wenn sie in dieser Situation die Unterstützung der öffentlichen Meinung finden. Institutionen leiten dann die Gesellschaft. Sie machen es erst möglich, »daß eine Gruppe, sogar eine rein zufällige Versammlung von Individuen – wie eine Menschenmenge –, mehr oder weniger imstande ist, wie eine Einheit zu handeln« [74]. Die aus dem Bestreben um Konfliktlösung heraus entstandenen Institutionen sind in der Atmosphäre der Öffentlichkeit und der öffentlichen Meinung jedoch auch stets veränderbar, und zwar, wie *Park* annimmt, auf rationale Weise. Nicht zuletzt von daher begründet sich die hervorragende Stellung, die *Park* und *Burgess* der soziologischen Forschung über soziale Kontrolle zubilligen und die sie auch auf eine angewandte Sozialwissenschaft übertragen wissen wollen. »An erster Stelle unter den Leitmotiven für seinen (gemeint ist *Park*) Ansatz zu einer angewandten Soziologie steht das Gegenstück zu seiner theoretischen Betonung sozialer Kontrolle: eine Beziehung zur Versöhnung oder Balance der Erfordernisse menschlicher Zusammenarbeit mit dem Ziel individueller Freiheit. Verbunden mit dieser Beziehung ist das Ziel der Verwirklichung von Rationalität in der menschlichen Gesellschaft, jedoch nicht so sehr in einem individualistischen wie in einem kollektiven Sinne [75].«

2.1.4. Das Moment des gesellschaftlichen Zwangs bei Durkheim: Aspekte der Theorie des Kollektivbewußtseins

Nach der Darstellung einiger früher amerikanischer Positionen zur Analyse und Erklärung sozialer Kontrolle, wobei besonders betont wurden: die Beherrschung des Individuums durch die Gesellschaft (*Ross*), die Bildung der Persönlichkeit durch soziale Teilnahme (*Cooley*) und die Bedeutung sozialer Kontrolle im gesellschaftlichen Prozeß (*Park* und *Burgess*), wenden wir uns jetzt der europäischen Szene zu, um zu prüfen, welche analytischen und theoretischen Konzepte dort um die Kategorie »soziale Kontrolle« entfaltet wurden. Diese Ausführungen sollen, mehr noch als die vorhergehenden, kurz abgefaßt werden und sich auf die Aspekte des Konzepts der sozialen Kontrolle beschränken, die in der amerikanischen Soziologie zu diesem Thema vernachlässigt wurden. Die Auswahl der im folgenden behandelten Autoren orientiert sich an solchen theoretischen Konzeptionen, die uns eine Verdeutlichung, Ergänzung oder Erweiterung der vorher besprochenen Literatur zu geben scheinen.

Wir wollen beginnen mit *Durkheims* Konzept sozialer Kontrolle, das er angelegt hat in der Theorie über das *Kollektivbewußtsein.* Eine kritische Würdigung von *Durkheims* Gesamtwerk wird zweifellos seine darin implizit enthaltene Theorie der sozialen Kontrolle nicht übersehen können. *Durkheim* erkennt, daß soziale Kontrolle einer der grundlegenden Bestandteile sozialen Daseins ist, in Form einer ständigen Regelung desselben. Empirische Einblicke in die Thematik werden gegeben in seinen Werken über die »Arbeitsteilung« und den »Selbstmord«, wobei er sich besonders um eine methodische und theoretische Entwicklung der darin enthaltenen Implikationen bemüht.

2.1.4.1. Der moralische, zwingende Einfluß des Kollektivbewußtseins auf das Individuum

Durkheim definiert das Kollektivbewußtsein folgendermaßen: »Die Totalität der Glaubensinhalte und Empfindungen, die den durchschnittlichen Mitgliedern derselben Gesellschaft gemein sind, stellen ein bestimmtes System dar, das ein Eigenleben besitzt; dieses könnte man als das *kollektive oder allgemeine Bewußtsein* bezeichnen« [76]. *Durkheim* konzipiert das Kollektivbewußtsein als zwingende, obligatorische und verbreitete Macht des Kollektivs über das Individuum [77]. Ein zwingender, obligatorischer Einfluß des Kollektivbewußtseins setzt Zustände des Kollektivbewußtseins voraus, die andere sind als die des Individualbewußtseins [78]. Die Unterschiede manifestieren sich darin, daß die Zusammensetzung und der Objektbereich von Gruppe und Individuum unterschiedliche sind.
Durkheim postuliert, daß die Soziologie auf eine objektive Realität bezogen sein müsse und von daher empirisch beweisbar sei. Diese objektive Realität glaubt er in der Äußerlichkeit kollektiver Vorstellungen, den »soziologischen Tatbeständen«, identifizieren zu können [79]. Der Dualismus individueller und kollektiver Vorstellungen wird u. E. aber nur metaphysisch begründet; denn *Durkheim* setzt die Überlegenheit des Kollektivbewußtseins über das Individualbewußtsein voraus, eine qualitative Überlegenheit, die einer moralisch und intellektuell höheren Natur entspringen soll [80].
Der äußere Zwang ist nach *Durkheim* eine den individuellen Neigungen konträre Kraft. Er entspringt »dem innersten Wesen der Wirklichkeit« [81], der Dominanz sozialer Vorstellungen und Überzeugungen, den kollektiven Denk- und Handlungsmustern, die unabhängig vom einzelnen existieren, die dem Individuum *exterior* sind. Pflichten und Rechte, Sitten, religiöse und politische Glaubenssätze, um nur einige

Beispiele zu nennen, sind nicht durch den einzelnen geschaffen, sondern werden durch Erziehung übernommen. Der Zwang dieser Vorstellungen kann empfunden oder nicht empfunden werden; Tatsache ist, daß er ihnen immanent ist, und eben das Obligatorische dieser Vorstellungen – nicht die Tatsache ihrer Allgemeinheit – konstituiert ihre Kollektivität [82]. Der Regellosigkeit menschlicher Triebe tritt von außen eine moralische, d.h. für *Durkheim* soziale Autorität entgegen. Damit erfährt der vom Kollektivbewußtsein ausgeübte Einfluß eine eindeutige Präzisierung in die Richtung einer moralischen Verpflichtung [83].
Die bisher rekonstruierte Verwendung des Begriffs Zwang läßt nun den Verdacht entstehen, *Durkheim* habe damit eine reine Außenlenkung des Individuums verstehen wollen. Diesem Eindruck wirken aber *Durkheims* eigene Formulierungen bezüglich der Verinnerlichung des jeweiligen äußeren Zwangs entgegen. Die Verpflichtung, die »moralische Obligation« [84], wirkt zwar von außen auf den einzelnen ein, muß jedoch, will sie ihre Wirkung entfalten, vom Individuum aufgenommen werden, um ihrerseits bei diesem die Handlungsmotive strukturieren zu können. Das bedeutet, daß der auf kollektiver Ebene etablierte Anspruch der sozialen Tatsachen vom einzelnen verinnerlicht, *interiorisiert* werden muß, um auf der individuellen Ebene wirksam werden zu können [85].

2.1.4.2. Die Unterstützung der objektiven gesellschaftlichen Zwänge durch die Institutionen Familie, Ehe und Religion

Der Begriff der Institution erfährt bei *Durkheim* eine Anlehnung an die im vorigen Abschnitt beschriebene Faktizität gesellschaftlicher Zwänge. Er nennt »alle Glaubensvorstellungen und durch die Gesellschaft festgesetzten Verhaltensweisen Institutionen...« [86]. Auch die Institutionen drängen sich den Menschen von außen auf, werden anerkannt und sind lediglich in begrenztem Rahmen modifizierbar. Die spezifischen Funktionen der Institutionen tragen dabei keinen universalen Charakter, sondern sie sind abhängig vom zeitlichen und kulturellen Hintergrund [87].
In seinem Buch über den Selbstmord nennt *Durkheim* zunächst stellvertretend für andere Formen des kollektiven Lebens drei Institutionen, deren Aufgabe es ist, als Augenturen der sozialen Kontrolle die zwingende Macht des Kollektivbewußtseins zu steigern: die Ehe, die Familie und die Religion. Allen drei genannten Institutionen ist gemeinsam, daß sie Glaubensinhalte, Rechtsvorschriften, moralische Regeln oder allgemein: kollektive Vorstellungen beinhalten und für deren Präsenz im Individuum sorgen [88]. Diese Institutionen erfüllen ihre Funktionen – so sieht es

Durkheim – vor allem in einem Gesellschaftszustand, den er durch »mechanische Solidarität« gekennzeichnet betrachtet [89].

2.1.4.3. *Die Kontrolle der Individuen durch berufliche und organisationelle Gruppen*

Wenn die Gesellschaft nicht genügend integriert ist, um alle ihre Mitglieder unter Kontrolle zu halten, so bedarf es sozialer Gruppen, die dem einzelnen ein Gefühl der Solidarität mit dem kollektiven Ganzen vermitteln. Die im vorigen Abschnitt besprochenen Institutionen der Ehe, Familie und Religion verlieren mit einer zunehmenden Arbeitsteilung, Differenzierung und Mobilität in der industriellen Gesellschaft an Einfluß. Die sie nun im Rahmen der »organischen Solidarität« ersetzenden sozialen Gruppierungen müssen sich ebenfalls durch einen hohen Grad an Integration auszeichnen.
Eine derartige Gruppe oder Vereinigung setzt sich zusammen aus den Personen, die aus funktionalen Gründen kooperieren [90]. Die Hauptvorteile dieser durch Arbeitsteilung und gesellschaftliche Umstrukturierung bedingten Gruppen sind, daß sie überall und immer gegenwärtig sind und ihre Kontrolle sich demgemäß auf den größten Teil des Lebens erstreckt [91]. Sie können so dem Individuum eine kollektive Orientierung vermitteln und es aus seiner Isolation herausholen.
Dazu ist es notwendig, daß die jeweilige Gruppe als soziales Organ im öffentlichen Leben akzeptiert wird und daß sie Funktionen erhält, die nur von ihr und keiner anderen Gruppe erfüllt werden können. Die einzelnen Gruppen dürfen nicht in einem Zustand der Isolation verharren; sie müssen untereinander wie auch mit der übrigen Gesellschaft verbunden sein. »In der Tat, nur unter dieser Bedingung kann die Bewußtheit der öffentlichen Wohlfahrt im individuellen Bewußtsein dauerhaft wachgehalten werden« [92]. Allein durch die Unterstützung eines Systems solcher Organe kann der Staat dem Partikularismus einzelner Gruppen und dem Egoismus seiner Mitglieder den Gedanken des allgemeinen Nutzens und des organischen Gleichgewichts entgegenhalten [93].

2.1.5. Geigers Ansatz zu einer rechtssoziologischen Grundlegung der Kategorie der sozialen Kontrolle

Geigers Ansatz interessiert hier besonders, weil er sich mit seinen Studien einer Instanz der sozialen Kontrolle zuwendet, die bisher schon mehrfach genannt wurde: dem Recht. Seine Studien sind weiterhin hier bedeutsam, weil er in seiner Rechtssoziologie die Kategorie »soziale Kontrolle« explizit verankert und weitläufig verarbeitet. *Geiger* bemüht sich in seinem Werk um eine Befreiung der Rechtssoziologie aus »den Gedankensümpfen der Metaphysik und Ideologie« [94]. Mit dem Postulat eines »soziologischen Rechtsrealismus« [95] erteilt er einer spekulativen Sozialwissenschaft eine Absage und bejaht gleichzeitig empirisch-analytische Soziologie.

Er geht bei seinen Bemühungen davon aus, daß dem außenstehenden Betrachter die soziale Ordnung als ein Gefüge von Regelhaftigkeiten erscheint. Diese Regelhaftigkeiten müssen aber nicht alle Erscheinungen einer Sozialordnung sein; so gibt es beispielsweise auch biologisch bedingtes regelhaftes Verhalten. Deshalb soll nach *Geiger* der Begriff »gesellige Ordnung« nur zutreffen, wo Naturgesetzlichkeiten enden, wo es stattdessen um »sogenannte Willenshandlungen« geht [96]. Untersuchungsgegenstand einer Soziologie des Rechts muß demnach der Ordnungsmechanismus sein, der sich aus der »Realordnung«, dem »Normgefüge« und der »Ordnungskontrolle« zusammensetzt [97]. Die Realordnung ist entstanden durch gewohnheitsmäßig eingespielte Handlungsmodelle vom Typus $s \rightarrow g$, d.h., daß auf eine Situation s ein Gebaren g folgt [98]. Wenn eine Wiederkehr des regelhaften Verhaltens von anderen Mitgliedern einer Gruppe mit Interesse erwartet wird, dann wandelt sich die Regelhaftigkeit zur Regelmäßigkeit. Verbindlich und damit zur Norm wird eine Regelmäßigkeit in dem Moment, da eine Abweichung von einem eingespielten Verhaltensmodell, $s \rightarrow \bar{g}$, durch eine soziale Reaktion bestraft wird.

2.1.5.1. Verbindlichkeit als ein Ordnungsmechanismus zur Einhaltung von Verhaltensnormen

Das Auftreten einer sozialen Reaktion zeigt an, daß die Norm mit einem Verbindlichkeitsstigma, v-Stigma, belegt ist. Verbindlichkeit meint [99], daß alle Normadressaten, AA, die Norm als verpflichtend anerkennen. Die Verbindlichkeit einer Norm wird durch ihre Mißachtung nicht aufgehoben; dies zeigen die ablehnenden Reaktionen der Gesellschaftsmitglieder auf ein Verhalten $s \rightarrow \bar{g}$ an. Das Subjekt dieser Reaktion wird als »Gruppenöffentlichkeit« (Ω) bezeichnet [100]. Die Verbindlichkeit der Norm prägt sich dem einzelnen nicht nur als Vorstellung einer möglichen Reaktion ein, sondern sie besitzt darüber hinaus das Merkmal des objektiv Feststellbaren, Meßbaren, etwa in der Form von Kriminalstatistiken [101]. Die von *Geiger* behauptete Meßbarkeit der Verbindlichkeit oder Gültigkeit einer Norm – etwa in Form von Kriminalstatistiken – ist jedoch nicht unproblematisch. Denn es bedarf wohl nur der Erwähnung des Begriffs »Dunkelziffer«, um diese Meßbarkeitsbestimmung empfindlich zu stören und *Geigers* Versuch, soziale Realität derart empirisch-analytisch zu untersuchen, zwar als wohlgemeinte Absicht, aber als problembehaftete Erfüllung erscheinen zu lassen [102].

2.1.5.2. Die Wirkung sozialer Kontrollmechanismen bei Abweichung von erwartetem Verhalten

Die Gruppenöffentlichkeit (Ω) übt auf die Individuen – so skizziert *Geiger* – einen sozialen Druck aus, der jene entweder zu $s \rightarrow g$ bewegen soll oder der als Reaktion auf $s \rightarrow \bar{g}$ zu werten ist. Dieser soziale Druck muß keineswegs intendiert sein. Auch braucht seine Wirkung von den einzelnen nicht bewußt erfahren zu werden. So wirkt schon das regelhafte Verhalten anderer Personen als Beweggrund für eigenes Verhalten, das allgemeine Billigung findet. Ebenso wirken in der Erziehung vermittelte Normen [103]. Reichen die mehr suggestiven Mittel nicht zur Verhaltenslenkung aus, so treten im Falle von Abweichungen Kontrollmechanismen in Aktion. Die Wirkungsweise solcher Mechanismen kann mannigfaltiger Art sein. Immer sind sie jedoch an der Funktion orientiert, ein gestörtes Gleichgewicht wieder herzustellen oder aber in Form von Reaktionsandrohungen präventiv zu wirken [104].

Zu diesem Zweck muß die Gruppenöffentlichkeit (Ω) mit Macht ausgestattet sein. Mit einer Macht, die nicht nur die Fähigkeit besitzt, eine Handlung physisch zu verhindern oder eine Reaktion auszuüben, sondern: »Macht bedeutet in diesem Zusammenhang ganz allgemein die Bande, mit denen Σ (ein Gesellschaftsintegrat) seine MM (Mitglieder) umklammert hält« [105]. Zusätzlich wäre noch zu bemerken, daß *Geiger* das Bestehen einer Norm und die Reaktion auf abweichendes Verhalten in einem gegenseitigen Wirkungszusammenhang sieht: »Der latenten Norm entspricht die potentielle Reaktivität von Ω im Falle des Normbruchs« [106].

Nach erfolgtem Übergang von vorrechtlicher zu rechtlicher Ordnung vollzieht sich eine »Institutionalisierung der Ordnung« [107]. Die Funktion der Kontrolle geht dann von der Öffentlichkeit auf eine spezielle richterliche Instanz über, der sowohl die Rechtsprechung wie auch die Urteilsvollstreckung und die polizeiliche Ordnungsaufsicht obliegen. Die Reaktionen auf abweichendes Verhalten erfolgen jetzt nicht mehr spontan, sondern unterliegen »prozessuellen Normen« [108]. War der einzelne in der vorrechtlichen Ordnung einmal der Reaktion unterworfen, zum anderen aber auch selbst Mitglied der reagierenden Öffentlichkeit, so ist er jetzt in der rechtlichen Ordnung nur noch ein einer äußeren Macht

Gegenüberstehender [109]. Infolge der »Veranstaltlichung« der Kontrolle wird die bisherige spontane Reaktion durch eine nach Art und Schwere der Abweichung differenzierte Sanktion, eine besondere Form der sozialen Reaktion, ersetzt. Somit wird der Kontrollmechanismus zu einem Apparat der Rechtsprechung und Vollstreckung, der sich in Institutionen und arbeitsteilige Aufgaben gliedert [110].

2.1.6. Soziale Kontrolle und gesellschaftliche Planung bei Mannheim

Als zentrale Punkte in der Soziologie *Mannheims* müssen zweifellos seine Bemühungen um eine Analyse des Ideologieproblems sowie seine Beschäftigung mit der Seinsverbundenheit des Wissens betrachtet werden. Die Grundlage dieses Denkansatzes liegt im Marxismus und findet eine Fortentwicklung in einem Konzept der Soziologie, »in dem die Soziologie des Wissens neben der Morphologie des Sozialen einen zentralen Platz einzunehmen hatte« [111]. Aufbauend auf einer Wissenssoziologie, die *Mannheim* – wie *Matthes* meint – als zentralen Bestandteil in allgemeiner soziologischer Theorie versteht [112], konzipiert er ein soziologisches Planungskonzept, das den »Umbau der Gesellschaft durch den Umbau der einzelnen Persönlichkeit« [113] zu realisieren sucht. Basierend auf der These der kulturellen Determiniertheit des Denkens soll das institutionalisierte Sein regelnd auf menschliches Denken und Verhalten einwirken [114]. Dieses Sein ist jedoch seinerseits Produkt aktiver Gestaltung, und zwar einer *planenden Gestaltung*, die *Mannheim* als »rationale Beherrschung der irrationalen Kräfte« versteht [115]. In diesem Sinne wird die Kategorie »soziale Kontrolle« zu einer *normativanalytischen* Kategorie. Außer bei *Mannheim* ließ sich ähnliches auch bei *Ross* oder *Cooley* feststellen. *Mannheim* mißt der Planung und damit Kontrolle des menschlichen Denkens und Handelns eine solche Bedeutung bei, daß er nicht nur von der Notwendigkeit der »Umformung des Menschen« [116], sondern gar von »der Schaffung eines neuen Menschen« [117] spricht.
Das Denken ist nicht als eine zusammenhanglose Entität zu fassen, man kann es nur in Interdependenz zu einer jeweils gegebenen Welt betrachten. In diesem Sinne ist Denken ein »Organ« [118], das in einem gegebenen gesellschaftlichen Milieu eine Funktion zu erfüllen hat. Die Gesellschaftssituation, die *Mannheim* im Blick hat, verlangt seines Erachtens einen Denkstil, der einzelne Bereiche, wie Politik und Wirtschaft, in ein Gesamtgeschehen integriert und sich im Handeln manifestiert, das von Schlüsselpositionen aus in den gesellschaftlichen Prozeß beherrschend eingreift. *Mannheim* spricht deshalb dann von »Planen« und »Planung«,

»wenn Mensch und Gesellschaft vom zielbewußten Erfinden eines Einzeldings oder einer Einzelsituation zur zielbewußten Regelung und einsichtigen Beherrschung der zwischen diesen einzelnen Teilen bestehenden Zusammenhänge fortschreiten« [119].
Die Erweiterung des soziologischen Kontrollkonzepts, die es durch die Einführung einer projektiven Ebene erfährt, halten wir für bedeutend. Getrübt wird diese positiv zu wertende Erweiterung allerdings dadurch, daß *Mannheim* seine Kategorie der Planung und Kontrolle lediglich im Hinblick auf eine mit seinen Begriffen zu entwerfende demokratische Gesellschaftsform analytisch entfaltet. Auch andere Schwächen der *Mannheim*schen Konzeption, die u.E. darin liegen, daß er die Planungsfunktion auf rational planende Eliten verlagert, müssen bei unseren folgenden Darstellungen bedacht werden [120].

2.1.6.1. Die Lenkung menschlichen Verhaltens durch Sozialtechniken

Die Methoden und Verfahren, die in Verbindung mit den technischen Entwicklungen erst eine moderne Gesellschaft ermöglichen, nennt *Mannheim* »Sozialtechniken« [121]. Sie haben im Vollzug der geplanten Gesellschaft die Aufgabe, menschliches Verhalten und soziale Beziehungen zu formen. Die hierbei angewandten Methoden sind immer in Übereinstimmung mit den jeweiligen gesellschaftlichen Strukturen zu verstehen [122]. Die sozialen Techniken moderner Gesellschaften beinhalten hauptsächlich psychologische Techniken der Erziehung und Beeinflussung in Familie, Kindergarten, Schule, am Arbeitsplatz, wie auch die verschiedenen Formen der Propaganda. Ebenfalls gehören zu diesem Komplex die Methoden der Erwachsenenbildung, der Jugendgerichtsbarkeit und der Sozialarbeit [123]. Zusammenfassend kann dazu gesagt werden: »Erstens, daß allen verschiedenen Verfahren der Sozialtechnik nur das einzige Prinzip zugrundeliegt, das menschliche Verhalten zu beeinflussen und die Menschen dazu zu veranlassen, auf eine bestimmte Weise zu handeln. Zweitens, daß dasselbe Verhalten... zuweilen durch eine einzelne Zwangshandlung und in anderen Fällen durch eine Kombination gesellschaftlicher Beeinflussungsmöglichkeiten erreicht werden kann, die sich auf das ganze Gesellschaftsgefüge verteilen« [124].

2.1.6.2. Direkte und indirekte Methoden zur Beeinflussung menschlichen Verhaltens

Mannheim nimmt zur Analyse der verschiedenen Methoden der gesellschaftlichen Lenkung eine Klassifizierung in zwei Hauptgruppen vor:

direkte und *indirekte* Methoden zur Beeinflussung menschlichen Verhaltens [125].
Die *direkten* Methoden setzen eine räumliche Nähe zwischen Personen voraus, d.h., daß sie sich in einer persönlichen Beeinflussung manifestieren. Ein Beispiel hierfür mag die Erziehung der Kinder durch ihre Eltern sein. Die Eltern nehmen in diesem Prozeß nur die Position eines Vermittlers ein, da sie gesellschaftliche – und nicht von ihnen selbst geschaffene – Regeln und Normen weitergeben. Beeinflussung dieser Art wird nicht nur von der Familie, sondern auch von anderen Primärgruppen ausgeübt [126], wie sie z.B. die Nachbarschaft, der Kindergarten, die Schule und die verschiedenen Gruppen im Arbeits- und Freizeitsektor darstellen. Die Wirkung des persönlichen Einflusses äußert sich in den Gewohnheiten des Denkens und Handelns, die innerhalb einer Gesellschaft eine Ebene der Einheitlichkeit schaffen. Die Vermittlung dieser Gewohnheiten wird von einer breiten Skala von Methoden vollzogen, die von der Belohnung bis zur physischen Strafe reichen und auch die Nachahmung gegebener Verhaltensmuster und die Maßnahmen beinhalten, die die Initiative und Eigenständigkeit der Individuen fördern sollen [127].
Die *indirekte* Beeinflussung findet ihren Ursprung in einer zwingenden gesellschaftlichen Macht, die »das Handeln und Denken sowie die Gewohnheiten des einzelnen Menschen durch bewußte oder unbewußte Lenkung der natürlichen, gesellschaftlichen oder geistigen Umwelt« [128] zu beherrschen sucht. Dieser Einfluß ist nicht an wahrnehmbare Aktionen einzelner Personen gebunden, sondern fußt auf dem allgemeinen sozialen Handlungsgefüge. *Mannheim* unterscheidet verschiedene Möglichkeiten indirekter Verhaltenslenkung:

1. Die Beeinflussung des Verhaltens in unorganisierten Massen.
2. Die Lenkung des Verhaltens in konkreten Gruppen.
3. Die Beeinflussung des Verhaltens durch »Feldstrukturen«.
4. Die Beeinflussung des Verhaltens durch Veränderung der Situation.
5. Die Verhaltensregulierung durch gesellschaftliche Mechanismen [129].

Solche Methoden der Lenkung des menschlichen Verhaltens sind für *Mannheim* keineswegs negativ zu sehen, sondern sie stellen nützliche Werkzeuge dar, die – wenn sie im Dienste der Idee einer demokratischen Gesellschaft eingesetzt werden – die sinnvolle Berechenbarkeit der gesellschaftlichen Entwicklung und das größtmögliche Maß an gesellschaftlicher Freiheit garantieren. Nur eine Gesellschaft, die soziale Kontrolle planvoll anwendet, kann den mannigfaltigen Wurzeln von Krisen den Nährboden entziehen und sich selbst in einen Zustand der Ausgewogenheit überführen [130].

2.2. Zur Ausarbeitung des Konzepts sozialer Kontrolle in den paradigmatischen Hauptrichtungen soziologischer Theoriebildung

Der vorige Teil war ganz unter das Thema grundlegender Ansätze zur Kategorie und Theorie sozialer Kontrolle gestellt. Dabei kam es uns darauf an, auf begriffliche wie theoretische Differenzierungen des Konzepts sozialer Kontrolle hinzuweisen. Zugleich wurden aber bei den besprochenen Autoren bestimmte mit den jeweiligen Konzeptionen verbundene Implikationen hinsichtlich des Stellenwertes einer Kategorie der sozialen Kontrolle sichtbar. »Soziale Kontrolle« wurde von den meisten – teils explizit, teils implizit – als unabdingbarer Bestandteil einer allgemeinen Theorie des Sozialen gekennzeichnet. *Theodor Geiger* bemühte sich um die Grundlegung der zur Diskussion stehenden Kategorie im Rahmen einer »speziellen« Soziologie: der des Rechts. Andere Autoren sahen nicht nur den heuristischen Wert eines Konzepts sozialer Kontrolle, sondern betonten geradezu dessen gesellschaftspraktische Aspekte: so etwa schon *Ross, Park* und *Burgess,* deutlicher noch *Mannheim,* der den Begriff soziale Kontrolle in seinem Konzept der gesellschaftlichen Planung auflöste. Unter dem Eindruck dieser von uns als »Ausgangslage« bestimmten – jedoch durchaus hochkomplexen – Diskussion wollen wir uns den weiteren theoretischen Verarbeitungen der fraglichen Kategorie innerhalb der soziologischen Theorie zuwenden.

Diese weitere Darstellung wird sich danach richten müssen, daß sich soziologisches Forschen im Rahmen bestimmter, voneinander abgrenzbarer Paradigmata vollzieht [131]. *Hans Haferkamp* versuchte, bei seinen Bemühungen um einen Forschungsleitfaden »zur soziologischen Analyse und Erklärung« aufzuzeigen, daß fünf paradigmatische Bezugsrahmen entwickelt wurden, die in der Soziologie der USA und der BRD – wenigstens in der Zeit nach 1945 – durchaus anerkannt und als Basen für Forschungstätigkeiten akzeptiert worden sind [132]. Zu diesen Bezugsrahmen zählt er:

1. Kategorie und Theorie der »sozialen Institutionen«,
2. Kategorie und Theorie des »sozialen Systems«,
3. Kategorie und Theorie des »sozialen Handelns«,
4. Kategorie und Theorie des »sozialen Konflikts«,
5. Kategorie und Theorie des »sozialen Verhaltens« sowie die jeweils dazugehörigen Subkategorien und Subtheoreme [133].

Wir sind uns durchaus bewußt, daß eine solche Aufteilung als *Versuch* zu bewerten ist, da einzelne Theorien sich nicht einer strikten Abgrenzung in

paradigmatische Hauptrichtungen unterziehen lassen, sondern übergreifend sind. So enthält z.B. *Parsons* Systemtheorie viele Elemente einer Theorie des sozialen Handelns. Ebensolche Verknüpfungen werden auch in den Theorien von *Dahrendorf* und *Gerth* und *Mills* sichtbar. Trotz der Schwierigkeiten, die eine Differenzierung soziologischer Wissenskonstrukte bei der Überprüfung an der empirischen Basis zweifellos bereitet, möchten wir uns hier *Haferkamps* Vorschlag dennoch anschließen. Dies soll insofern geschehen, als wir in die den Paradigmata zugrundeliegenden Hauptkategorien die hauptsächlichen Forschungsinteressen und -ziele der Theoretiker eingeschlossen sehen, die diese Kategorien aufgegriffen und zum Ausgangspunkt ihrer Analysen gemacht haben. Die Auswahl der herangezogenen Vertreter von Konzepten sozialer Kontrolle im Rahmen der paradigmatischen Hauptrichtungen soziologischer Theoriebildung wird im einzelnen zu begründen sein.
Noch eine Bemerkung vorweg: Wer glaubt, daß in der sich modern nennenden Soziologie entscheidende und grundlegende Modifizierungen der traditionellen Fragestellung zum Thema der Sozialkontrolle vorgenommen wurden, wird sich enttäuscht finden. »Tatsächlich ist es überraschend, daß während der Periode von 1945–1970, also in den Jahren einer bedeutenden Ausweitung soziologischer Bemühungen, das Konzept der sozialen Kontrolle und seine Entsprechungen unter den Ergebnissen empirischer Arbeiten nicht völlig untertauchte, sondern daß es immer weiter und immer wieder neu mit Beharrungsvermögen und Vitalität in allgemeinen Schriften einer großen Vielfalt von Soziologen auftauchte« [134]. Allerdings geschah dieses Auftauchen in den jüngeren allgemein-soziologischen Schriften vermittelter als in den im vorigen Teil zitierten älteren. Nicht mehr offen liegt in ihnen die pragmatische Richtung des »Die-Gesellschaft-In-Den-Griff-Kriegens«, sondern das Thema der Sozialkontrolle wird verschleiert von angeblichen elementaren Grundkategorien wie soziale Rolle oder soziales System, obwohl auch dahinter – zumeist uneingestandenermaßen – die Intention der »traditionelle(n) Linie soziologischen Denkens« [135] zum Ausdruck kommt.

2.3. »Soziale Kontrolle« im Bezugsrahmen der Theorie der sozialen Institution

Die Institutionentheorie ist – folgt man dem geschichtlichen Strom der Soziologie – schon sehr früh zu einem Paradigma soziologischen Forschens ausgearbeitet worden: so in aller Deutlichkeit von *Durkheim*[136] in Frankreich noch vor der letzten Jahrhundertwende, kurz danach maßgeblich von *Sumner* [137] in Amerika und etwa zur gleichen Zeit auch im deutschen Sprachraum von *Simmel* [138]. Rekonstruiert man dieses Paradigma in knappen Worten, so läßt sich festhalten, daß als Forschungsgegenstand der Soziologie die supra-individuellen Formen des gesellschaftlichen Lebens, die zu »Tatsachen« geronnenen Verhaltensstrukturen, die in obligatorischen Regeln, Gebräuchen und Sitten Niederschlag finden, zu gelten haben. Diese leiten als Entitäten eigenen Ranges das individuelle Verhalten, indem sie aus ihrer Äußerlichkeit in das Individuelle eingeholt, d.h. verinnerlicht werden. Ohne sie wäre Gesellschaft nicht möglich.

Eine Aufarbeitung der begrifflichen Verwendung und der Thesen sozialer Kontrolle im Bezugsrahmen des theoretischen Ansatzes zur sozialen Institution würde für sich genommen bereits den Raum eines größeren Werkes beanspruchen können. Wir sind innerhalb dieser Arbeit damit vor das Problem der Selektion gestellt. Repräsentative Auswahlen könnten zwar helfen, einen Gesamteindruck zu erstellen, man würde jedoch vermutlich spätestens bei der Frage nach den Kriterien für die Repräsentativität einer Auswahl aus wissenschaftlichen Forschungsbeiträgen auf divergente Ansichten stoßen. Uns erscheint es in der hier vorgelegten Studie weniger verfänglich und dennoch zweckdienlich genug zu sein, wenn einige wenige prominente Vertreter der Paradigmata vorgestellt werden, die in ihren Arbeiten Thesen zur sozialen Kontrolle oder zu verwandten Kategorien entwickelt haben. Wir wollen dabei solche Forschungen berücksichtigen, die *nach* 1945 durchgeführt worden sind, weil wir hoffen, die neuesten Entwicklungen innerhalb der soziologischen Denkansätze auf diese Weise in unsere Darstellung einbeziehen zu können [139].

Für den anstehenden Ansatz, die Theorie der sozialen Institution, scheinen uns zwei Forschungsarbeiten gerade in bezug auf die Entwicklung einer Kategorie der sozialen Kontrolle bedeutsam: einmal die anthropologisch eröffnete Institutionentheorie *Arnold Gehlens* und zum anderen die Ausarbeitung einer Rollentheorie durch *Ralf Dahrendorf*, die ausdrücklich an die bei *Durkheim* erfolgte Konstruktion des Institutionenparadigmas anknüpft. Bei der Darstellung der Forschungen – hier wie auch im weiteren Verlauf dieses Kapitels – werden wir uns auf die zentralen Kategorien und Thesen beschränken müssen, die im Zusammenhang des Konzepts der sozialen Kontrolle stehen. Weitere Ausführungen zu den umfassenderen Forschungen der jeweiligen Autoren verbieten sich uns aus Platzgründen. Der Leser sei deshalb zur weiteren Information auf die von uns angemerkte Literatur hingewiesen.

2.3.1. Gehlens Institutionenlehre: Die Stützung des menschlichen Mängelwesens durch Institutionen

Ausgangspunkte aller weiteren zu referierenden Thesen *Gehlens* sind die Feststellungen, daß der Mensch ein »handelndes Wesen« ist, das auf Grund verkümmerter Instinkte mit Mängeln behaftet und von daher nur »in voraussehender Veränderung der Natur... lebensfähig« ist [140]. In dieser Hinsicht definiert *Gehlen* den Menschen auch als »kulturschaffendes« Wesen [141]. »Der Überschuß plastischer Antriebe, die Wandelbarkeit erlernbarer Bewegungen und die ›Weltoffenheit‹ der Sinne wie der Intelligenz bilden mithin *einen* Zusammenhang, der selbst wieder zu bewältigen ist, den es gilt zu stabilisieren, ihm Dauer abzunötigen« [142]. Wie ist eine solche Stabilisierung nun vorstellbar? Die Stabilisierung des Menschen – sie soll bedingt sein durch ein konstitutionelles Bedürfnis nach Geformtheit [143] – sieht *Gehlen* durch Institutionen gewährleistet. Institutionen stabilisieren nach innen, indem sie »Gedanken, Gefühle, Interessen, Vorstellungen usw.« [144] formalisieren und so – unter Absehung von einem Individualgehalt – Verhaltensbereitschaften normieren und auf Dauer stellen [145]. Institutionen sind für die Persönlichkeit des Menschen von Bedeutung, da sie seinen Egoismus rationalisieren und in Übereinstimmung mit der Außenwelt bringen: »sie entlasten ihn von der fallweisen mühsamen Erfindung anständigen Verhaltens, weil sie es schon vorgeformt und vorentschieden darstellen, und sie prämieren dieses anständige Verhalten mit prestigemäßigen oder ökonomischen Chancen oder mit derjenigen Genugtuung, die in dem Bewußtsein liegt, das Rechte getan zu haben« [146]. Außerhalb der Institutionen zu leben, bedeute für den Menschen Entfremdung [147]. Aus diesem Grund könne geschlossen werden, daß die Institutionen für die Ausbildung einer menschlichen Persönlichkeit Voraussetzung sind.

Innenstabilisierung ist – laut *Gehlen* – nur möglich, wenn die Institutionen dem Menschen äußerlich sind; er erlebt sie als »ein überpersönliches vorgefundenes Muster« [148]. *F. Jonas* stellt in seiner Durchsicht der *Gehlen*schen Institutionenlehre zu diesem Punkt ausdrücklich fest: »Ein auf Dauer gestelltes Verhalten kann nicht in der menschlichen Natur festgemacht werden, sondern muß gegen sie durchgesetzt werden« [149]. Aus dem bisher Gesagten könne gefolgert werden, daß eine Stabilisierung des Menschen »nicht ohne präzisen Außenhalt überdauern« [150] kann. Dadurch, daß Institutionen die Moral der Individuen stabilisieren, wirken sie als Außenhalt auf die Verbindungen menschlicher Gruppen und Gemeinschaften [151]. Nach *Gehlen* läßt sich sagen, daß menschliche Gruppen »durch Institutionen und die darin erst ›sich feststellenden‹

quasiautomatischen Gewohnheiten des Denkens, Fühlens, Wertens und Handelns, die allein als institutionell gefaßte sich vereinseitigen, habitualisieren und damit stabilisieren«, zusammengehalten werden [152]. Wenn die stabilisierenden Außenstützen wegfallen, erfolge eine »Primitivisierung«, »Entformung« und »Triebhaftigkeit« menschlichen Handelns, Fühlens und Denkens [153].

Gehlen konzipiert die Institutionen damit als verpflichtende und einzig segensreiche Autorität mit normativem Gehalt. Die Institutionen gründen ihren Normgehalt auf ihrer Eigengesetzlichkeit und ihrem Selbstzweck [154]. Die Menschen leben in einem System sich überschneidender und miteinander verknüpfter Institutionen, die alle ihre »Gruppendisziplin« haben, »so daß die Vielzahl der sich in uns überschneidenden Ordnungen eine Bereitschaft zur ›Gruppendisziplin überhaupt‹ schafft...« [155]. Dadurch, daß die menschlichen Verhaltensweisen in normierte Formen gezwungen, daß sie erwartbar werden, ist Gesellschaft erst möglich [156].

Damit findet man aber bereits den Übergang zu einem weiteren Aspekt der Institutionen: dem der Entlastung. Die in Institutionen vorgenommene Schematisierung menschlichen Denkens und Handelns bedingt »einen ›Entlastungswert‹, indem sie uns der Spannung des Schwankens, der Ungewißheit und Unsicherheit« [157] enthebt. Indem Institutionen als »sozial eingewöhnte Entscheidungen« [158] erkannt werden, wird die menschliche Entschlußfähigkeit und -willigkeit nicht überbeansprucht [159]. Die Existenz von Institutionen als stabiler Horizont menschlichen Handelns garantiert die Befriedigung menschlicher Bedürfnisse, die dann in den Hintergrund treten. *Gehlen* definiert dies als »Hintergrundserfüllung« [160]. »Nur, wenn dieser ›Hintergrund‹ aufgebaut worden ist, kann es einen ›Vordergrund‹ (foreground) für bedachtsame, reflektierende, sinnvolle Handlungen geben« [161]. Das entlastete Handeln kann dann weiter aufsteigen im kulturellen Prozeß: zu höheren institutionellen Formen. Zudem sieht *Gehlen* auch den funktionalen Wandel der Institutionen, »ein sekundäres Phänomen gegenüber ihrer primären Ideenbestimmtheit« [162], gewährleistet, und zwar durch die in der »Überdeterminiertheit« der Institutionen zum Ausdruck kommenden Potentialitäten für die Ermöglichung neuer Bedürfnisse, die selbst wieder eingeholt werden in zweckbestimmte Formen, in neuerliche Institutionen [163].

2.3.2. Resümee der von Gehlen vertretenen Position

Wir wollen den bisher rekonstruierten Thesengang bei *Gehlen* hier abbrechen, um zu resümieren, welche bedeutsamen Aspekte für ein Konzept der sozialen Kontrolle durch *Gehlens* Forschung aufgezeigt werden bzw. welche seiner Thesen zu kritisieren sind. Der Abbruch an dieser Stelle erscheint uns gerechtfertigt, weil weitere Thesen des Autors einmünden in eine Kulturkritik, deren Status als zwingende Schlußfolgerungen aus der Institutionentheorie gar von einem *Gehlen* so nahestehenden Theoretiker wie *Schelsky* angezweifelt und die von *Habermas* in ihrer gesamten Konzeption als Ethik zurückgewiesen wurde [164]. Darauf brauchen wir weiter nicht mehr einzugehen.

Obwohl *Gehlen* selbst die Kategorie soziale Kontrolle nicht wortgemäß artikuliert, scheinen uns die Inhalte seiner Thesen und die der von ihm verwendeten Begriffe innerhalb jenes Bezugsrahmens verortbar, der im vorhergehenden Teil ausgangsmäßig abgesteckt worden ist. Sicherlich gelingt es *Gehlen,* das Augenmerk auf einige bedeutsame Zusammenhänge zu lenken: so auf die Aspekte von Stabilisierung und Außensicherung, von normativer Gewalt der Institutionen und der durch sie bewirkten Entlastung des einzelnen. Im Hinblick auf letztere Aspekte offenbart er mit einiger Klarheit ein fundamentales Wechselverhältnis zwischen Konformität und Entlastung: bereitgestellte Entlastung reizt zur Unterwerfung – also Konformität –; Konformität wirkt ihrerseits entlastend durch die Garantie reibungslosen Lebens, wodurch Möglichkeiten des kulturellen Aufstiegs und Wandels eröffnet werden.

Dennoch muß die Position *Gehlens* in entscheidenden Punkten kritisiert werden. Zum einen vernachlässigt *Gehlen* die interaktive Basis des Handelns. Seine Institutionenlehre krankt daran, »sich nicht auf eine Theorie sozialen... Handelns zu begründen« [165]. Die Kategorie des »Sozius« wird, wenn überhaupt, nur randläufig thematisiert [166]. Weiterhin negiert er u.E. die Dialektik gesellschaftlicher Prozesse, die im Gesamtrahmen sozialen Handelns durch die Polaritäten von Entäußerung und Verinnerlichung abgesteckt werden [167]. Zum anderen bleibt *Gehlens* Institutionentheorie im Spekulativen stecken, wenn er die biologische Bedingtheit des Menschen und die Notwendigkeit der institutionellen Absicherung abgehoben von einer historischen Analyse der Aneignung der Natur durch die menschliche Gattung zusammenführen will. Darauf wird weiter unten noch eingegangen werden. In diesen Zusammenhang gehört aber, daß *Gehlen* das Problem der Herausbildung von Institutionen weitgehend verschwimmen läßt [168]. Die Problematik des Konflikts einander gegenständiger institutionaler Ordnungen, geschweige denn des Konflikts im Produktionsbereich, der widersprechende Ordnungen und die Übermächtigung einer Ordnung durch die andere erst bedingt, bleibt außerhalb seines Vorstellungsbereichs. »Die in der Institutionenlehre auffindbare Geschichte ist eine im höchsten Maße anonyme und subjektlose Geschichte« [169]. Gesellschaftlicher Wandel wird einzig zu einer Sache der Institutionen selbst. Ein weiterer Grund dafür, daß *Gehlen* »die Menschen nur noch als Objekte, nicht als Subjekte der von ihnen produzierten Gebilde begreifen kann« [170].

2.3.3. Dahrendorfs Rollentheorie: Der Schnittbereich von Mensch und Gesellschaft – homo sociologicus

Ausgangskategorie der Theorie *Dahrendorfs* ist die »ärgerliche Tatsache der Gesellschaft«, die sich in den »sozial vorgeformte(n) Rollen« manifestiert, die von außen an den einzelnen herangetragen werden [171]. »Der Einzelne *ist* seine sozialen Rollen, aber diese Rollen *sind* ihrerseits die ärgerliche Tatsache der Gesellschaft« [172]. Hierin ist der Anschluß *Dahrendorfs* an *Durkheim* zu sehen, was von ihm auch ausdrücklich hervorgehoben wird [173].

Rollen hängen zusammen mit sozialen Positionen, wobei letzterer Begriff »jeden Ort in einem Feld sozialer Beziehungen« bezeichnet [174]. Positionen sind etwas Objektives, etwas der jeweiligen Person Äußerliches. Positionen umfassen Mengen von »Positionssegmenten«, »wobei jedes dieser Segmente aus dem (jeweiligen) Positionsfeld... eine Beziehungsrichtung aussondert« [175]. »Zu jeder Stellung, die ein Mensch einnimmt, gehören gewisse Verhaltensweisen, die man von dem Träger dieser Position erwartet; zu allem, was er ist, gehören Dinge, die er tut und hat; zu jeder sozialen Position gehört eine *soziale Rolle*« [176]. Position und damit verknüpfte Rolle haben einen den einzelnen verpflichtenden Charakter. Ist die Position eine Ortsangabe im Feld sozialer Beziehungen, so stellt die Rolle Ansprüche dar, die von der Gesellschaft an den Träger von Positionen herangetragen werden. »...jede einzelne Rolle (ist) ein Komplex oder eine Gruppe von Verhaltenserwartungen« [177]. Zusätzlich zu dieser grundlegenden Definition sieht *Dahrendorf* drei weitere bezeichnende Merkmale für die Kategorie der Rolle:

»1. Die Objektivität der in Rollen angelegten Verhaltensvorschriften,
2. deren Geprägtheit von der Gesellschaft – nicht vom einzelnen – und
3. deren Verbindlichkeit, der sich der einzelne »nicht ohne Schaden entziehen kann« [178].

2.3.3.1. Zwang, Verbindlichkeit und Sanktion

»Soziale Rollen sind ein Zwang, der auf den Einzelnen ausgeübt wird« [179]. Dieser Zwang findet seinen Ausdruck in Sanktionen, mit denen die

Gesellschaft gewünschtes Verhalten durchsetzen kann. Die Verbindlichkeit von Erwartungen, Vorschriften hängt zusammen mit den mit ihnen verbundenen Sanktionen [180]. Es gibt Muß-, Soll- und Kannerwartungen, die über die jeweils mit ihnen verknüpften Sanktionen zu spezifizieren sind [181]. Wer sind nun im einzelnen diejenigen, die den Zwang aktualisieren, die über die Verbindlichkeit von Erwartungen wachen, die mit Sanktionen drohen? *Dahrendorf* begegnet dieser Frage mit einem Konzept der Bezugsgruppe, in dem ausgeführt wird, daß unter Bezugsgruppen solche Gruppen zu verstehen sind, die dem einzelnen aufgrund seiner Position nahetreten [182]. Die Bezugsgruppen auferlegen Vorschriften, bestimmen Erwartungen und sind in der Lage, Sanktionen zu verhängen. Sie determinieren »die Tatsächlichkeit der gesellschaftlichen Kontrolle des Einzelnen durch seine Rollen« [183]. Dieser Determinierung liegen die Regeln und Sanktionen zugrunde, die in jeweiligen Gruppen gelten. »In diesen Regeln und Sanktionen liegt der Ursprung von Rollenerwartungen und ihrer Verbindlichkeit« [184].

2.3.3.2. Zuschreibung, Erwerbung und Verinnerlichung

Positionen lassen sich unterscheiden nach zugeschrieben oder erworben, wobei diese Unterscheidung nicht fix ist; empirisch wandeln sich Positionen von zugeschriebenen zu erworbenen und umgekehrt. Zugeschriebene Positionen unterliegen »einer totalen Zwangsbewirtschaftung«, sie sind »nicht beliebig verfügbar« [185]. Erworbene Positionen lassen mehr oder minder große Wahlspielräume frei. Doch auch sie sind an Zuordnungskriterien geknüpft; institutionalisierte Kontrollen wachen über ihre Verteilung. Ebenfalls schon zugeschriebene Positionen selektieren und begrenzen Zuordnungsmöglichkeiten [186].
Um aber die zugeschriebenen oder erworbenen Positionen ausfüllen, um die mit ihnen verknüpften Rollen spielen, um die Verhaltenserwartungen, die von den jeweiligen Bezugsgruppen sanktioniert werden, erfüllen zu können, bedarf es der Erlernung dieser Rollen [187]. »Erst indem der Einzelne die außer ihm bestehenden Vorschriften der Gesellschaft in sich hineinnimmt und zu einem Bestimmungsgrund seines Verhaltens macht, wird er mit der Gesellschaft vermittelt und als *homo sociologicus* zum zweiten Male geboren« [188]. Die Verinnerlichung des Verlangten macht dem einzelnen die Gesellschaft »überhaupt erst zugänglich« [189]. Diese Verinnerlichung erfolgt in einem kontinuierlichen Lernprozeß, in dem jeweils hervorragende Bezugspersonen als Sozialisationsagenten fungieren. Die »Freiheit des Einzelnen« wird im Sozialisationsprozeß aufgehoben zugunsten »der Kontrolle und Allgemeinheit sozialer Rol-

len« [190]. Mit der Verinnerlichung der sozialen Rollen werden auch die Sanktionen individualisiert, »die als Gesetz und Sitte unser Verhalten kontrollieren« [191]. Das Gewissen wird zum innerlichen Gericht; zusätzlich gemahnen uns äußere Instanzen »an die Verbindlichkeit sozialer Satzungen« [192]. Indem die gesellschaftlich formierten Erwartungen in den einzelnen hineindringen, indem sie seine Persönlichkeit prägen, lassen sie doch Verhaltensräume frei, determinieren sie den Verhaltensbereich weniger als sie ihn eingrenzen [193]. Dadurch wird gesellschaftlicher Wandel möglich.

2.3.4. Resümee der von Dahrendorf vertretenen Position

Auch bei der Darstellung des *Dahrendorf*schen Konzepts muß dem informierten Leser die Rekonstruktion der Thesen unvollständig erscheinen. Kategorien wie »Konflikt« und »Herrschaft« fehlen, obwohl sie in *Dahrendorfs* Gesamtwerk ausführlich entwickelt werden. Sie werden später im Zusammenhang mit der Konflikttheorie abzuhandeln sein; uns scheinen die bisher vorgelegten Thesen und Kategorien den unter dem Bezugsrahmen des Institutionen-Paradigmas vorgenommenen Ansatz Dahrendorfs zur sozialen Kontrolle voll zu umfassen.

Welches sind nun die Zugewinne der *Dahrendorf*schen Analyse für eine Weiterentwicklung des Kontrollkonzepts innerhalb der Institutionentheorie? Wichtige Akzente setzt *Dahrendorf* zweifellos in seiner Herausarbeitung der Äußerlichkeit des gesellschaftlichen Zwangs, der seines Erachtens zu einer Ausblendung des *eigentlich* Menschlichen beiträgt, dem das Individuum als ein entfremdetes gegenübersteht. Der Zwang und damit die gesellschaftliche Kontrolle trifft den einzelnen in Form drohender oder verabreichter Sanktionen. Die Erwartungsabsender (= Bezugsgruppen) dirigieren den Rollenträger. Die im Individuum verarbeiteten äußeren Anforderungen prägen die Persönlichkeit des einzelnen. *Dahrendorf* verläßt mit diesen Konkretisierungen die spekulative und normative Ebene der *Gehlen*schen Institutionentheorie, indem er in seiner Analyse den sozialen »Stoff« derart aufbereitet, daß empirische Einsichten und Überprüfungen mittelbar oder unmittelbar zugänglich erscheinen. Das kommt darin zum Ausdruck, daß *Dahrendorfs* Bemühen durch die Anstrengung gekennzeichnet ist, zu operational umsetzbaren Kategorien zu gelangen.

Dennoch müssen einige Ansatzpunkte kritisch überdacht werden. Wie bei *Gehlen* vermißt man auch bei *Dahrendorf* die historische Konkretion des Gesellschaftlichen. Eine Folge davon ist, daß z.B. Entfremdung »als eine Qualität von Gesellschaft schlechthin« erscheint [194]. Das wiederum hat zur Konsequenz, daß *Dahrendorf* zu einer Hilfskonstruktion genötigt wird ähnlich wie *Gehlen* – nur mit umgekehrtem Vorzeichen. Erlangt der Mensch bei *Gehlen* nur Freiheit vor dem Hintergrund von Institutionen, so sieht *Dahrendorf* die Freiheit des Menschen nur in seiner Doppelhaftigkeit, deren eine Seite mit dem Konstrukt des homo sociologicus nicht zu fassen sei [195]. Sicherlich geht eine solche Wendung vorbei an einer konkreten Bestimmung der Verhältnisse, die aus sich heraus die Bestimmung der Unfreiheit und die Beschneidung der gesellschaftlichen wie individuellen Emanzipation festlegen. Dennoch glauben wir nicht an die Tragfähigkeit einer Interpretation, wie *F. Haug* sie liefert: »Rollentheorie ordnet also das Chaos des phänomenologisch Gegebenen, aber dies auf eine Weise, daß wirklich Relevantes nicht mehr wiederzufinden ist« [196]. Die Rollentheorie als Beitrag zu einem Konzept sozialer Kontrolle bedürfte, wenn sie derartige Gegenargumente abwehren wollte, einer Ableitung von gesellschaftstheoretischen Prämissen, die die Verhältnisse gesellschaftlicher Produktion und Reproduktion, die Normentstehungsprozesse und die Aspekte des Sozialisations- und Internalisierungsprozesses in ihrer konkreten historischen Qualität begreifen würden. Diese Fragestellung zieht *Dahrendorf* nicht an. Genauso undifferenziert stellt er sich der Problematik verinnerlichter Kontrolle, worauf weiter unten noch eingegangen werden muß. Zu diesem letzteren Punkt gehört auch die Fragwürdigkeit der von ihm vorgeschlagenen notwendigen Verbindung von Normverbindlichkeit und Sanktion [197].

2.4. »Soziale Kontrolle« im Bezugsrahmen der Theorie des sozialen Systems

Die Theorie des sozialen Systems »wurde... von Talcott Parsons erstmals wirkungsvoll als *der* Ansatz der Soziologie geltend gemacht« [198]. Die von ihm initiierte strukturell-funktionale Systemtheorie, die unter Voraussetzung gegebener Strukturen die funktionalen Beiträge zur Erhaltung des Gegebenen, des Systems, problematisiert, wurde nicht nur in den USA in ganzer Breite aufgegriffen und auch weiterentwickelt, sondern hielt Einzug in die gesamte bürgerliche Soziologie [199]. Im Rahmen dieser Systemtheorie bot *Parsons* selbst – und das verwundert in Anbetracht des eben Gesagten keinesfalls – mehrere Forschungen zur sozialen Kontrolle an. Ihnen werden wir uns weiter unten zunächst zuwenden.
In Deutschland rückte nach einer langen Periode der Rezeption der strukturell-funktionalen Systemtheorie eine Variante in den Vordergrund: die

von *Niklas Luhmann* konzipierte funktional-strukturelle Systemtheorie [200]. Eine solche Theorieausrichtung hat nach *Luhmanns* Ansicht den Vorteil, »nach der Funktion von Systemstrukturen zu fragen, ohne dabei eine umfassende Systemstruktur als Bezugspunkt der Frage voraussetzen zu müssen« [201]. Diese Möglichkeit vergibt die strukturell-funktionale Systemtheorie, weil »sie den Strukturbegriff dem Funktionsbegriff vorordnet« [202]. Da *Luhmann* in das von ihm vorgeschlagene Theoriekonzept ebenfalls eine Analyse zur sozialen Kontrolle eingebracht hat, erscheint es uns sinnvoll, seine Forschungen und die von *Parsons* in diesem Zusammenhang hier vorzustellen, wobei dann beide Aspekte der Systemtheorie in bezug auf Forschungen zur sozialen Kontrolle zum Tragen kämen.

2.4.1. Parsons: Abweichendes Verhalten und soziale Kontrolle im sozialen System

Als zentrale Ausgangsthesen der theoretischen Arbeiten *Parsons* zur sozialen Kontrolle sind folgende zu nennen:

1. Der Gesellschaft stellen sich Kontrollprobleme, da abweichendes Verhalten, wenn es über gewisse Grenzen hinaus toleriert wird, dazu tendieren wird, das System zu verändern oder zu desintegrieren [203].
2. Die Gesellschaft bedient sich zur Lösung solcher Probleme der Mechanismen sozialer Kontrolle. Derartige Mechanismen wirken auf der Motivationsebene der Individuen den Tendenzen zur Abweichung entgegen; sie sorgen für den Ausgleich gegenseitiger Erwartungen [204].
3. Der Gleichgewichtszustand eines Interaktionsprozesses bildet mithin den zentralen Bezugspunkt einer Analyse sozialer Kontrolle [205].

Parsons rückt in diesen Ausgangsthesen das Studium sozialer Kontrolle in einen engen Bezug zum abweichenden Verhalten. Es erscheint von daher nicht unwichtig, *Parsons* zentrale Thesen zur Genese abweichenden Verhaltens mit in diese Darstellung einzubeziehen.
Als Prämisse seiner Theorie läßt sich festhalten, »daß alle Motivationsprozesse innerhalb der Persönlichkeitsstruktur individueller Akteure ablaufen. Die Entstehung dieser Motivationsstrukturen beruht allerdings hauptsächlich auf sozialen Prozessen, vornehmlich auf der Interaktion von Ego mit einer Pluralität von anderen« [206]. Abweichung und Kontrolle lassen sich analytisch von verschiedenen Bezugspunkten her bestimmen:

a) vom einzelnen Akteur und
b) vom gesamten Interaktionssystem aus.

Im Fall a) ist mit Abweichung »das motivational gesteuerte Bestreben des Akteurs (gemeint), im Widerspruch zu einem oder mehreren institutionalisierten Normenmustern zu handeln« [207]. Soziale Kontrolle wirkt dann auf motivationaler Ebene diesen Bestrebungen entgegen.

Im Fall b) bedeuten die abweichenden Bestrebungen des oder der Handelnden eine Störung des statischen oder dynamischen Gleichgewichts des Interaktionssystems. Es kommt dann entweder zur Veränderung des letzteren oder zu einem Wiederausgleichungsprozeß, der durch die Mechanismen sozialer Kontrolle bedingt wird [208]. Abweichendes Verhalten entspringt abweichenden Motivationen, die ihrerseits bedingt sind durch Spannungszustände, womit Störungen der gegenseitigen Erwartungserfüllungen in sonst integrierten Sozialsystemen gemeint sind [209]. Solche Spannungen produzieren ambivalente Haltungen Egos gegenüber der Störungsquelle, die gleichzeitig Quelle der Erwartungsfrustrationen ist. Die Orientierung des Akteurs in bezug auf die Spannungssituation kann durch eine konforme oder durch eine abweichende Komponente dominiert werden. Außerdem ist die Orientierung nach aktiv oder passiv zu spezifizieren. Aus verschiedenen Kombinationen dieser Elemente ergeben sich dann verschiedene Arten der Situationsanpassung, besser: der Motivationsausrichtung, die im weiteren von *Parsons* noch danach getrennt werden, ob das Schwergewicht auf sozialen Objekten oder auf Normen liegt [210].

Greift man an dieser Stelle wieder das vordem Gesagte auf, daß der Gleichgewichtszustand eines Interaktionssystems den zentralen Bezugspunkt einer Analyse sozialer Kontrolle bilden müsse, so kann man feststellen, daß *Parsons* das Problem der Erhaltung des Gleichgewichts unter zwei Aspekten angeht:

1. unter dem Aspekt der Prävention, welche maßgeblich geleistet wird durch die Sozialisation des einzelnen,
2. unter dem Aspekt der Wiederausgleichung, welche das Ziel der Wirkungen der Mechanismen sozialer Kontrolle darstellt [211].

Parsons betont in diesem Zusammenhang die enge Beziehung [212] und in gewissem Sinne auch die Analogie zwischen Sozialisations- und Kontrollprozessen [213]. Beide tragen zu einem »Ausrichten gegenüber Spannungen« bei [214]. Beide führen und leiten die Ausrichtung der Haltung des einzelnen gegenüber »sozialen Objekten« [215]. Beide sind aspektuell jedoch insoweit verschieden, als Sozialisation »das Erlernen (von etwas) ...im positiven Sinne« meint, während die Ausgleichungsprozesse, die durch Kontrollmechanismen bewirkt werden, »ein besonderer Fall des Lernprozesses dadurch sind, daß sie den Lernunwilligen in den Zusammenhang der entfremdenden Elemente der motivationalen Struktur einbeziehen« [216].

2.4.2. Soziales System und Mechanismen sozialer Kontrolle

Aufgrund der eben angesprochenen Unterscheidung von Sozialisation und Kontrolle und der engen Bindung letzterer an abweichendes Verhalten kommt *Parsons* zu einer separierten Analyse der Mechanismen sozialer Kontrolle, deren Wirkung er nicht in der Ausmerzung abweichender Motivation sieht – was empirisch nicht möglich sei –, sondern in der Begrenzung solcher Motivationen und in der Abdämmung ihrer Wirkungen auf andere Orientierungen »jenseits gewisser Grenzen« [217]. Er knüpft an die eben schon erwähnten Spannungen an, die durch Störungen des Interaktionsprozesses ausgelöst werden, und kennzeichnet vier Reaktionstypen, die durch solche Spannungen provoziert werden: »Ängstlichkeit, Phantasie, feindliche oder aggressive Reaktionen des Zurückschlagens oder Ausschlagens und Verteidigungsmaßnahmen im Sinne von Versuchen, die Abweichung von Egos Erwartungen zu begrenzen und/oder den status quo ante wieder herzustellen« [218]. Sollen Kontrollmaßnahmen voll wirksam sein, dann müssen sie nach *Parsons* alle vier Reaktionskomponenten erreichen. Solche Maßnahmen können sich auf die Ebene des äußerlichen Verhaltens beziehen. Wichtiger in *Parsons* Augen sind die subtileren Aspekte, die sich auf der darunterliegenden motivationalen Ebene abspielen. Elemente eines jeden Kontrollmechanismus, der sich auf letztere Ebene konzentriert, seien [219]:

a) »support«, d.h. eine Unterstützung, die sich in der Beruhigung ausgelöster Angstreaktionen niederschlagen soll, um das Fortschreiten in Richtung auf »aggressive-destructive and/or defensive reactions« aufzuhalten;
b) »permissiveness«, womit eine Erlaubtheit von Entäußerungen gemeint ist, die unter normalen Bedingungen nicht tolerierbar wären; »permissiveness« muß aber abgestimmt sein mit der
c) »Einschränkung von Austauschakten«, wenn nicht ein Teufelskreis beschritten werden soll, der darin bestünde, daß Alters Reaktionen Ego zu immer weiteren abweichenden Motivationen animieren. Es kommt also auf die Verknüpfung der beiden letzteren Elemente an, wenn ein Kontrollmechanismus effektiv sein will.

Weiter läßt sich unterscheiden, und zwar in bezug auf alle drei genannten Elemente, ob »Alters Handlung bewußt manipulativ ist oder nicht« [220]. Viele der Elemente sozialer Kontrolle sind so in die Rollenstruktur des Sozialsystems einbezogen, daß sie funktionieren, ohne den Akteuren zu Bewußtsein zu gelangen. Andere sind jedoch bewußt sanktionierende Manipulationen, und zwar auf der Einstellungsebene der Akteure zueinander: »Attituden der Liebe, der Zustimmung, der Achtung« [221].

Die Mechanismen sozialer Kontrolle, die die genannten Elemente einschließen, *wirken im Interaktionsprozeß*, der sich vor dem Hintergrund eines institutionalisierten Netzwerkes abspielt und von daher geleitet wird. Sie reichen vom »bedeutungsvollen Schweigen« in flüchtigen Gesprächssituationen bis zum Ritual in hochabstrakten Situationen, die durch Ungewißheit spezifiziert sind, und bis zum Phänomen der »sekundären Institution« [222]. Durch die Schaffung von Freiräumen für Verhaltensäußerungen und gleichzeitiges Bewirken von Anpassungsvorgängen an übergeordnete Strukturen kontrollieren die genannten Mechanismen potentiell abweichende Motivationen. Eine Reihe anderer Mechanismen können zur Vermeidung offener Konflikte herangezogen werden. Diese ordnet *Parsons* in die Kategorie der »insulating mechanisms« ein [223]. »Takt« und »Anonymität« verhindern die Kontakte von konfligierenden Elementen in der kulturellen und sozialen Struktur. Sie werden dann wirksam, wenn eine Strukturierung derartig konfligierender Elemente auf kollektiver Ebene stattgefunden hat. Eine andere Kategorie von Kontrollmechanismen, die *Parsons* als »isolating« bezeichnet, wirkt bereits solchen Strukturierungen entgegen. Die so gearteten Mechanismen, decken zwei Bereiche ab: einerseits die Verhinderung der Ausbildung von Gruppenstrukturen und andererseits die Verhinderung von Durchsetzungsmöglichkeiten für weiterreichende Legitimitätsansprüche im Hinblick auf abweichende Aktivitäten [224].

Am Beispiel von Verbrechen und Krankheit zeigen sich – so meint *Parsons* – am deutlichsten die Funktionsweisen dieser Mechanismuskomplexe [225]. So tendiert die Reaktion auf Verbrechen zur sofortigen Verhinderung von Legitimitätsansprüchen der abweichenden Verhaltensmuster; Strafen haben den Charakter von Ritualen oder Deklarationen, um die durch das Verbrechen verletzten institutionalisierten Werte aufrechtzuerhalten und um klare Grenzlinien zwischen Abweichung und Konformität zu ziehen; der Kriminelle wird *außerhalb* des sozialen Systems verortet. Krankheit hingegen trägt einige Aspekte der Legitimität in sich, trotzdem steht der Kranke in Abhängigkeit zu Nicht-Kranken; seine Stellung *im* System bleibt erhalten, die drei oben genannten Mechanismuselemente können voll zur Entfaltung kommen, so daß von einer Einbeziehung des Kranken in Wiedereingliederungsbestrebungen gesprochen werden kann.

Erweiternd in bezug auf das Problem des sozialen Wandels kann zusätzlich noch bemerkt werden, daß *Parsons* das erfolgreiche Bestehen abweichender Muster – trotz Einsatzes der verfügbaren Kontrollmechanismen – als »prinzipielle Quellen des Wandels in der Struktur des sozialen Systems« ansieht [226].

2.4.3. Resümee der von Parsons vertretenen Position

Parsons kommt, indem er Entstehung und Richtung abweichenden Verhaltens und die Wirkungen sozialer Kontrollmechanismen auf der Motivationsebene der Handelnden analysiert, zu einer engen analytischen Beziehung zwischen Abweichung und Kontrolle [277]. Aufgrund dieses Vorgehens klammert er andere soziale Prozesse aus seiner Bestimmung sozialer Kontrolle aus [228]; wir werden darauf weiter unten noch zurückkommen müssen. *Parsons* vergibt – einmal durch die eben beschriebenen Mängel und zum anderen durch die Begrenztheit seiner Kategorien und Thesen – die Chance, zu einem umfassenden erklärenden Ansatz zu gelangen. So wird an keiner Stelle der vorliegenden Analyse eine historische Ableitung der beobachteten Mechanismen und der sie konstituierenden Vergesellschaftungszusammenhänge einigermaßen akzeptabel angestrengt. *Parsons* bleibt in der Deskription des für ihn Gegebenen stecken, und auch diese Beschreibung ist oberflächlich. Es stellt sich beispielsweise die Frage, woher denn die Devianz auslösenden Spannungen kommen, wenn sie den Handelnden schon nicht vom Himmel geschickt werden. Ein Wechseln der Systemreferenzen ist nur von begrenztem Erklärungswert in dieser Angelegenheit. Der entscheidende Fehler dürfte wohl auch diesbezüglich in der Vernachlässigung der Kategorie des Konflikts zu suchen sein. Zudem ist *Parsons* davor zu warnen, den Gesichtspunkt der Analyse einzig auf der Ganzheit des Systems ruhen zu lassen. Es stellen sich dann nämlich zwangsläufig die Fragen: Was ist mit den Teilen? Wie verwerten diese jeweils die zur Verfügung stehenden Mechanismen der Kontrolle, wie mißbrauchen sie sie und warum? Sind alle Teile in einer derartigen Beziehung wirklich in der Lage, alle Mittel der Kontrolle auszuschöpfen, gehen sie als ebenbürtige in eine jeweilige Interaktionsbeziehung, wenn nein, warum? Haben Kontrollen auf alle Teile die gleiche Wirkung, hat für manche eine gleichartige Kontrolle weniger Bedeutung, können sich manche gar entziehen, wenn ja, wo sind Differenzierungen angebracht [229]? Die Beantwortung solcher Fragen sollte eigentlich selbstverständlich sein für eine Theorie, die mit einem derartigen Anspruch wie das *Parsons*sche Denkmodell auftritt.
Es ist mühsam und nicht leicht zu rechtfertigen, nach dieser grundsätzlichen Kritik einige Vorschläge dieser Theorie als lohnenswert für eine

weitergehende Diskussion hervorzuheben. Wir wollen deshalb auch nur kurz noch einmal auf die unserer Meinung nach bedeutsame Beschreibung der Mechanismuselemente »support«, »permissiveness«, »restriction of reciprocation« und »conditional manipulation of rewards« hinweisen, die oben herausgestellt wurde. Zusätzlich bietet u.E. *Parsons* Differenzierung in Insulations- und Isolationsmechanismen und damit zusammenhängende Konsequenzen für den Abweichenden bedenkenswerte Einsichten.

2.4.4. Luhmanns Entwurf sozialer Kontrolle in einfachen und komplexen Sozialsystemen

Luhmann hat eine Analyse sozialer Kontrolle bisher nur getrennt für einfache und komplexe Sozialsysteme vorgenommen [230]. Dieser Tatbestand ergibt sich u.E. indirekt aus dem in der von *Luhmann* konzipierten funktional-strukturellen Systemtheorie auftauchenden Problem, die Kategorie »Komplexität«, der dort ein zentraler Stellenwert zukommt, in zweifacher Hinsicht entfalten zu müssen: einmal als »Weltkomplexität«, was »die Gesamtheit der (überhaupt) möglichen Ereignisse« [231] meint, und zum anderen als »Systemkomplexität«, womit die Eigenkomplexität des Systems gemeint ist, die selbst erhöht werden muß, wenn sich das System gesteigerter Umweltkomplexität anpassen will [232]. Dadurch wird die Systemanalyse gleichzeitig vor zwei Grenzfälle des letzteren Komplexitätskonzepts gestellt: »den Fall des umfassenden Sozialsystems der Gesellschaft und den Fall der elementaren Interaktion« [233]. Die beiden Fälle bezeichnen Endpunkte einer Skala, bei der der Zwischenraum durch eine breite Palette ausdifferenzierter Sozialsysteme gefüllt ist. Solch eine Skalierung resultiert dann allerdings in der Aufgabe, die Struktur und den Ablauf sozialer Prozesse in bezug auf verschiedene Grade der Innen- und Außendifferenzierung sozialer Systeme analysieren zu müssen [234].

2.4.4.1. Soziale Kontrolle in einfachen Sozialsystemen

Einfache Sozialsysteme sind definiert durch »die Anwesenheit der Beteiligten« [235]. Die Anwesenheit – das, was *Luhmann* unter gegenseitige Wahrnehmung faßt – setzt Selektionsprozesse in Gang, die dann »das soziale System als Auswahl aus anderen Möglichkeiten« konstituieren [236]. Integration des einfachen Sozialsystems erfolgt über die Reflexivität der Wahrnehmungen: durch »Wahrnehmen... von Wahrnehmungen« [237]. Eine nochmalige Steigerung der Selektivität wird nun durch die Setzung eines Kommunikationsthemas erreicht, welches dann

»als eine Art Struktur des einfachen Systems fungiert« [238]. Diese Struktur ist schwach, bleibt abhängig von Situationsmomenten, ist Beleg für die »Elastizität einfacher Systeme, zugleich aber auch... für ihre geringe Autonomie und Umweltkontrolle« [239].

Einfache Systeme sind nun spezifiziert durch die gezogene Differenzierung zwischen anwesender und nicht anwesender Umwelt; »diese Differenz ausnutzend, (werden) verschiedenartige Strategien der Abwehr, der Eindrucksverarbeitung und der Einflußnahme« entwickelt [240]. Eine Analyse der Beziehungen des Systems »zur anwesenden Welt« stellt *Luhmann* unter den Titel »soziale Kontrolle« [241]. Dabei geht er davon aus, daß eine soziologische Theorie, die das Selektivitätsproblem in der von ihm angegebenen Weise faßt, als Leitfaden einer Analyse sozialer Kontrolle nicht die Kategorie der »Konformität«, sondern nur die Kategorie der »Kontingenz« des Verhaltens akzeptieren kann. Das heißt, daß es die Beziehung zwischen den im System etablierten Strukturmitteln und Entscheidungsprozessen einerseits und der »wahrgenommenen Kontingenz des Verhaltens der Beteiligten« andererseits zu untersuchen gilt. Wenn man Strukturmittel und Entscheidungsprozesse als begrenzt voraussetzt, dann kommt es darauf an festzustellen, wieviel Verhaltenskontingenz für das System überhaupt ertragbar ist. Einfache wie auch organisierte Sozialsysteme verfügen über »doppelte Grenzfilter«, die zueinander in wechselseitiger Entlastung und Verstärkung wirken, »nämlich (1) Eintritt-/Austrittprozesse, die das Beteiligtsein konstituieren, und (2) Prozesse selektiver Behandlung der Beteiligten« [242].

Die unter (1) angegebenen Prozesse stellen sozusagen das Kontrollmittel überhaupt dar, indem die Auswahl der Beteiligten selbst kontrolliert oder »Kontingenz der Anwesenheit... gegen Kontingenz des Verhaltens« gesetzt wird [243]. Letzteres bedeutet, daß Anwesenheit unter erleichterten Zu- und Abgangsbedingungen eher als Zustimmungserklärung aufzufassen ist als unter äußerlich erschwerten Bedingungen und damit auch Kontingenz des Verhaltens leichter kontrollierbar wird.

Ist Anwesenheit und damit Bestand des Systems für einen gewissen Zeitraum sicher, dann eröffnen sich durch (2) neue Mittel der Kontrolle: »Man kann die Kontingenz des Verhaltens oder die Wahl falscher Möglichkeiten als Systemproblem *thematisieren*, etwa ein Fehlverhalten direkt ansprechen...« [244]. Die Möglichkeiten des Thematisierens reichen dabei von expliziten Ausformulierungen des Problems bis hin zum wechselseitig gebilligten Übergehen eines Themas, was auch seine Funktion birgt; es deutet nämlich auf »das Risiko expliziter Thematisierung« hin [245].

Die letzte Bemerkung deutet schon die Crux der Thematisierung von Problemen in einfachen Sozialsystemen an: Werden Themen angesprochen, kann das System, indem es einer darin formulierten Alternative zugeleitet wird, zerbrechen; denn eine bindende Instanz, die eindeutig festlegen könnte, gibt es auf der Stufe der Einfachheit nicht. Das macht eine »Moralisierung der Systemprobleme« und damit auch der über sie geführten Auseinandersetzung notwendig. »Moralisierung hat... eine eher manipulative, keinesfalls eine streitentscheidende Funktion« [246]. Sie soll Negation unterbinden und Kontingenz reduzieren, um so »die Verhaltensmöglichkeiten der Beteiligten auf ein für das System erträgliches Maß an Varietät« zurückzuschneiden [247].

2.4.4.2. *Soziale Kontrolle in komplexen Sozialsystemen*

Eine Analyse sozialer Kontrolle in funktional ausdifferenzierten Systemen legt *Luhmann* im Rahmen seiner Rechtssoziologie vor [248]. »Unter Kontrolle soll verstanden werden die kritische Überprüfung von Entscheidungsprozessen mit dem Ziel ändernden Eingriffs für den Fall, daß der Entscheidungsprozeß in seinem Verlauf, seinem Ergebnis oder seinen Folgen den Gesichtspunkten der Kontrolle nicht entspricht« [249]. »Funktionale Äquivalente« für explizite Kontrollen sieht Luhmann in »segmentären Gesellschaften« und in »funktional wenig differenzierten Kleinsystemen«, und zwar »in der Form immanenter, in den Entscheidungsprozeß eingebauter Rücksichten auf *eigene andere* Rollen« [250]. Auf Grund des ständigen Wiedersehens der gleichen Menschen in immer wieder andersartigen Situationen erfolgt die Disziplinierung des eigenen Verhaltens, der eigenen Entscheidungen weniger durch internalisierte Werte oder durch die »Androhung von Sanktionen für Normverstöße«, sondern vielmehr durch »die Rücksicht auf eigene Rollen in anderen Interaktionszusammenhängen« [251]. Kontrolle erfolgt hier also über antizipierte Anforderungen in anders strukturierten Bezugsrahmen.
Mit gesellschaftlicher Evolution, d.h. mit funktionaler Differenzierung und wachsender Komplexität, wird diese alleinige Form der Kontrolle untragbar. Dafür muß Ersatz institutionalisiert werden [252]. »An die Stelle der Rücksicht auf eigene andere Rollen tritt die Kontrolle durch gegenüberstehende Rollen anderer« [253]. Dabei sind zwei Stufen denkbar: einmal Kontrolle, ausgeübt vom jeweiligen Mithandelnden; zum anderen Kontrolle, ausgeübt von Spezialisten, die in den Bahnen institutionalisierter Kontrollrollen agieren. Die funktional spezialisierte Kontrolle entlastet durch ihre Knüpfung an Experten den »Interaktionskontext«. Gleichzeitig »steigen die Kommunikationslast und der Bedarf für abstrakte, explizierbare Kriterien, die ein Erwarten von Erwartungen und

zugleich eine Durchführung der Kontrollen ermöglichen« [254]. Die so formulierten Kontrollbedingungen fordern jedoch selbst wieder Kontrolle. Daneben hilft die »gleichsam nebenbei« ausgeübte Kontrolle in der direkten Interaktion, den »Ausfall jener elementaren Selbstkontrolle in Rücksicht auf eigene andere Rollen« zu kompensieren [255].
Die Art der Durchführung und der Gegenstand der Kontrolle durch Mithandelnde variiert nun je nach Interaktionssystem. Vorwiegend am Rechtssystem orientiert, nennt *Luhmann* drei Arten der Kontrolle: »hermeneutische Kontrolle durch Dialog«, was eine diskursive Angehung und Aufordnung des Entscheidungsprozesses meint; »Kontrolle durch Orientierung an Bezugsgruppen«, wodurch die Grenzen der Aktionsfreiräume abgegrenzt werden; »politische Kontrolle durch den Mechanismus der Politik«, wodurch rechtliche Entscheidungen »nicht im Hinblick auf ihre Richtigkeit, sondern im Hinblick auf ihre Folgen beurteilt« werden [256].

2.4.5. Resümee der von Luhmann vertretenen Position

Luhmann hat ein Konzept sozialer Kontrolle – soweit es überhaupt innerhalb seines Theoriegebäudes angestrebt werden soll – (noch?) nicht eindeutig ausformuliert. Einige Gründe dafür haben wir schon eingangs der letzten Abschnitte angedeutet. Gewinne sind aus *Luhmanns* Analyse sozialer Kontrolle für flüchtige, höchst einfach strukturierte Sozialsysteme zu ziehen. Denn gerade derartige Analysen fehlen – soweit wir es sehen – weitgehend im Rahmen einer entsprechenden Perspektive in der Soziologie. Allerdings muß in diesem Zusammenhang angemerkt werden, daß das begriffliche und theoretische Gebäude so abstrakt gefaßt ist, daß kaum sinnvolle Anhaltspunkte für eine Entschlüsselung konkret vorgängiger sozialer Prozesse zu gewinnen sind. Zudem verschwimmen triviale Einsichten im Nebel eines hochgestochenen Wortspiels, das – wenn man es seines nebulösen Charakters entkleidet – nicht viel mehr zum Vorschein bringt als bestimmte Einsichten, die der Soziologie unter anderen Namen längst vertraut sind, ohne daß *Luhmann* sie deshalb auf weitere Grundlagen hin befragen würde. So lassen sich gegenüber seinem Ansatz ähnliche Fragen vorbringen wie gegenüber dem von *Parsons.*
Gänzlich unbefriedigend bleibt weiterhin die Analyse sozialer Kontrolle in komplexen Sozialsystemen. Was hier unter evolutionstheoretischen Gesichtspunkten zur Entwicklung und Differenzierung der Sozialkontrolle gesagt wird, grenzt an Banalität. Wo bleiben da konkrete Bezüge zu den Produktionsstufen der gesellschaftlichen Verhältnisse, die erst Aufschluß geben könnten über die Bedingungen des Verlaufs und der situati-

ven Feststellung von Interaktionskontexten und komplexen Interaktionssystemen? Wo wird geklärt, wann und unter welchen Bedingungen von ursprünglichen Formen der Kontrolle zu differenzierten Formen übergegangen wird – bzw. werden muß? Wo wird die Frage nach der Interpretation solcher Kontexte durch die Handelnden gestellt? Und wo wird geklärt, wer Kontrolle einsetzen kann und in welchem Ausmaß sie für die einzelnen Gesellschaftsmitglieder verfügbar ist? Zumindest die Beantwortung dieser Fragen sollte man von einem derart anspruchsvoll auftretenden Theorieansatz erwarten können.

2.5. »Soziale Kontrolle« im Bezugsrahmen der Theorie des sozialen Handelns

Die Theorie des sozialen Handelns – ober besser: die Ausarbeitung des Konzepts »soziales Handeln« – wurde in den USA wie auch in Deutschland zu Beginn der zwanziger Jahre in Angriff genommen; einmal durch *William I. Thomas* und zum anderen durch *Max Weber* [257]. Vor dem Zweiten Weltkrieg sind in der Weiterentwicklung der wesentlichen Grundlegungen des Handlungsbegriffs bereits die Bausteine geliefert worden, die nach 1945 in der auf *George H. Mead* aufbauenden Schule des »Symbolischen Interaktionismus« zusammengefügt werden konnten, was nach Ausschöpfung weiterer theoretischer Ausarbeitungen sowohl in den USA als auch in der BRD in neuerer Zeit zu einem breiten Wiederaufgreifen der Handlungstheorie geführt hat [258].
Wir wollen hier – sozusagen als Ausnahme der von uns aufgestellten Regel – eine Forschung rekonstruieren, die vor 1945 durchgeführt wurde. Es handelt sich um *Meads* Thesen zum sozialen Selbst und das ausgebreitete Verhältnis von »I« und »me«, welches besondere Gesichtspunkte zum Problem der Verinnerlichung sozialer Kontrolle beinhaltet [259]. Diese Ausnahme erscheint uns gerechtfertigt, weil gerade diese Gedanken *Meads* viele weiterführende Forschungen angeregt haben, aus deren Menge *Tamotsu Shibutanis* Bezugsgruppentheorie zur weiteren Illustration des handlungstheoretischen Kontrollkonzepts herangezogen werden soll [260].

2.5.1. Meads Thesen zur Verinnerlichung sozialer Kontrolle

Mead analysiert den sozialen Ursprung des Selbst (»self«) und stößt darauf, daß »die Identität (das Selbst) nicht nur in der Organisation gesellschaftlicher Haltungen existiert« [261]. Sein Augenmerk liegt damit auf

der Unterscheidung und dem Verhältnis zwischen dem, was er »I« nennt, und dem »me«. Mit diesen Begriffen kennzeichnet *Mead* einmal den spontanen und kreativen und zum anderen den gesellschaftlich vermittelten Aspekt des Selbst. »Der Prozeß, aus dem heraus sich die Identität (Selbst) entwickelt, ist ein gesellschaftlicher Prozeß, der die gegenseitige Beeinflussung der Mitglieder der Gruppe, also das vorherige Bestehen der Gruppe selbst voraussetzt« [262]. Die symbolisch vermittelte Interaktion und hier in besonderem Maße die sprachliche Kommunikation sind für das Herausbilden eines Selbst Voraussetzung. »Der Einzelne erfährt sich – nicht direkt, sondern indirekt – aus der besonderen Sicht anderer Mitglieder der gleichen Gruppe oder aus der verallgemeinerten Sicht der gesellschaftlichen Gruppe als Ganzer, zu der er gehört« [263]. Der Teilnehmer an sozialen Situationen übernimmt die Haltung der anderen, die zu einer Einheit organisiert seine Reaktionen steuern. Hier liegt die Bedeutung des »verallgemeinerten Anderen« [264]. Allein das Einholen der verallgemeinerten Haltungen anderer garantiert das Ausbilden eines Selbst beim Individuum. Auf diese Weise kontrolliert die Gesellschaft ihre Mitglieder. *Mead* fragt jetzt allerdings, »wie das ›Ich‹ (»I«) beschaffen ist, das sich eines gesellschaftlichen ›ICH‹ (»me«) bewußt ist« [265]. Das »I«, so meint *Mead*, bleibt stets im Hintergrund, es reagiert auf das »me«, d. h. auf die übernommenen Haltungen der anderen. Das »I« ist selbst nicht unmittelbar zu erfassen, es wirkt nur im jeweiligen Akt; schon in der direkten Rückbesinnung darauf gerinnt es zum »me«. Nur dadurch, daß dem einzelnen die Fähigkeit gegeben ist, die Haltung der anderen für sich selbst zu organisieren, kommt er zu einem Bewußtsein seiner selbst [266]. Das »I« als Reaktion auf die objektivierten Anforderungen und Attitüden der Interaktionspartner ist im Gegensatz zu diesen unbestimmt, die Reaktion »ist im ›ICH‹ (»me«) nicht präsent« [267]. In der Reaktion des »I« ergeben sich damit Möglichkeiten der Freiheit. Sowohl »I« als auch »me« gehören zusammen, obwohl sie doch auseinandertreten; denn die Reaktion des »I« provoziert Veränderungen des »me«, auf die es als »I« wiederum reagieren kann. Auf diese Weise ist »Identität (das Selbst) ...im wesentlichen ein gesellschaftlicher Prozeß, der aus diesen beiden unterschiedlichen Phasen besteht« [268].
Zusammenfassend kann nach *Mead* gesagt werden, daß soziale Kontrolle nur insoweit wirksam werden kann, wie das Individuum die Einstellungen der anderen übernimmt und sich selbst gegenüber artikuliert [269]. Solche Kontrolle ist aber nicht starr oder unflexibel; denn die jeweiligen Akteure können ihrerseits auf sie einwirken – in Form der Reaktion des »I«. Diese Instanz bleibt durch die Unabschätzbarkeit ihrer Äußerungen ein stetes Potential für Veränderung [270].

2.5.2. Resümee der von Mead vertretenen Position

Meads Analysen sind u. E. insofern von besonderer Bedeutung, als er die gesellschaftlichen Grundlagen der Persönlichkeitsausformung in vollem Umfange in den Zusammenhang sozialer Kontrolle einbezieht. Eine ähnliche Formulierung des Problems der Hineinnahme gesellschaftlicher Steuerung in das einzelne gesellschaftliche Mitglied konnte bisher nur bei *Cooley* aufgezeigt werden, wenn auch dort nicht in der analytischen Breite, wie *Mead* sie entfaltet. Dazu thematisiert *Mead* auch noch das kreative Potential und die Verarbeitungsmöglichkeiten des Selbst in bezug auf die sich im »me« manifestierende gesellschaftliche Kontrolle, indem er das Wechselspiel zwischen »I« und »me« als grundlegend für die Verwirklichung des Selbst in der Interaktion mit anderen bestimmt. Allerdings muß sogleich hervorgehoben werden, daß die Festlegung des »I« bei *Mead* und im Anschluß an ihn nicht unproblematisch war und ist. So vermutet *Kolb* dahinter nichts anderes als eine Residualkategorie, deren Aufgabe zugunsten genauerer Fragestellungen in eng umrissenen Bezugsrahmen so schnell wie möglich erfolgen sollte. Als neue Bezugsrahmen nennt er die Sondierung des »dynamischen Zusammenspiels eines konstanten biologischen Faktors mit verschiedenen sozialen Faktoren« sowie den »Bereich der Differenzierung von Haltungen (gemeint sind die im ›me‹ vermittelten Attitüden anderer), der in seiner Gesamtheit analytisch zum Gebiet sozialer Interaktion gehört« [271]. Andere inhaltliche Festlegungen des »I« – soweit *Mead* sie im Auge gehabt habe – seien für eine ernsthaft betriebene Sozialpsychologie schlechterdings nicht zu treffen. *Krappmann* ist, indem er sich auf *Goffmanns* Unterscheidung von »personal identity« und »social identity« und dessen Arbeiten zur Frage der Rollendistanz stützt [272], einen Schritt über den zweiten, eben genannten Vorschlag von *Kolb* hinausgegangen. So schlägt er in impliziter Kritik an *Mead* in seinem Konzept der Identitätsbalance vor, die Verarbeitungsmöglichkeiten der von außen an das Individuum herangetragenen Anforderungen sozialstrukturell bzw. aus der Bedingtheit durch biographische Zuschreibungen abzuleiten [273]. Man könnte diese Vorschläge gleichermaßen radikalisieren und wieder der Position *Meads* nahebringen, wenn man das produktiv-kreative Potential, das *Mead* in der Instanz des »I« erblickt, nicht allein abstrakt am jeweiligen Einzelindividuum festmachte, sondern als Fähigkeit der Gattung im Prozeß der Aneignung der Natur, also auch der eigenen Natur bestimmte, wobei die Position *Meads* das Besondere für sich hätte, die gesellschaftliche Vermitteltheit dieses Prozesses in der Auseinandersetzung des durch das »I« an die Natur rückgebundenen Individuums [274] mit den Anforderungen des verallgemeinerten Anderen thematisiert zu haben. Auf diese Besonderheit der *Mead*schen Position werden wir noch zurückkommen. Schwerer wiegt der Vorwurf, der an *Mead* zu richten ist, daß er die Bestimmung der gesellschaftlichen Verhältnisse offen läßt, in denen sich die Individuen als Handelnde gegenübertreten können und die das Spezifische der Interaktion bestimmen – sowohl hinsichtlich der darin wirkenden gesellschaftlichen Kontrolle als auch hinsichtlich der Verarbeitung dieser Kontrolle durch den einzelnen. Das ist wohl auch ein Grund dafür, daß bei *Mead* die Qualität der Kontrolle, die durch den verallgemeinerten Anderen repräsentiert wird, nicht auf die Qualität der gesellschaftlichen Lebensverhältnisse rückbezogen und somit nur formal festgelegt wird. »Auch bei *Mead* erscheint die objektive Seite bis zur Einförmigkeit homogen, die Gesellschaft hat die Gestalt *einer* (Über-) Institution« [275]. Grundlegende gesellschaftliche Widersprüche und Konflikte bleiben dadurch ausgeblendet. Dies ist ein Vorwurf – und das sei hiermit vorweggenommen –, der auch *Meads* Nachfolger im symbolischen Interaktionismus trifft, auch wenn diese *Meads* fundamentale Analyse auf verschiedene Ausprägungen von Interaktionszusammenhängen oder auf verschiedene Grade der Komplexität von Sozialsystemen ausdehnen.

2.5.3. Shibutanis Bestimmung sozialer Kontrolle durch Bezugsgruppen

Konstituierend für *Shibutanis* Theorie sozialer Kontrolle ist die Kategorie der *Perspektive* [276]. *Shibutani* geht davon aus, daß jemandes Handeln nur dann verständlich ist, wenn man Vorstellungen davon hat, wie dieser Jemand eine Situation interpretiert, was er für gegeben hält. Das setzt Kenntnis der jeweiligen Interpretationsschemata von Welt voraus. Solche Interpretationsschemata variieren aber in komplexen Gesellschaften, und zwar nicht nur von Individuum zu Individuum, sondern auch mit den verschiedenen Bezugsrahmen, innerhalb derer ein einziges Individuum handelt. Indem nun Individuen ihr Handeln an den Erwartungen orientieren, die sie anderen zuschreiben, organisieren sie Perspektiven, die es ihnen gestatten, in Einklang mit den Anforderungen der Umwelt zu agieren. Anhand des Leitschemas solcher Perspektiven kontrollieren die Akteure sich selbst – auch in ungewohnten Situationen. »...diese Art und Weise macht Gesellschaft möglich« [277]. Denn die durch die Internalisierung jeweiliger Gruppenkulturen geformten gemeinsamen Perspektiven machen gemeinsame Situationsdefinitionen möglich und strukturieren daher Aktivitätsmuster in ähnlicher Weise.

Um zu Erfahrungen über Interpretationsschemata von Welt zu gelangen, ist es notwendig, »das Publikum, für das ein Mensch sein Verhalten insze-

niert« [278], zu identifizieren. Eine Möglichkeit, diese Aufgabe zu erfüllen, sieht *Shibutani* im Konzept der Bezugsgruppe (»reference group«). Er sieht darin eine Gruppe, »deren vermutete Perspektive vom Handelnden als Bezugsrahmen bei der Aufordnung seines Wahrnehmungsfeldes benutzt wird« [279]. Solche Bezugsgruppen können ihrer »Ausstattung« nach variieren von Einzelpersonen bis hin zu sozialen Klassen. Sie brauchen nicht real zu existieren; eine bloße Vorstellung ihrer Existenz genügt [280]. Fest steht, daß sie das Verhalten des einzelnen durch die ihnen zugeschriebenen Anforderungen kontrollieren.
Perspektiven entstehen durch Kommunikation im weitesten Sinne. »Geteilte Perspektiven sind das Produkt allgemeiner Kommunikationskanäle« [281]. Mit verschiedenen Orten im jeweiligen Sozialsystem sind auch die Zugangsmöglichkeiten zu allgemeinen Kommunikationskanälen strukturiert. Dadurch unterscheiden sich die Teilhabemöglichkeiten der einzelnen Individuen an gesellschaftlichen Kulturbeständen. Dadurch ist das Nebeneinander der diversen sozialen Perspektiven zu erklären; diese liegen aber nicht nur friedlich nebeneinander, sondern sie durchdringen sich gegenseitig oder geraten gar in Konflikt miteinander.
Mit der Variation der Kommunikationskanäle nach Stabilität, Verbreitung und Wirksamkeit variieren die durch Kommunikation vermittelten Perspektiven, und zwar nach Zusammensetzung, Umfang und gebietsmäßiger Verteilung der sie teilenden Mitglieder [282]. Die durch die Perspektiven eröffneten Erfahrungs- und Interpretationswelten unterscheiden sich weiterhin durch die Gefestigtheit ihrer Abgrenzungen nach außen, durch die Exklusivität ihrer Eintrittsmöglichkeiten, durch die Loyalitätsanforderungen an die Mitglieder und durch das Maß an Solidarität und Identifikation, das ihnen von den Mitgliedern entgegengebracht wird. Die Struktur und die Zusammensetzung solcher perspektivisch eröffneten Welten geben Möglichkeiten zur Entwicklung besonderer Sprachen und anderer symbolischer Kategorien zur Weltaufordnung.
Dadurch, daß Personen an verschiedenen Kommunikationskanälen und damit auch an verschiedenen Perspektiven teilhaben, und dadurch, daß verschiedene einander gegenübertretende Personen verschiedene Interpretationsschemata anwenden, kommt es zur Gefahr von Konflikten [283]. Normalerweise bleiben solche Konflikte latent, da die meisten Perspektiven einander nicht ausschließen. Der Übergang von einer zur anderen kann relativ problemlos erfolgen. Kommt es dennoch zu Schwierigkeiten in der Vereinbarkeit verschiedener Perspektiven einer Person, so stehen nach *Shibutanis* Ansicht zwei Hypothesen bereit, die dann erfolgenden Entscheidungen einer solchen Person für die »richtigen« Situationsdefinitionen zu erklären:

1. »eine Person tendiert dazu, den Normen der Gruppe nachzukommen, die sie attraktiver findet« [284],
2. »die Wahl von Definitionen hängt von den Empfindungen des einzelnen ab, die er den signifikanten Anderen, die als Repräsentanten der Bezugsgruppe fungieren, entgegenbringt« [285].

Darüber hinaus können auch abrupte Neuorientierungen von Personen erfolgen – etwa durch Eintritt in neue Kommunikationsbeziehungen und damit durch Neubestimmung der signifikanten Anderen. Das ändert jedoch nichts daran, daß auch in solchen Fällen eine Ausrichtung zur Konformität mit den Anforderungen der neuen Bezugsgruppe erfolgt, eine Ausrichtung, die nach Anerkennung heischt [286].

2.5.4. Resümee der von Shibutani vertretenen Position

Shibutanis Foschung zeichnet sich dadurch aus, daß er Kategorien und Thesen der frühen Interaktionisten – etwa von *Cooley* und *Mead* – für die Situation in komplexen Gesellschaften erweitert [287]. Allerdings bleiben auch ihm viele der Vorwürfe nicht erspart, die wir schon gegen *G. H. Meads* Position richteten. Auch sein Konzept weist Einschränkungen auf, die u. E. nicht übersehen werden dürfen. So entfaltet er soziale Kontrolle als Selbststeuerung der Individuen durch antizipierte Anforderungen der Umwelt, durch Teilhabe der Personen an allgemeinen Interpretationsschemata von Welt. Kontrolle durch zwingende Kontrollmittel erfaßt er dadurch nicht. Auch der Konflikt zwischen einzelnen Gesellschaftsgruppen und die Herrschaft einzelner Gruppen über andere kommen nicht in ausreichendem Maße in sein Blickfeld. Gerade aus diesem Tatbestand werden aber schon die Richtungen deutlich, in welche eine Zusammenführung der einzelnen Kontrollkonzepte möglich ist.

2.6. »Soziale Kontrolle« im Bezugsrahmen der Theorie des sozialen Konflikts

Die Vertreter einer Theorie des sozialen Konflikts insistieren auf einem Mangel der übrigen theoretischen Ansätze der Soziologie, der sich darin äußert, daß zwar stets betont wird, wie Gesellschaft möglich ist – nämlich durch Regelung des Verhaltens der Mitglieder, daß aber Kategorien zur Erfassung gesellschaftlicher Antagonismen stets am Rande der Analyse belassen werden. Dadurch habe die Soziologie in ihren Analysen nur Entwürfe zu Utopien beigetragen, die an Gesellschaften im Gleichgewichtszustand orientiert gewesen seien, ohne damit gesellschaftliche Wirklichkeit, wozu eben auch Konflikt und Wandel gehörten, in vollem Umfange zu erkennen [288].

C. Wright Mills und *Ralf Dahrendorf* sind prominente Exponenten der eben in knappen Worten formulierten Kritik. Sie kommen von daher in ihren Werken auch zu einer Ausführung von Thesen zur sozialen Kontrolle, die durch das Vorzeichen des gesellschaftlichen Konflikts geprägt sind [289].

2.6.1. Die Verschränkung von institutioneller Ordnung, Macht und sozialer Kontrolle in der Theorie von Gerth und Mills

»Bestehende instituionelle Ordnungen« sind aus historischen Prozessen entstanden und auch selbst wieder »unterschiedlichem historischem Wandel unterworfen« [290]. Diese Einsicht stellt sich den Autoren angesichts der »Erschütterung durch die Weltereignisse«, besonders durch die Erfahrung des Zweiten Weltkrieges [291]. Aus den daraus folgenden Erkenntnissen formulieren *Gerth* und *Mills* ihr Programm: »Unser Hauptanliegen ist die Erforschung der menschlichen Persönlichkeit im Zusammenhang mit den Typen der jeweiligen geschichtlich bedingten Sozialstruktur« [292].

Die institutionelle Ordnung, die die beiden Autoren in engem Zusammenhang mit sozialer Kontrolle sehen, wird folgendermaßen definiert: »...eine institutionelle Ordnung (besteht) aus allen denjenigen Institutionen innerhalb einer Sozialstruktur, die ähnliche Wirkungen und Ziele haben oder ähnlichen objektiven Funktionen dienen« [293]. Hauptsächlich lassen sich fünf Haupttypen institutioneller Ordnung unterscheiden:

1. »politische Ordnung«,
2. »ökonomische Ordnung«,
3. »militärische Ordnung«,
4. »verwandtschaftliche Ordnung« und
5. »religiöse Ordnung« [294].

In diesen Ordnungen wird das Verhalten der Mitglieder in je spezifischer Weise kontrolliert und gelenkt, und zwar geschieht dies über die verschiedenen Rollen der Mitglieder, die in den die Ordnung konstituierenden Institutionen angelegt sind. Diese Rollen sind wechselseitige Verhaltenserwartungen, sie liefern »Muster eines wechselseitig orientierten Verhaltens« [295].

Gerth und *Mills* sehen eine Institution als »Organisation von Rollen« an, die unter sich hierarchisch strukturiert sind hinsichtlich der Rollenautorität [296]. Die höchste Autorität wird repräsentiert durch die Hauptrolle in einer Institution. Solch eine Rolle hat integrierende Funktionen nach innen (Kontrolle) und repräsentative Funktionen nach außen, wobei der Institutionenrahmen den Bezugspunkt abgibt [297]. Die Funktionen von »Autoritätsrollen« fassen die Autoren folgendermaßen zusammen: sie liegen

1. in der »bildhafte(n) Repräsentation der Macht«,
2. in der »Legitimierung von Macht als ideologischem Überbau« und
3. in der »Entscheidungsgewalt« und der »Handhabung des Machtapparates« [298].

Die institutionelle Ordnung ist keine starre, sondern in ihr herrscht das Moment des geschichtlichen Wandels und des Konflikts. *Gerth* und *Mills* nennen drei Arten des Konflikts, die bestehen können zwischen:

1. »den Institutionen, die eine institutionelle Ordnung ausmachen«,
2. »verschiedenen Ordnungen innerhalb einer Sozialstruktur« und
3. »unterschiedlichen Sozialstrukturen« [299].

Trotz dieser Konflikte können in institutionellen Ordnungen Konformitäten sozialen Verhaltens beobachtet werden, die durch soziale Kontrolle garantiert sind [300]. Es muß aber beachtet werden, daß die Ausprägungen solcher Konformitäten der Dynamik gesellschaftlichen Wandels unterworfen sind.

Gerth und *Mills* differenzieren die Arten sozialer Kontrolle sowohl »nach ihrer subjektiven Bedeutung für die Individuen als auch nach der Art der Sanktionen..., die auf Menschen angewendet werden, die von den Mustern abweichen...« [301].

1. *Bräuche oder Folkways* sind vertraute Verhaltensmuster, die dem einzelnen nicht unbedingt bewußt sein müssen, deren Einhaltung jedoch allgemein erwartet wird. Neben dieser Stabilisierung des Üblichen und Normalen durch die Erwartungshaltungen der anderen mag es dann dem individuellen Akteur «angenehmer erscheinen«, den Bräuchen zu folgen.
2. Die *Erscheinungen der Mode* sind ein Statusmerkmal, das auf der »Relativität des Zeitgemäßen« in einer sich ständig wandelnden Gesellschaft beruht. Diese Statusmerkmale kennzeichnen den Lebensstil einzelner Statusgruppen, der von den Mitgliedern als nachahmenswert internalisiert wird.
3. *Sitten* haben Verbindlichkeitscharakter. *Gerth* und *Mills* sehen ihre Grundlage im Falle der Abweichung in der Erwartung einer allgemeinen Mißbilligung. Die Überwachung der Sitten und ihrer Einhaltung

wird nicht von einer hierzu eigens geschaffenen Organisation, sondern von der Allgemeinheit oder der Gruppe durchgeführt, der der einzelne angehört. Die Sanktion durch Mißbilligung reicht bis zur allgemeinen Ächtung oder dem Ausschluß aus der Gruppe. Die Internalisierung solcher Erwartungen motiviert das Individuum zu Verhaltenskonformität.

4. *Recht* ist ein Verhaltensmuster, dessen Mißachtung durch negative Sanktionen, wie z.B. Strafe, kontrolliert wird. Diese Funktion der Ahndung kann in institutionellen Ordnungen, besonders aber in modernen Gesellschaften, hierzu autorisierten Instanzen übertragen werden.
5. *»Rationale Uniformität«* ist zweckrational »an Normen, Pflichten oder vermeintlichen Obligationen« orientiert. Der einzelne folgt diesen allgemeinen Verhaltenserwartungen, da eine Abweichung seinen Interessen schaden könnte.
6. *Ethische Regeln* enthalten als Vorschriften für erwartetes Verhalten oder Sitten innere Werte. Dadurch erhalten sie normativen Charakter und werden entweder durch Mißbilligung oder sogar durch eine eigens eingerichtete Autorität stabilisiert.
7. *Institutionelle Kontrollen* sind Verhaltensmuster, die von den Leitern von Institutionen überwacht werden. Die Erwartbarkeit negativer Sanktionen sowie die Internalisierung dieser Möglichkeiten führen zu einer Verhaltensstabilisierung [302].

2.6.2. Resümee der von Gerth und Mills vertretenen Position

Die Kategorie des gesellschaftlichen Wandels klang bei den bisher besprochenen Positionen nur am Rande an oder kaum über eine Erfassung der Veränderungsmöglichkeiten in engen Interaktionsbeziehungen nicht hinaus. Das hier rekonstruierte Konzept sozialer Kontrolle bringt die fragliche Kategorie des Wandels unter Zuhilfenahme der Kategorie des Konflikts in enge Beziehung zu den Möglichkeiten der Konformität in einer Gesellschaft und somit in enge Beziehung zur sozialen Kontrolle, die Konformität erst garantieren soll. Damit kommt die Geschichtlichkeit der jeweiligen Ausformungen sozialer Kontrolle und der durch sie bewirkten Ausprägungen der Konformität ins Spiel, was aber letztlich nur ungenügend ausgeführt wird. Außerdem zeigen die weiteren Ausführungen der Autoren, insbesondere zu den Arten der sozialen Kontrolle, daß ihr Kontrollkonzept in wesentlichen Merkmalen nicht über die zuvor besprochenen Konzeptionen hinausgeht. Somit ist u.E. ihr Theorieentwurf keineswegs als grundsätzliche Gegenposition zu den bisher referierten Forschungen zu werten, sondern vielmehr als erster Hinweis auf notwendige Erweiterung zu betrachten.

2.6.3. Dahrendorfs Verknüpfung der Kategorien »Herrschaft«, »Norm«, »Schichtung« und »Konflikt«

Noch expliziter als *Gerth* und *Mills* führt *Dahrendorf* die Kategorie des Konflikts in seine Soziologie ein. Mit seinem »Konfliktmodell der Gesellschaft« versucht er, sich in aller Deutlichkeit von Modellen des gesellschaftlichen Gleichgewichts abzusetzen, wie er sie in den Ansätzen zum »sozialen System« vertreten sieht [303]. Er geht von daher auch über seine Forschungen hinaus, die er im Rahmen des Paradigmas der »sozialen Institution« vornahm und die wir weiter oben schon vorstellten. Sein Ziel ist es dabei, unter Angehung von Problemen wie »Wandel«, »Herrschaft« oder »Schichtung« die Soziologie als »kritische Erfahrungswissenschaft« zu etablieren [304].

Die Thesen *Dahrendorfs* stehen unter dem Leitthema »Herrschaft und Ungleichheit« [305]. Konflikt wird quasi als Resultante aus historisch bestehenden Herrschaftsstrukturen und den daraus abzuleitenden Strukturen gesellschaftlicher Ungleichheit gesehen. *Dahrendorf* definiert »Konflikt« folgendermaßen: sozialer Konflikt meint »alle strukturell erzeugten Gegensatzbeziehungen von Normen und Erwartungen, Institutionen und Gruppen« [306]. Seine zentrale These zur Beziehung Konflikt – Wandel läßt sich etwa so eingrenzen: Sinn und Konsequenz sozialer Konflikte ist es, den gesellschaftlichen Wandel nicht nur aufrechtzuerhalten, sondern noch zu fördern [307]. Diese zentrale These setzt voraus, »daß jede Gesellschaft zu jeder Zeit in allen ihren Teilen dem Wandel unterliegt« [308].

2.6.3.1. Herrschaft – Normen

Dahrendorf versteht Herrschaft »als Setzung, Anwendung und Erzwingung von Normen« [309]. Er verwendet diese Kategorie universal, d.h. Herrschaft läßt sich für ihn in allen menschlichen Gesellschaften auffinden – unabhängig von Zeit und Raum [310]. Gesellschaft ist ohne Herrschaftsstrukturen nicht denkbar; denn: »Gesellschaft ist Normierung, Normierung aber verlangt Herrschaft zu ihrer Setzung und Erzwingung« [311]. Um Normierung erreichen zu können, muß Herrschaft bestimmte Befugnisse vermitteln:

a) Normsicherung und -erhaltung,
b) Normentfaltung und -anwendung und
c) Normsetzung und -veränderung [312].

Dahrendorf sieht Herrschaftsstrukturen in bestimmten historischen Situationen um diesen oder jenen Vermittlungsaspekt verkürzt. Er unterscheidet von daher drei Typen von Gesellschaften: Hauptsächlich normerhaltende Institutionen sind in der vergangenheitsbezogenen Gesellschaft zu finden. Die gegenwartsbezogene Gesellschaft betont die normanwendenden Institutionen, und die zukunftsbezogene Gesellschaft zeichnet sich durch normsetzende Institutionen aus [313]. Obwohl *Dahrendorf* in dieser Charakterisierung von Gesellschaftsformen soziale Kontrolle nicht explizit erwähnt, kann man u. E. dennoch interpretieren, daß darin auch drei Ausprägungen gesellschaftlicher Kontrolle enthalten sind: Kontrolle

a) hinsichtlich der Bewahrung,
b) hinsichtlich der Perfektionierung und
c) hinsichtlich der Veränderung bestehender Normen und Strukturen.

Im Anschluß an die Klärung des Verhältnisses von Herrschaft zu Norm stellt *Dahrendorf* den Bezug zu sozialem Wandel her, wenn er sagt: »je stärker die Herrschaftsfunktionen in den Institutionen einer Gesellschaft verkürzt werden, um so langsamer wandelt sich diese Gesellschaft; und umgekehrt« [314].

2.6.3.2. Herrschaft, soziale Schichtung und sozialer Konflikt

Herrschaft in ihren verschiedenen strukturellen Ausprägungen geht »den Strukturen sozialer Schichtung voraus« [315]. *Dahrendorf* stellt diesen Zusammenhang folgendermaßen her: Herrschaft impliziert Normierung sozialen Verhaltens. Diese Normierung erhält Verbindlichkeit durch Sanktionierung. Daraus folgt, »daß es mindestens jene Ungleichheit des Ranges geben muß, die sich aus der Notwendigkeit der Sanktionierung von normgemäßem und nicht-normgemäßem Verhalten ergibt« [316]. Die Momente der Normsetzung und der Sanktionierung bedingen nicht nur eine Diskriminierung bestimmter Personen, sondern sogar bestimmter gesellschaftlicher Positionen überhaupt [317]. Soziale Kontrolle, wie sie z.B. in der Rechtsetzung und Rechtsprechung – aber keineswegs nur da – zum Ausruck kommt, erzeugt auf diese Weise neben normgemäßem Verhalten »gleichsam unbeabsichtigt... stets eine Rangordnung des distributiven Status, sei dieser nun in Begriffen der Ehre oder des Reichtums oder in beiden gemessen« [318]. Diese Rangordnung durch soziale Kontrolle enthält neues Potential für soziale Konflikte, Herrschafts- und Strukturwandel. Für den einzelnen als Mitglied einer Sozialstruktur und als Träger sozialer Rollen stellt sich das Problem der

Normerfüllung insbesondere dann, wenn er mit den Erwartungen verschiedener Gruppen konfligiert [319]. So zeigt sich das Phänomen des Konflikts nicht nur auf abstrakt-gesellschaftlicher Ebene, sondern auch konkret in der Alltagswelt.

2.6.4. Resümee der von Dahrendorf vertretenen Position

In seinen konflikttheoretischen Ausführungen erkennt *Dahrendorf*, daß gesellschaftliche Realität nicht allein durch Konformität zu erfassen ist, sondern daß die Kategorie des sozialen Konflikts notwendigerweise in ein Erklärungsmodell sozialer Wirklichkeit einbezogen werden muß. Es muß hervorgehoben werden, daß *Dahrendorf* die Erzwingung von Konformität durch soziale Kontrolle mit der Möglichkeit der Schaffung sozialer Konflikte verknüpft sieht. Diese Verbindung liegt in der Diskriminierung, die in den sozialen Verhaltensbewertungen angelegt ist und damit auch Rangabstufungen sozialer Positionen impliziert.

Einschränkend muß allerdings bemerkt werden, daß *Dahrendorf* bei der Entwicklung seiner Begriffe Gesellschaft, Norm und Herrschaft in die Gefahr des voreiligen Generalisierens und Tautologisierens gerät [320], da er Normierung und Herrschaft als universal gegeben und definitorisch miteinander verschmolzen sieht. Er begibt sich dadurch der Möglichkeit, Normierung, Herrschaft und soziale Kontrolle in ihrer Entstehung und gesellschaftlichen Entwicklung zu analysieren. Er vernachlässigt die inhaltlichen Differenzierungen von gesellschaftlicher Normierung und Herrschaft. Das macht seine Analyse nur bedingt tauglich für eine Erklärung vorgängiger, konkreter Prozesse der Sozialkontrolle. Auf die Nachteile seines Vorgehens hätte *Dahrendorf* schon bei seiner vergleichenden Analyse von Herrschaftsformen und Konflikt [321] aufmerksam werden müssen. An den von ihm gewählten Beispielen verschieden differenzierter und komplexer Gesellschaften mit unterschiedlichen politischen Systemen hätte ihm die Notwendigkeit einer historischen Analyse von Herrschaft und Normierung deutlich werden müssen. Er hätte bei der Begehung eines solchen Weges auch die grundsätzliche Abhängigkeit dieser von ihm aufgezeigten Problembereiche von den Stufen und Verhältnissen gesellschaftlicher Arbeit und Existenzsicherung erkennen können. So jedoch bleibt sein theoretisches Konzept formal – einer weiteren Ausarbeitung harrend; dadurch aber wird der Anspruch *Dahrendorfs*, ein theoretisches Modell größerer Erklärungskraft als beispielsweise die Systemtheorie liefern zu können, zum großen Teil in Frage gestellt.

2.7. »Soziale Kontrolle« im Bezugsrahmen der Theorie des sozialen Verhaltens

Die Theorie des Sozialverhaltens setzt wie schon die Theorie des sozialen Handelns beim einzelnen als Ausführendem von Aktivitäten an. Im Gegensatz zur Handlungstheorie rekurriert die Verhaltenstheorie jedoch nicht auf die Bedeutungsgehalte, die jeweilige Akteure einer Situation zumessen, und zum Teil auch nicht auf die in Interaktionen ablaufenden Wirklichkeitsschöpfungs- und Sinngebungsprozesse. So entwirft *George C. Homans* die Interaktionsbeziehung als Reiz-Reaktions- und Austauschrelation [322], womit zum Ausdruck kommt, daß für ihn »Verhalten als materiell existierende, d.h. objektive, jedweden subjektiven Sinns unbedürftige Wirklichkeit vorausgesetzt (ist), die sich der Umgebung anpaßt, indem das, was belohnt wird, fortbesteht und das, was bestraft wird, untergeht« [323]. *Peter M. Blau* entwirft unter dem Eindruck der von *Homans* entwickelten Gedanken ebenfalls ein verhaltenstheoretisches Konzept, in dem auch dem Tauschprinzip ein zentraler Stellenwert zukommt. *Blau* geht aber insoweit über *Homans* hinaus, als er sich ausdrücklich von einer psychologischen Reduktion der Verhaltenstheorie absetzt und die in der Interaktion »sich ausbildende« soziale Realität, die in dieser angelegten Machtstrukturen, Verteilungsverhältnisse und Konfliktverhältnisse mit in seine Erklärungsversuche einbezieht [324].
Beiden Autoren ist allerdings das Interesse für die sozialen Kontrollprozesse gemeinsam, die die Beziehungen zwischen Individuum und Gruppe regulieren. Eine Gegenüberstellung ihrer Ausführungen dazu wird aus den oben angeführten Gegensätzlichkeiten ihrer Theoriekonzeption interessant sein.

2.7.1. Homans' Konzept sozialer Kotrolle als Austauschprozeß und als Lohn-Strafe-Beziehung

Das Werk, auf das wir uns hauptsächlich bei der Rekonstruktion der Thesen von *Homans* beziehen, nämlich die »Theorie der sozialen Gruppe«, ist vor *Homans'* streng verhaltenstheoretischen Schriften erschienen [325]. Seine Intention ist aber auch in diesem Werk eine ausgesprochen verhaltenstheoretische, wie *Merton* in der »Einführung« zu der Studie ausdrücklich bemerkt [326]. Die *Homans*sche Intention läßt sich u. E. gerade am Beispiel seiner Gedanken zur sozialen Kontrolle belegen, wo er explizit auf das Austausch- und das Lohn-Strafe-Prinzip zurückgreift und in den Vordergrund seiner Überlegungen stellt, was im folgenden eingehender zu zeigen sein wird.

Die Frage, von der *Homans* ausgeht, lautet: Wieso wird Konformität in Gruppenbeziehungen erreicht bzw. durch was wird Konformität gewährleistet? Seine erste Antwort darauf ist: »Der Prozeß, durch den Konformität erreicht wird, nennen wir soziale Kontrolle, wenn wir die Erfüllung von Normen im Auge haben...« [327]. *Homans* sieht allerdings eine Diskrepanz zwischen den tatsächlichen Regelmäßigkeiten des Verhaltens und den ausgesprochenen Normen. Diese Erkenntnis zwingt ihn zur Modifizierung seiner Ausgangsfrage: »Wie kommt es, daß Regelmäßigkeiten sich bis zu dem *Grade* erhalten, in welchem die Mitglieder einer Gruppe die Gruppenormen erfüllen« [328]? Diese Regelmäßigkeiten werden durch soziale Kontrolle garantiert, die *Homans* auf zwei Ebenen analysiert.

Homans erkennt, daß neben *formaler* oder *äußerer* Kontrolle, die explizit formulierte Regeln enthält, so z.B. Gesetze, und die durch legale Organisationen wie Gericht und Polizei ausgeübt wird, auch weniger explizite Regeln und Kontrollmechanismen wirken, z.B. »Volksregeln«. Letztere bezeichnet *Homans* als *informale* oder *innere* Kontrolle. *Homans* will beide Kontrollprozesse als prinzipiell gleichrangig gesehen und behandelt wissen, da beide Normen beinhalten, deren Existenznachweis immer mündlicher Art ist, und beide im Falle der Mißachtung einer Norm Sanktionen auslösen [329]. »Bei der Untersuchung der sozialen Kontrolle wird man hoffnungslos fehlgehen, wenn man glaubt, daß diese immer in den Händen der Polizei, der Staatsanwälte, der Richter und so weiter liegen muß« [330]. Auf die Kontrolle in Gruppenprozessen übertragen bedeutet dies: »Die gesetzliche Bestrafung darf zwar nicht vernachlässigt werden, aber sie ist unwirksam, wenn sie nicht durch informale Kontrollen unterstützt wird« [331].

Wir wollen – *Homans* folgend – uns in diesem Teil vorwiegend mit der informalen sozialen Kontrolle befassen, da er durch sie die Steuerung individuellen Verhaltens in kleineren Gruppen gewährleistet sieht. *Homans* verlagert die Regelung individuellen Verhaltens in den Austauschprozeß materieller und nichtmaterieller Güter, der sich in den Interaktionen von Menschen manifestiert [332]. Verhaltensstabilisierung dieser Art geht dadurch vonstatten, daß Personen, die einen hohen Gewinn aus der Interaktion ziehen, nicht geneigt sind, ihr Verhalten zu ändern. Wer andererseits geringen oder keinen Gewinn zu verzeichnen hat, wird versuchen, durch eine Anpassung an Gruppennormen zu einer Belohnung zu gelangen [333].

2.7.1.1. Die Kontrolle der Reziprozität

Die Kontrolle der Reziprozität ist die Kontrolle gleichwertiger Gefälligkeiten. Da jeder Teilnehmer an einer Gruppenaktitivät die Hilfe anderer Personen beanspruchen muß, um seine Ziele verfolgen zu können, geht diese Art der Kontrolle »automatisch vor sich: sie ist in den Prozeß des Austausches eingebaut. Es handelt sich dabei um die ökonomische, das heißt die auf dem individuellen Eigennutzen beruhende oder – in unserer Sprache ausgedrückt – die dem äußeren System innewohnende Kontrolle« [334]. Neben diesem ökonomischen Aspekt wirkt noch die Kontrolle der reziprok empfundenden Gefühle auf die Interaktion einer Gruppe. *Homans* meint hierzu, daß der Austausch von Aktivitäten nicht von dem Austausch der füreinander empfundenen Gefühle zu trennen ist [335]. Schließlich erkennt *Homans* in der Erfüllung oder Nicht-Erfüllung von Gruppennormen eine weitere Möglichkeit der Kontrolle durch Reziprozität. Die »gegenseitige Abhängigkeit zwischen sozialem Rang und Leistung in einer bestimmten Aktivität – in diesem Falle in der der Erwiderung von Gefälligkeiten – konstituiert eine automatische Kontrolle dieser Aktivität« [336].

2.7.1.2. Soziale Kontrolle und Gleichgewicht

Durch die soziale Kontrolle der Aktivitäten der einzelnen ist die Gruppe bemüht, den Umfang zu vermindern, »in welchem ein Mitglied von dem bestehenden Ausmaß der Einhaltung von Gruppenormen abweicht...« [337]. Die Abweichung von einer Norm löst nicht nur eine, sondern mehrere Kontrollen aus [338], die alle darauf ausgerichtet sind, das Gleichgewicht im Interaktionsschema wieder herzustellen und auf das übliche »Ausmaß der Einhaltung einer Norm« [339] zurückzubringen. Diese Regulierung nimmt mit dem Ausmaß der Entwicklung einer Gruppe zu einem sozialen System zu, um schließlich innere wie äußere Aspekte zu berühren [340]. Die in einem Kontrollprozeß ausgeübten Sanktionen wirken hier nicht nur auf den Normbrecher, sondern auch auf die übrigen an der Interaktion beteiligten Personen, indem sie bei diesen das Bewußtsein der Norm bekräftigen und verstärken [341].

2.7.2. Resümee der von Homans vertretenen Position

Homans sieht soziale Kontrolle eng mit abweichendem Verhalten verknüpft. Wie schon bei *Parsons*, bei dem eine ähnliche analytische Verbindung festzustellen war, kommt es bei *Homans* dabei zu einer Ausblendung von Kontrollprozessen, die etwa bei der Internalisierung geteilter Werte und Verhaltensregeln zu konstatieren sind. Allerdings weiß *Homans* sehr wohl zwischen verschiedenen Ebenen zu differenzieren, auf denen soziale Kontrolle sich auswirkt. Dies macht er mit seiner Unterscheidung von formalen und informalen Kontrollen deutlich. Weitere Bedeutung kommt seiner Sichtweise zu, die soziale Kontrolle nicht getrennt von den Verhaltensformen der sozialen Interaktion in Gruppenprozessen erkennt, sondern erstere schon immer implizit in letzteren enthalten sieht. Schließlich kann *Homans* in seiner Analyse des funktionalen Beitrags der sozialen Kontrolle zur Erhaltung oder Wiederherstellung des Gleichgewichts in Gruppen an systemtheoretische Aspekte der gesellschaftlichen Lenkung des Verhaltens anschließen. Damit sind auch in seiner Analyse Verbindungspunkte eines allgemeineren Konzepts sozialer Kontrolle zu finden.

Die Vorteile der Analyse von *Homans* – präzise Thesen, überschaubare Zusammenhänge, operationalisierte Begriffe – dürfen nicht darüber hinwegtäuschen, daß das vorgeschlagene Konzept der Erklärung sozialer Kontrollprozesse sehr reduziert und beschnitten ist. Es ließen sich Kontrollmechanismen und -funktionen nennen, die andere hier diskutierte Autoren lange vor *Homans* als grundlegend erkannt haben und die auch *Homans* in sein Konzept hätte einbeziehen können. Zudem scheinen einige Vorstellungen seiner theoretischen Ausgangsbasis nicht ungefährlich, was ihren grundlagentheoretischen Stellenwert betrifft: Die Welt der festgefügten Werte und sozialen Güter, die als Basis des Austausches angenommen wird, ist bei *Homans* eine höchst verdinglichte Welt, aus der der Gedanke und das Faktische des Produzierens dieser Welt durch die Menschen, die bei ihm nur als Marionetten ihrer eigenen Produkte auftauchen und fungieren, verbannt ist. *Homans* erfaßt dadurch nur die eine Seite der Dialektik sozialer Prozesse bzw. gesellschaftlicher Bewegung. Da er die andere Seite verfehlt, schaltet er gerade das Menschliche und den Menschen aus seiner Theorie aus, was einzuholen an anderer Stelle sein Anliegen ist [341 a].

2.7.3. Blaus Ansatz zur Analyse sozialer Kontrolle als Austausch von Belohnungen

Soziales Leben spielt sich in sozialen Vereinigungen und Beziehungen ab, die Individuen zu Gruppen und Gruppen zu größeren sozialen Strukturen zusammenfassen [342]. Soziales Leben besteht – nach Ansicht von *Blau* – aus einem ständigen Austausch von Gütern materieller oder immaterieller Art. Dieser Austausch sichert allen daran beteiligten Seiten einen

Nutzen, einen Gewinn oder eine Belohnung. »... Individuen assoziieren sich miteinander, weil sie alle von ihrer Assoziation profitieren« [434]. *Blau* erweitert diese Aussage dahingehend, daß »(soziale) Anziehung die Kraft darstellt, die Menschen dazu veranlaßt, soziale Assoziationen aus eigenem Entschluß zu etablieren und die Spannweite ihrer Assoziationen auszudehnen, sobald sie errichtet worden sind« [344]. Die Anziehungskraft beruht darauf, daß alle Partner einen Nutzen ihrer Beziehung antizipieren [345]. Daraus folgert *Blau*: »Prozesse sozialer Anziehung führen deshalb zu Prozessen sozialen Austausches« [346].

Von diesen Austauschvorgängen profitieren jedoch nicht unbedingt alle Partner in gleichem Maße. Für den einen können die Einsätze oder Kosten höher sein als für den anderen. Dennoch können seine Gewinne relativ zum Aufwand geringer sein als die des Austauschpartners. Dies ist besonders dann der Fall, wenn ein Individuum die Dienste eines anderen braucht, ohne ein wenigstens annäherend gleichwertiges Pendant dafür bieten zu können. In letzter Konsequenz muß die betreffende Person sich dem Partner unterordnen, um ihn so zu entlohnen [347]. »Austauschprozesse lassen dann eine Differenzierung der Macht entstehen. Eine Person, die über Dienstleistungen verfügt, die andere benötigen und die ihrerseits unabhängig ist von jeglichen Diensten, über die andere verfügen, erhält Macht über die anderen, indem sie deren Bedürfnisbefriedigung abhängig von deren Willfährigkeit macht« [348]. Im Prozeß der sozialen Differenzierung sind diejenigen die Kandidaten für eine führende Position, die ihr Interesse und ihren Einsatz für das Gemeinwohl unter Beweis gestellt haben [349]. Dadurch genießen sie einen höheren Status. »Erhöhter Status, der fest in der Sozialstruktur verwurzelt ist, führt zur Ausdehnung der Macht« [350].

Gerechte Machtausübung findet die Billigung der Untergebenen, und die kollektive Anerkennung vieler legitimiert diese Macht. *Blau* schließt daraus: »Legitime Autorität ist die Basis jeglicher Organisation« [351]. Legitime Autorität vereint die gemeinsamen Bemühungen zur Erreichung eines Ziels. Das soziale Verhalten in einer Organisation besteht – wie ja oben bereits gesagt – in dem reziproken Tausch von Belohnungen und Macht; einer Macht, die innerhalb der eigenen Organisation oder gegenüber anderen Gruppen angewandt wird [352]. Ein positives, d.h. allgemein anerkanntes Macht-Ungleichgewicht »erzeugt legitime Autorität zur Führerschaft und verstärkt und erweitert dabei seinen kontrollierenden Einfluß« [353].

Macht hat einen verändernden Einfluß auf die Austauschvorgänge. *Blau* definiert Macht als »das Vermögen von Personen oder Gruppen, ihren Willen anderen trotz Widerstandes durch Abschreckung entweder in der

Form der Zurückhaltung regelmäßig gelieferter Belohnungen oder in der Form von Bestrafung aufzuerlegen, insofern als erstere wie auch letztere effektiv eine negative Sanktion darstellen« [354].

Die Erfüllung von vier Bedingungen erlaubt es, eine Machtposition zu stärken und weiter auszubauen:

1. Unabhängigkeit von der Unterstützung anderer,
2. fortwährende Abhängigkeit anderer Personen von der eigenen Hilfe,
3. die Fähigkeit, andere von der Zuflucht zu gewaltsamen Gegenmaßnahmen abzuhalten,
4. die Bedürfnisse der Untergebenen nach den Gütern oder der Hilfe der Machthaber auszurichten [355].

Überlegenheit dieser Art schafft bei den Untergebenen Bereitschaft zur Kooperation, da sie sich das Wohlwollen des Mächtigen erhalten wollen. Dieser kontrollierende Einfluß vermag einzelne Aktivitäten zu vereinen und auf ein gemeinsames Ziel auszurichten [356].

Mit zunehmender Komplexität der Sozialstruktur werden die Bindungen der einzelnen Mitglieder untereinander lockerer, da indirekter. Soziale Werte sind die Medien dieser indirekten Beziehungen. Solche allgemein akzeptierten und legitimierten Werte dehnen die Reichweite der sozialen Kontrolle über die Grenzen persönlicher Macht aus; »durch Etablierung von Autorität, die über bewußt verstärkte Willfährigkeit seitens der Untergebenen selbst verfügen kann, werden diese Werte zur Grundlage der Organisation kollektiver Anstrengung auf breiter Ebene« [357].

2.7.4. Resümee der von Blau vertretenen Position

Blau bezieht die Kategorie der Macht an zentraler Stelle in seine Verhaltenstheorie ein, was ihn von *Homans* abhebt, wie wir schon oben bemerkten. Seine Verwendung der Kategorie »soziale Kontrolle« steht in engem Zusammenhang mit dem allgemeineren Machtkonzept in seinem Theorieentwurf. Obwohl *Blaus* Analyse sozialer Kontrolle recht unspezifisch bleibt, ist es sein Verdienst, auf die Möglichkeiten solcher Kontrolle durch gesellschaftliche Machtpositionen hingewiesen zu haben. Dies ist als Versuch zu bewerten, die Begrenzungen zu überwinden, die in einer Anzahl weiterer Theoriekonzepte auftauchen, gerade im Rahmen der Verhaltenstheorie. Im übrigen gelten aber auch für *Blau* eine Reihe kritischer Einwände, wie wir sie schon gegenüber der Position von *Homans* geltend gemacht haben.

Anmerkungen

1 Vgl. *R. König* 1968 a, S. 277.
2 *F. Jonas* 1972, S. 103.
3 Siehe dazu: *R. König* 1968 a, S. 277 ff.; *K. H. Wolff* 1972, 722 ff.; *H. Everett* 1950, S. 345 ff.; *J. R. Pitts* 1968, S. 381 ff.; *A. B. Hollingshead* 1941, S. 217 ff.; *H. C. Brearley* 1956, S. 4 f.; *L. L. Bernard* 1939; *M. Janowitz* 1973, S. 499 ff.
4 Siehe die verschiedenen Aufsätze von *E. A. Ross* 1896 bis 1898 in AJS.
5 Vgl. *E. A. Ross* 1916, S. vii f.
6 Vgl. ebenda, S. 7–40.
8 Vgl. zum Evolutionskonzept von *Ross* die Einleitung von *J. Weinberg, G. J. Hinkle & R. C. Hinkle* in: *E. A. Ross* 1969, S. XXI ff.
9 Vgl. ebenda, S. XXXVI und LIII.
10 Vgl. *E. A. Ross* 1896, S. 519.
11 Wir sind uns der Problematik bewußt, die entsteht, wenn englische Termini ins Deutsche übersetzt werden. Wir bemühen uns um eine einigermaßen adäquate Übersetzung, obwohl man in bezug auf einige Begriffe geteilter Meinung sein kann. Damit eine größtmögliche Orientierung des Lesers möglich bleibt, werden wir im folgenden einen Terminus entweder originalsprachlich verwenden oder der deutschen Übersetzung das fremdsprachige Original in Klammern hinzufügen.
12 Vgl. *E. A. Ross* 1916, S. 89–105.
13 Ebenda, S. 116.
14 Ebenda, S. 125.
15 Derartige Mängel sieht *Ross* darin, daß jene Kontrollmittel nur sichtbare Handlungen erfassen können, daß sie nicht die Motivationsebene oder den Willen erreichen, daß sie durch die Macht der Kontrahenten außer Kraft gesetzt werden können und daß sie sehr kostenintensiv sind. Vgl. ebenda, S. 126 f.
16 Ebenda, S. 127.
17 Vgl. ebenda, S. 146–195.
18 Ebenda, S. 197. Die Übersetzung ›ungerodeter Urwald‹ entspricht zwar wörtlich dem Ausdruck »unreclaimed jungle«, kommt jedoch dem metaphorischen Gehalt dieser Wendung nur unzureichend nahe.
19 Ebenda, S. 199. Der (unschöne) Ausdruck ›Wir-Gefühl‹ im deutschen Sprachgebrauch ist ebenfalls eine unzureichende Übersetzung des Ausdrucks »broad self«.
20 Vgl. ebenda, S. 218–246.
21 Ebenda, S. 255.
22 Vgl. ebenda, S. 257–274.
23 Ebenda, S. 290.
24 Vgl. ebenda, S. 291–303.
25 Vgl. ebenda, S. 304–324.
26 Ebenda, S. 327.
27 Vgl. dazu unsere Ausführungen weiter unten in diesem Kapitel und im folgenden Kapitel.
28 Diesen Mangel erwähnt auch *J. Weinberg* in: *E. A. Ross* 1969, S. XXXVI f.
29 Vgl. ebenda, S. XXXVII.
30 *E. A. Ross* 1916, S. 394.
31 Dieses deutet *J. Weinberg* in: *E. A. Ross* 1969, S. XXXVII an.
32 *E. A. Ross* 1916, S. 395.

33 Vgl. ebenda, S. 395–404.
34 Vgl. hierzu unsere Ausführungen in Kapitel 3.
35 In ähnlicher Weise kritisiert schon *K. H. Wolff* 1972, S. 722.
36 Vgl. *E. A. Ross* 1916, S. 411.
37 Vgl. ebenda, S. 430.
38 Ebenda, S. 431.
39 Siehe *C. H. Cooley* 1922, 1912, 1918.
40 *A. B. Hollingshead* 1941, S. 217.
41 Die von *Ross* begründete Position wurde im wesentlichen von *F. E. Lumley* (1925) weiterentwickelt, indem er in seinem Buch »Means of Control« den Ursprung sozialer Kontrolle in gesellschaftlichen Krisensituationen sieht und indem er gesellschaftliche Kontrollinstrumente als wirksame Mittel individueller Verhaltenslenkung betrachtet. Eine ähnliche Position vertrat. *L. L. Bernard* 1939. Als Nachfolger *Cooleys* sind besonders *E. Faris* 1937 und *P. H. Landis* 1939 zu erwähnen, die sich auf das Problem der Persönlichkeitsentwicklung im Rahmen gesellschaftlicher Kontrollprozesse konzentrierten.
42 Vgl. *C. H. Cooley* 1922, S. 35.
43 *C. H. Cooley* ist neben *J. Dewey, G. H. Mead* und *W. I. Thomas* einer der Vertreter des frühen pragmatistischen Interaktionismus. Ihnen gemeinsam ist der Entwurf einer untrennbaren Einheit von Individuum und Gesellschaft. Im Gegensatz dazu haben *L. Ward* und andere amerikanische Soziologen, darunter auch *E. A. Ross* und seine Nachfolger, Individuum und Gesellschaft als separate und somit trennbare Einheiten (im analytischen Sinne) dargestellt. Während *Ward* und andere das Individuum und die es treibenden Motivationen als Quelle des Verhaltens bezeichneten, betonten die frühen Interaktionisten »die positive Rolle der sozialen Gruppe in ihrem Einfluß auf menschliches Verhalten«. (Vgl. *B. N. Meltzer* & *J. W. Petras* 1970, S. 3f.). *D. Martindale* (1966, S. 23f.) gliedert den »Sozial-Behaviorismus« in drei Schulen, die sich durch ihre verschiedenartigen Konzeptionen sozialen Verhaltens unterscheiden: (a) den »pluralistischen Behaviorismus« (Vertreter: *G. Tarde, G. LeBon, E. A. Ross* u. a.); (b) die »Handlungstheorie« (Vertreter: *M. Weber, Th. Veblen* und *J. R. Commons*); (c) den »symbolischen Interaktionismus« (Vertreter: *W. James, J. Dewey, C. H. Cooley, G. H. Mead* und *W. I. Thomas*). Allen drei Schulen ist der Ansatzpunkt gemeinsam: das soziale Verhalten. Die letztere zeichnet sich vor den anderen jedoch dadurch aus, daß in ihrer Tradition stets die hervorragende Bedeutung der Interaktionsbeziehung und der Rolle der Sprache als vermittelndem Medium einer solchen Beziehung betont wurde.
44 *C. H. Cooley* 1922, S. 119.
45 Ebenda, S. 121.
46 Die Vorstellung vom Spiegel-Ich (looking-glass self) entwickelt *Cooley* insbesondere 1922, S. 183 f.
47 Vgl. ebenda, S. 136.
48 Vgl. ebenda, S. 144.
49 *C. H. Cooley* 1912, S. 23.
50 Diese Zusammenfassung wird angeführt von *C. McKinney* & *Ch. P. Loomis* 1958, S. 561.
51 *C. H. Cooley* 1912, S. 28.
52 Vgl. ebenda, S. 28.
53 Ebenda, S. 32.
54 *P. H. Landis* 1939, S. 147ff., kritisiert, daß keine Gruppe der modernen mobi-

len Gesellschaft die Kriterien der idealen Primärgruppe erfüllt. Lediglich die Familie sei der Primärgruppe in *Cooleys* Sinne ähnlich, doch auch sie sei so vielen zwingenden Einflüssen der umgebenden Gesellschaft ausgesetzt, daß sie einige ihrer früheren Qualitäten eingebüßt habe. Außerdem würden im Leben Erfahrungen in direkten Beziehungen gewonnen (Arbeitsplatz etc.), die nicht den Charakter des Primären haben. Auch idealisiere *Cooley* die Primärgruppe, wenn er ihre negativen Effekte – Rivalitäten und Eifersucht beispielsweise – vernachlässigt. *R. E. Park, E. E. Burgess* & *R. D. McKenzie* 1925, S. 23ff., sehen durch die Entwicklung der modernen Gesellschaft eine Schwächung der Primärgruppe gegeben. Hand in Hand damit geht ihrer Ansicht eine Bedeutungszunahme indirekter sekundärer Gruppen. *R. T. LaPiere* 1954, S. 12, bemerkt, daß *Cooley* die Existenz großer, unpersönlicher Gemeinschaften in der modernen Gesellschaft nicht hinterfragt, sondern sie als soziale Strukturen deklariert, innerhalb derer primäre Gruppen operieren. Auch *D. Martindale* 1966, S. 29, kritisiert eine Isolierung der Primärgruppen, die von einer vernachlässigenden Betrachtung der »large-scale organizations« bei *Cooley* begleitet ist.

55 Siehe zu dieser Kritik auch *A. B. Hollingshead* 1941, S. 219.

56 Vgl. *G. Gurvitch* 1945, S. 289.

57 Vgl. *C. H. Cooley* 1918, S. 382–394. Rationale Kontrolle sieht er an dieser Stelle als eine Form bewußter oder expliziter Kontrolle, die er ausdrücklich absetzt von unbewußter oder impliziter Kontrolle, wie sie stets mitläufig im Aufbau des »Selbst« gegeben ist. Auf diese Unterscheidung hat vor allem *G. Gurvitch* 1945, S. 276, aufmerksam gemacht.

58 *C. H. Cooley* 1918, S. 382.

59 Ebenda, S. 384.

60 Dies stellt ausdrücklich auch *G. Gurvitch* 1945, S. 277, fest.

61 Vgl. *R. E. Park* & *E. W. Burgess* 1969, S. 42.

62 Ebenda, S. 785.

63 Ebenda, S. 865.

64 *R. H. Turner* 1967, S. XII.

65 *R. E. Park* & *E. W. Burgess* 1969, S. 785.

66 Vgl. ebenda, S. 787.

67 Vgl. ebenda, S. 788ff.

68 Ebenda, S. 791.

69 Vgl. ebenda.

70 Ebenda, S. 794.

71 Ebenda, S. 786.

72 Vgl. ebenda, S. 796f.

73 Vgl. ebenda, S. 791.

74 *R. E. Park* 1967, S. 223.

75 *R. H. Turner* 1967, S. XVII.

76 *E. Durkheim* 1964, S. 79.

77 Wir sind uns bewußt, daß der Begriff des Kollektivbewußtseins in *Durkheims* Werk verschiedene Wandlungen erfährt. Dennoch glauben wir, daß die von uns hervorgehobenen Aspekte als Essenz der *Durkheim*schen Position angesehen werden können. Vgl. auch *R. König* 1970, S. 30ff. und *T. Parsons* 1967, S. 359ff. und 378ff.

78 Vgl. *E. Durkheim* 1967, S. 70ff. insbesondere S. 73.

79 Vgl. *E. Durkheim* 1970, S. 105ff.

80 Vgl. den Vorwurf der Metaphysik bei *Th. W. Adorno* 1967, S. 10.
81 *E. Durkheim* 1970, S. 203.
82 Vgl. ebenda, S. 111.
83 Vgl. *R. König* 1970, S. 57.
84 Ebenda.
85 Vgl. ebenda, S. 58; siehe auch *E. Durkheim* 1967, S. 111 und S. 135.
86 *E. Durkheim* 1970, S. 100.
87 Vgl. *E. Durkheim* 1951, S. 370–378.
88 Vgl. ebenda, S. 210.
89 Vgl. *E. Durkheim* 1964, wo die Begriffe »mechanische« und »organische« Solidarität zuerst auftauchen. Dabei geht es um eine andere Form der Unterscheidung zwischen Gemeinschaft und Gesellschaft. Mechanische Solidarität meint einen Zusammanhalt aufgrund von Ähnlichkeit. Organische Solidarität, die *Durkheim* als Grundlage differenzierter Gesellschaften ansieht, meint einen Zusammenhalt auf der Grundlage von Verschiedenheit – ähnlich dem menschlichen Organismus –, wo die verschiedenen Teile einen funktionalen Beitrag zur Einheit des Ganzen liefern.
90 Vgl. *E. Durkheim* 1951, S. 378.
91 Vgl. ebenda, S. 379.
92 Ebenda, S. 382.
93 Vgl. ebenda, S. 384.
94 *Th. Geiger* 1964, S. 39f.
95 Ebenda, S. 371.
96 Ebenda, S. 54.
97 Vgl. ebenda, S. 58 und S. 132f.
98 Diese und folgende Symbole wurden von *Th. Geiger* übernommen. Vgl. ebenda, S. 467–469.
99 Vgl. ebenda, S. 69ff.
100 An dieser Stelle sei auf die Schwierigkeiten hingewiesen, die *Geiger* bei der qualitativen Bestimmung der »Gruppenöffentlichkeit« erwachsen. Siehe dazu *K. F. Schumann* 1968, S. 50ff.
101 Zur Problematik der Aufstellung und Verwendung von Kriminalstatistiken vgl. *Th. Sellin* 1968, S. 41–59.
102 Vgl. *K. F. Schumann* 1968, S. 71.
103 Vgl. *Th. Geiger* 1964, S. 78ff.
104 Vgl. ebenda, S. 81f.
105 Ebenda, S. 83.
106 Ebenda, S. 100.
107 Ebenda, S. 131.
108 Vgl. ebenda, S. 132.
109 Vgl. ebenda, S. 132f.
110 Vgl. ebenda, S. 139.
111 *J. Matthes* 1967, S. 3. *Matthes* gibt an dieser Stelle einen kritischen Einblick in die Entwicklung und den damaligen Stand der Wissenssoziologie als einer Teildisziplin der Soziologie. In diesen entwicklungsgeschichtlichen Überblick ist die Wissenssoziologie *Mannheims* als zentraler Bestandteil allgemeiner soziologischer Theorie eingefügt. Vgl. auch folgende Einführungen und Überblicke über die *Mannheim*sche Soziologie: *K. H. Wolff* 1964 und *G. W. Remmling* 1968.
112 Vgl. *J. Matthes* 1967, S. 3.

113 *K. Mannheim* 1958, S. 265.
114 Vgl. *K. Mannheim* 1964, S. 570.
115 Vgl. *K. Mannheim* 1958, S. 310.
116 Ebenda, S. 17.
117 Ebenda, S. 175.
118 Vgl. ebenda, S. 177.
119 Ebenda, S. 180f.
120 Siehe zu einer Kritik des *Mannheimschen* Elitenkonzepts: *H. Schelsky* 1967, S. 114–129.
121 *K. Mannheim* 1958, S. 288.
122 Vgl. ebenda.
123 Vgl. ebenda, 294–302.
124 Ebenda, S. 320.
125 Vgl. ebenda, S. 321.
126 Vgl. ebenda, S. 324f.
127 Vgl. ebenda, S. 328–333.
128 Ebenda, S. 322.
129 Vgl. ebenda, S. 334 und S. 362. Die dortigen Ausführungen *Mannheims* mußten sinngemäß zusammengefaßt werden. Zur näheren Information verweisen wir ausdrücklich auf die genannten Stellen.
130 Vgl. *K. Mannheim* 1950, S. 116ff.
131 Wir beziehen uns mit unserem Begriff des Paradigmas auf *Th. S. Kuhn* 1967, S. 28ff. *Kuhn* bezeichnet Paradigmata dort als wissenschaftliche Leistungen, »die von einer bestimmten wissenschaftlichen Gemeinschaft eine Zeitlang als Grundlagen für ihre weitere Arbeit anerkannt werden«. Solche Paradigmata sind nach seiner Ansicht umfassende Modelle »für konkrete wissenschaftliche Praxis«, Modelle die ihrerseits aus »Revolutionen« im Forschungsprozeß hervorgegangen sind.
132 Vgl. *H. Haferkamp* 1973, S. 11ff.
133 Vgl. ebenda. *Haferkamp* macht deutlich, daß historisch gesehen deutliche Auf- und Abschwünge in der Akzeptiertheit der einzelnen Paradigmata zu konstatieren sind, wenngleich sich keines »endgültig« durchsetzen bzw. keines letztlich aufgelöst werden konnte.
134 *M. Janowitz* 1973, S. 509.
135 Ebenda.
136 Siehe die in Teil 2.1.4. erörterte Position *Durkheims* und die dort angegebene Literatur.
137 Vgl. *W. G. Sumner* 1940.
138 Vgl. *G. Simmel* 1968 vor allem Kapitel I.
139 Wir meinen, daß unsere Hoffnungen deshalb berechtigt sind, weil nach dem Zweiten Weltkrieg sowohl eine Konsolidierung der europäischen – insbesondere der deutschen – Soziologie zu verzeichnen ist als auch die Wiederherstellung des Dialogs zwischen europäischer und amerikanischer Soziologie.
140 *A. Gehlen* 1970, S. 49.
141 Ebenda.
142 *A. Gehlen* 1964, S. 21.
143 Ebenda, S. 40.
144 Ebenda.
145 Ebenda, S. 42.
146 *A. Gehlen* 1967, S. 74.

147 Ebenda, S. 40.
148 Vgl. *A. Gehlen* 1970, S. 71.
149 *F. Jonas* 1966, S. 51.
150 *A. Gehlen* 1964, S. 42.
151, Vgl. *A. Gehlen* 1966, S. 79.
152 Ebenda.
153 Vgl. *A. Gehlen* 1970, S. 59.
154 Vgl. *A. Gehlen* 1964, S. 59f.
155 Ebenda, S. 61.
156 Vgl. *A. Gehlen* 1970, S. 71.
157 *A. Gehlen* 1967, S. 48.
158 Ebenda, S. 59.
159 Vgl. ebenda.
160 Vgl. *A. Gehlen* 1964, S. 50ff.
161 *P. L. Berger* & *H. Kellner* 1965, S. 112.
162 *H. Schelsky* 1970, S. 23.
163 Vgl. *A. Gehlen* 1964, S. 82ff.
164 Vgl. *J. Habermas* 1970.
165 *J. Weiß* 1971, S. 107.
166 Die Vernachlässigung der Kategorie des »Sozius« macht *D. Claessens* 1965, S. 50f., *Gehlen* zum Vorwurf.
167 Dies wird deutlich beispielsweise bei einer Konfrontation der *Gehlenschen* Position mit Theoremen des symbolischen Interaktionismus. Vgl. *P. L. Berger* & *Th. Luckmann* 1969, S. 56ff.
168 Vgl. *J. Weiß* 1971, S. 117.
169 Ebenda, S. 137.
170 Ebenda.
171 *R. Dahrendorf* 1968a, S. 20.
172 Ebenda.
173 Vgl. ebenda, S. 18 Fußnote 5. Auf die Beziehung *Dahrendorf – Durkheim* weist auch *S. Cuvillier* 1959 hin.
174 *R. Dahrendorf* 1968a, S. 30.
175 Ebenda, S. 31.
176 Ebenda, S. 32.
177 Ebenda, S. 33.
178 Ebenda, S. 35.
179 Ebenda, S. 36.
180 Vgl. ebenda, S. 36ff. und 40 f. Es muß angemerkt werden, daß es zumindest zweifelhaft ist, ob Sanktionen tatsächlich »allgegenwärtig und unentrinnbar« sind.
181 Vgl. ebenda, S. 38ff.
182 Vgl. ebenda, S. 45ff.
183 Ebenda, S. 47.
184 Ebenda, S. 48.
185 Vgl. ebenda, S. 55. Zur Unterscheidung zwischen zugeschriebenen und erworbenen Positionen siehe auch ebenda, S. 53ff.
186 Vgl. ebenda, S. 56.
187 Vgl. ebenda, S. 56ff.
188 Ebenda, S. 57.
189 Vgl. ebenda.

190 Ebenda, S. 58.
191 Ebenda, S. 59.
192 Vgl. ebenda.
193 Vgl. ebenda.
194 *F. Haug* 1972, S. 28.
195 Vgl. *Dahrendorf* 1968 a, S. 80ff. Vgl. die Kritik dazu bei *D. Claessens* 1970, S. 37f.
196 Vgl. *F. Haug* 1972, S. 125.
197 Vgl. dazu auch *W. Meinefeld* 1971, S. 147f.
198 *H. Haferkamp* 1973, S. 15.
199 Die Kategorie des sozialen Systems fand auch Aufnahme in der marxistischen Soziologie – allerdings z.T. mit völlig divergenten Implikationen. Vgl. *Autorenkollektiv* 1970.
200 *N. Luhmann* 1970, S. 113ff.
201 Ebenda, S. 114.
202 Ebenda.
203 *T. Parsons* 1968 a, S. 206.
204 Vgl. ebenda.
205 Vgl. ebenda, S. 297f.
206 *T. Parsons* 1968 b, S. 9.
207 Vgl. ebenda, S. 10.
208 Vgl. *T. Parsons* 1968 a, S. 250f.
209 Vgl. ebenda, S. 251ff.
210 Vgl. ebenda, S. 256ff. An diesen Stellen sind auch die diversen Möglichkeiten der Motivations- und Handlungsorientierung aufgeführt, die wir aus Platzgründen nicht berücksichtigen konnten.
211 Vgl. ebenda, S. 298.
212 Ebenda.
213 Vgl. *T. Parsons* 1955, S. 38ff.
214 *T. Parsons* 1968 a, S. 298.
215 Vgl. *T. Parsons* 1955, S. 54ff.
216 *T. Parsons* 1968 a, S. 298.
217 Vgl. ebenda.
218 Ebenda, S. 299.
219 Die folgende Auflistung bezieht sich auf ebenda, S. 299ff.
220 Ebenda, S. 300.
221 Vgl. zur Bestimmung der »relational rewards«: ebenda, S. 301.
222 Vgl. ebenda, S. 303ff.
223 Vgl. ebenda, S. 308f.
224 Vgl. ebenda, S. 309.
225 Vgl. ebenda, S. 309ff.
226 Ebenda, S. 321.
227 Diese Beziehung führt *Parsons* sogar zur gegenseitigen Deckung der Analysen von Abweichung und Kontrolle, was u.E. aber wenig fruchtbar bleibt: vgl. ebenda, S. 321ff.
228 Wir weisen nochmals auf die von *Parsons* zwar betonte Analogie von Kontroll- und Sozialisationsprozessen hin, die aber keinen Grund für ihn darstellt, diese Prozesse im Zusammenhang ihrer Verschränktheit zu analysieren.
229 Vgl. in diesem Zusammenhang *A. Gouldner* 1967.
230 Siehe *N. Luhmann* 1972 a, S. 51ff. und ders. 1972 b, S. 282ff.

231 Vgl. *N. Luhmann* 1970, S. 115.
232 Vgl. *Luhmanns* Evolutionskonzept: ebenda, S. 120 ff.
233 *N. Luhmann* 1972 a, S. 51.
234 Das bleibt nicht ohne begriffliche Schwierigkeiten, wie sich im folgenden noch zeigen wird.
235 Ebenda, S. 52.
236 Ebenda, S. 53.
237 Vgl. ebenda, S. 54.
238 Ebenda, S. 55.
239 Ebenda.
240 Ebenda, S. 59.
241 Vgl. zu folgendem ebenda, S. 60–62.
242 Ebenda, S. 60 f.
243 Vgl. ebenda, S. 61.
244 Ebenda, S. 61.
245 Ebenda, S. 62.
246 Ebenda.
247 Ebenda.
248 Vgl. *N. Luhmann* 1972 b, S. 282 ff.
249 Ebenda, S. 282.
250 Ebenda, S. 283.
251 Ebenda.
252 Vgl. ebenda, S. 283 f.
253 Ebenda, S. 284.
254 Ebenda.
255 Ebenda, S. 285.
256 Vgl. dazu: ebenda, S. 285 ff.
257 Vgl. *W. I. Thomas* 1923 sowie *M. Weber* 1964.
258 Siehe die theoretische Wirkung der Werke von *A. Schütz*.
259 Siehe dazu *G. H. Mead* 1968, S. 177 ff.
260 Vgl. *T. Shibutani* 1962, S. 128–147.
261 *G. H. Mead* 1968, S. 216.
262 Ebenda, S. 207.
263 Ebenda, S. 180.
264 Vgl. ebenda, S. 196 ff.
265 Ebenda, S. 217. In der deutschen Übersetzung des Werkes von *G. H. Mead* wird der im Englischen durch die unterschiedlichen Personalpronomen »I« und »me« verdeutlichte Unterschied zwischen spontaner und reflexiver Identität durch die Schreibweisen ›Ich‹ und ›ICH‹ herausgestellt. Wir halten diese Lösung zwar nicht für besonders glücklich, haben uns ihr im folgenden aber dennoch angeschlossen, um Mißverständnisse zu vermeiden.
266 Vgl. ebenda, S. 218.
267 Ebenda, S. 220.
268 Ebenda, S. 221.
269 Vgl. dazu auch *G. H. Mead* 1969, S. 98 ff.
270 Vgl. *G. H. Mead* 1968, S. 240 f.
271 *W. Kolb* 1972, S. 261.
272 Vgl. *E. Goffman* 1967.
273 Vgl. *L. Krappmann* 1972, S. 70 ff. und 8 ff.
274 Vgl. *P. Gross* 1972, S. 98 f.

275 *J. Weiß* 1971, S. 181 Fußnote 213.
276 Vgl. *T. Shibutani* 1962, S. 128 ff.
277 Ebenda, S. 132.
278 Ebenda, S. 143.
279 Ebenda, S. 132.
280 Vgl. ebenda, S. 132.
281 Ebenda, S. 134.
282 Vgl. ebenda, S. 135 f., auch S. 137 f.
283 Vgl. ebenda, S. 138 ff.
284 Ebenda, S. 140.
285 Ebenda, S. 141.
286 Vgl. hierzu: ebenda, S. 141 f.
287 *Shibutani* greift etwa *Meads* Konzepte des »verallgemeinerten Anderen« und des »signifikanten Anderen« auf.
288 In der Weise argumentiert *R. Dahrendorf* 1968 b, S. 242 ff.
289 Siehe dazu *H. Gerth* & *C. W. Mills* 1970 und *R. Dahrendorf* 1968 b.
290 *H. Gerth & C. W. Mills* 1970, S. 273.
291 Ebenda, S. 9.
292 Ebenda, S. 11.
293 Ebenda, S. 35.
294 Vgl. ebenda, S. 36.
295 Ebenda, S. 25.
296 Vgl. ebenda, S. 27.
297 Vgl. ebenda, S. 37 und S. 279.
298 Vgl. ebenda, S. 281 f.
299 Vgl. ebenda, S. 217.
300 Vgl. ebenda, S. 198.
301 Ebenda.
302 Vgl. zu dieser Aufzählung: ebenda, S. 198–204. Die dortigen Ausführungen wurden sinngemäß wiedergegeben.
303 Vgl. *R. Dahrendorf* 1968 b, S. 261.
304 Vgl. ebenda, S. 127.
305 Ebenda, S. 314.
306 Ebenda, S. 273.
307 Vgl. ebenda, S. 272.
308 Ebenda, S. 274.
309 Ebenda, S. 332.
310 Vgl. ebenda, S. 315 f.
311 Ebenda, S. 327.
312 Vgl. ebenda, S. 332.
313 Vgl. ebenda, S. 333.
314 Ebenda, S. 333 f.
315 Ebenda, S. 374.
316 Ebenda, S. 368.
317 Vgl. ebenda, S. 370.
318 Ebenda, S. 372.
319 *R. Dahrendorf* 1968 a, S. 76 f., bezeichnet diese Form des Konflikts als Intra-Rollenkonflikt.
320 Diese Gefahr sieht *Dahrendorf* 1968 b, S. 327, selbst, ohne ihr mit Entschiedenheit zu begegnen.

321 Vgl. dazu auch die Argumentation von *F. Haug* 1972.
322 Vgl. *G. C. Homans* 1968, S. 26ff.
323 *H. Haferkamp* 1973, S. 23.
324 Vgl. die biographische Skizze zu *P. M. Blau*, in: *H. Hartmann* 1967, S. 202. Siehe auch *P. M. Blau* 1967.
325 *G. C. Homans* 1970.
326 Vgl. *R. K. Merton* 1970, S. 20.
327 *G. C. Homans* 1970, S. 271.
328 Ebenda, S. 272.
329 Vgl. ebenda, S. 273.
330 Ebenda.
331 Ebenda, S. 278.
332 Vgl. die biographische Skizze zu *G. C. Homans*, in: *H.Hartmann* 1967, S. 172.
333 Vgl. *G. C. Homans* 1967, S. 180f.
334 *G. D. Homans* 1970, S. 275.
335 Vgl. ebenda.
336 Ebenda, S. 277.
337 Ebenda, S. 288.
338 Vgl. ebenda, S. 283.
339 Ebenda, S. 286.
340 Vgl. ebenda, S. 277f.
341 Vgl. ebenda, S. 295.
341a Vgl. *G. C. Homans* 1964.
342 Vgl. *P. M. Blau* 1967, S. 13.
343 Ebenda, S. 15.
344 Ebenda, S. 20.
345 Vgl. ebenda, S. 21.
346 Ebenda.
347 Vgl. ebenda.
348 Ebenda, S. 22.
349 Ebenda, S. 328.
350 Ebenda, S. 321.
351 Ebenda, S. 23.
352 Vgl. ebenda, S. 29.
353 Ebenda, S. 30.
354 Ebenda, S. 117.
355 Vgl. ebenda, S. 121f.
356 Vgl. ebenda, S. 135 und 325.
357 Ebenda, S. 331.

3. Grundlagentheoretische Probleme der Konzepte sozialer Kontrolle und Ansätze ihrer Überwindung

3.1. Soziale Kontrolle: Begriffliche und theoretische Kristallisationspunkte

Die von uns im vorhergegangenen Kapitel ausgebreitete soziologische Diskussion über Begriff und Theorie sozialer Kontrolle kann in keiner Weise den Anspruch erheben, ein repräsentatives oder einigermaßen vollständiges Bild dessen zu liefern, was auf der ganzen Breite soziologischwissenschaftlicher Tätigkeit unter Konzepte zur sozialen Kontrolle gefaßt worden ist und noch gefaßt wird. Wir meinen jedoch, damit ein vorläufig ausreichendes Material geliefert zu haben, aufgrund dessen in eine kritische Auseinandersetzung darüber eingetreten werden kann, was die *grundlegenden* Probleme einer jeden konzeptionellen Arbeit zu diesem Thema ausmacht und welche der bisherigen Wendungen der Problemlösung kritisch zu überholen sind. Dazu müssen zunächst begriffliche wie theoretische Kristallisationspunkte, die den verschiedenen Ansätzen eigentümlich sind, herausgearbeitet werden.

Wenn man zunächst fragt, was die verschiedenen Autoren unter sozialer Kontrolle verstehen, dann kann man nach Prüfung der von uns vorgelegten Diskussion folgende Definition als allgemeinsten Gehalt aller Ansätze formulieren: Soziale Kontrolle bezeichnet eine Handlung und/oder einen Zustand, welche dadurch gekennzeichnet sind, daß mindestens eine soziale Instanz eine oder mehrere andere soziale oder personale Instanzen überprüft und gegebenenfalls hinsichtlich projektierter oder realer Handlungsäußerungen korrigiert. Diese Konstellation braucht nicht real zu bestehen, sondern kann in der Vorstellungswelt einer Person vorweggenommen sein. Wichtig ist, daß die kontrollierenden Instanzen sich verschiedener Mittel oder Methoden der Kontrolle bedienen, die in Abhängigkeit von der Situation oder vom Zweck der Kontrolle zu sehen sind. Die eingesetzten Mittel oder Methoden der Kontrolle erreichen die Kontrollierten über verschiedene soziale Medien: Sprache, physische oder psychische Gewalt, Ansehen o. ä.

Sieht man die vorliegenden Arbeiten nach weiteren Kristallisationspunkten begrifflicher wie theoretischer Art durch, dann fallen mindestens drei größere Komplexe auf, denen im folgenden nachgegangen werden soll:

a) die Betonung der *Äußerlichkeit* sozialer Kontrolle (d. h. Herrschaft, Druck, Anforderung, Einflußnahme der Gesellschaft in Richtung auf das einzelne Mitglied);

b) die Betonung der *Verinnerlichung* sozialer Kontrolle (d.h. Übernahme manifester oder antizipierter äußerer Einflußnahmen in das persönliche Verhaltenskonzept);
c) die Betonung sozialer Kontrolle als Möglichkeit *aktiver Gestaltung* (d.h. Einflußnahme einzelner oder von Gruppen auf Interaktionsprozesse oder gar auf den gesamtgesellschaftlichen Entwicklungsprozeß).

Die Möglichkeiten und Grenzen dieser Betonungen bestimmen zweifellos die konzeptionellen Möglichkeiten einer integrativen Theorie sozialer Kontrolle. Es ist deshalb erforderlich – auch auf die Gefahr des Vorwurfs der Redundanz hin –, die vorliegenden Arbeiten auf diese Möglichkeiten und Grenzen nochmals durchzusehen.

3.2. Grenzen und Möglichkeiten der Betonung der Äußerlichkeit sozialer Kontrolle

Die Gleichsetzung sozialer Kontrolle mit einer Einflußnahme, die von der engeren oder weiteren sozialen Umgebung auf das einzelne Individuum wirkt, steht im Vordergrund der wohl meisten besprochenen Arbeiten [1]*. Dabei sind bei den Autoren aber starke Differenzierungen in bezug auf die jeweiligen Auffassungen von dieser Äußerlichkeit der Kontrolle anzumerken. Solche Auffassungen reichen von der vorab wertenden Annahme einer gesellschaftlichen Aszendenz (*Ross*) [2] über die Begründung der anthropologischen Notwendigkeit individueller Außenstützung (*Gehlen*), den Aufweis des Obligatorischen der kollektiven Vorstellungen (*Durkheim*) bis zur Verbindlichkeitserzwingung gesetzter Normen (*Dahrendorf* u.a.) und zur Korrektur und Prävention abweichenden Verhaltens (*Parsons, Homans* u.a.).

3.2.1. Kritik an einer Annahme der Überlegenheit der Gesellschaft über das Individuum

In *Ross'* Konzept sozialer Kontrolle geht es um die Begründung und Fundierung einer den zwischenmenschlichen Konflikt eindämmenden und die gesellschaftliche Harmonie garantierenden sozialen Ordnung, deren Begründungsnotwendigkeit sich aus dem Abbau einer natürlichen Ordnung ergibt durch Ausdifferenzierung und Komplexitätssteigerung des Sozialsystems unter gleichzeitigem Verlust der das gemeinschaftliche Zusammenleben ermöglichenden natürlichen Instinkte der Individuen.

* Anmerkungen s. S. 133

In dieser Hinsicht liegt dem Bemühen des Autors zweifellos das Vorhaben zugrunde, die von ihm gesehene Entwicklung der Differenzierung der Gesellschaft und der gesellschaftlichen Ordnungsgesichtspunkte auf den Boden bewußt und intentional ausgeübter gesellschaftlicher Kontrolle über die widerstreitenden Interessen der Individuen stellen zu können. Wir hatten schon auf den bewertenden Charakter des Gesellschafts- und Ordnungsbegriffs von *Ross* hingewiesen und die damit vorgenommene Einengung seines Kontrollkonzepts unterstrichen. Das Bild, das *Ross* von der von ihm intendierten Gesellschaftsordnung und der sie garantierenden sozialen Kontrolle zeichnet, ist sicherlich zum großen Teil aus der Biographie des Autors und der sozial-historischen Situation des damaligen Amerika interpretierbar [3]. Die vor diesem Hintergrund gebildete Perspektive vereitelt eine umfassende Analyse der Entstehungs- und Wirkungsbedingungen gesellschaftlicher Einflußnahme. Charakteristisch dafür ist die Eliminierung von Formen sozialer Kontrolle, die nicht in das Bild hineinpassen wollen, das *Ross* vor Augen steht.
Nicht nur die strikte Gegenüberstellung von natürlicher und sozialer Ordnung, sondern auch die Dichotomisierung von Individuum und Gesellschaft kennzeichnen den Ansatz dieses Vorreiters einer soziologischen Kontrolltheorie. Ist die erste Antinomie gegründet auf die Sicht einer grundlegenden Differenz zwischen vorindustrieller (Gemeinschaft) und industrieller Gesellschaft [4], so geht die zweite auf ein doppeldeutiges Verständnis des Verhältnisses von Individuum und Gesellschaft bei *Ross* zurück, was in den Bedeutungsschattierungen seines Begriffs der sozialen Aszendenz (»ascendency«) zum Ausdruck kommt. Einmal versteht er unter der durch soziale Ordnung manifestierten und durch Kontrolle garantierten Herrschaft der Gesellschaft über das einzelne Mitglied einen positiven Wert; denn in seinen Augen ermöglicht erst eine solche äußere Beeinflussung der an sich selbstsüchtigen Individuen eine bewußte und sinnvolle Gestaltung der Gesellschaft [5]. Zum anderen erscheint *Ross* die Überlegenheit des Gesellschaftlichen einfach als ein effektives Einwirkungspotential, das sich erfolgreich auf die individuelle Sphäre im psychologischen Sinn übertragen läßt [6].
In diesem Zusammenhang ist besonders bedeutsam, daß *Ross* an keiner Stelle seines Werkes ein Normkonzept formuliert, das Aufschluß darüber geben könnte, wie gesellschaftliche Regeln des Zusammenlebens entstehen und worin ihr obligatorischer Charakter begründet ist [7]. Letzteren leitet er lediglich aus dem Wirken der verschiedenen Kontrollmittel ab, durch deren Beschreibung er zwar den Weg öffnet für eine funktionale Betrachtungsweise der verschiedenen Mechanismen sozialer Kontrolle, ohne daß allerdings Ansätze zu Erklärungen geboten werden

könnten, die Formen sozialer Ordnungsdurchsetzung in Abhängigkeit von Bedingungen gesellschaftlicher Produktion und Interaktion begreifen. Symptomatisch für die Verengung seines Konzepts ist auch das Auftreten von Schwierigkeiten bei der Duchhaltung der Abgrenzung intentionaler sozialer Herrschaft von unbewußten sozialen Einflüssen und von individueller Aszendenz, was wir bereits hervorgehoben haben. Zugeständnisse in Richtung einer Einbeziehung ungerichteter Kontrollen in sein Konzept muß *Ross* vor allem im Zusammenhang seiner Analyse des Systems der sozialen Kontrolle machen, wo er zu einer Unterscheidung der Funktionen verschiedener Kontrollmittel kommt: in ethische und politische. Diese Unterscheidung knüpft an an die Differenzierung »zwischen ungerichteten und gerichteten Kontrollen, die Durkheim in seinem Werk *Division of Labor* vorgelegt hatte« [8]. In dieser Trennung der Funktionsweisen verschiedener Arten von Kontrollmitteln sehen wir eine auch für die späteren Analysen sozialer Kontrolle bedeutsame Differenzierung, die beispielsweise unter anderem aufgegriffen wurde unter Begriffen wie »informelle« oder »formelle« Kontrolle.

Eine weitere Parallelität zwischen den Argumentationen von *Ross* und *Durkheim* könnte man auf den ersten Blick in der von beiden ausgesprochenen Überlegenheit der Gesellschaft über das Individuum vermuten. Bei *Durkheim* drückt sich diese Überlegenheit dadurch aus, daß er die kollektiven Vorstellungen moralisch über die individuellen erhebt. *Durkheim* ist deswegen – was wir oben im darstellenden Teil schon anmerken und belegen konnten – einer Metaphysik geziehen worden, die er doch seinem Anspruch nach überwinden wollte. In der Tat lassen *Durkheims* eigene Formulierungen derlei Vorwurf in vielfacher Hinsicht gerechtfertigt erscheinen. Auch unsere eigene, notwendig selektive Darlegung *Durkheim*scher Gedanken zum Thema sozialer Regelung und sozialer Kontrolle scheint diesem Vorwurf geradezu in die Hände zu spielen. Man muß aber einschränkend dazu sehen, daß die Terminologie *Durkheims* schwankend ist. Nicht nur im großen Rahmen seines Gesamtwerkes, sondern auch innerhalb einzelner Arbeiten. Von daher fällt eine adäquate Bewertung seiner Ausführungen schwer.

Geht man nun mit der informationsreichen, von anderen Autoren vielfach gestützten Interpretation von *René König* einig, die neben den »Regeln« einen Großteil der Werke *Durkheims* berücksichtigt [9], dann wird man abrücken müssen von dem Vorwurf, *Durkheim* habe in seinem Konzept einer ebenso strikten Trennung von Individuum und Gesellschaft das Wort geredet wie etwa *Ross*. Das Gegenteil scheint uns der Fall zu sein. Zwar sind die kollektiven Vorstellungen eine »Realität sui generis«, eine »abstrakte Gewalt« [10], doch sind sie ohne die »Kombination«, die »Assoziation« des Individuellen weder vorstellbar [11], noch können sie ohne das Durchdringen des Individuellen, das Hineinholen in den einzelnen wirksam werden [12]. Erst durch diese Beziehung kann *Durkheim* die Geregeltheit des Sozialen aufdecken, wobei die dem Individuum gegenüber anspruchsvoll auftretende Obligation der moralischen Wirklichkeit und die Internalisierung derselben besondere Betonung erfahren [13]. In der Durchdringung des Individuellen erfahren die kollektiven Anforderungen jeweils spezifische Interpretationen, so daß die individuellen Vorstellungen in keiner Weise identische Abbilder der kollektiven sind [14]. *Durkheim* sieht also keinesfalls eine Außendetermination des Individuums durch das Kollektiv, obwohl die Ungestörtheit der äußeren Kraft des letzteren für ihn *die* Garantie gesellschaftlicher Ordnung darstellt [15]. Kommt es zu Störungen der diese Ordnung stabilisierenden äußeren Autorität, dann kommt es zur Regellosigkeit, zum anomischen Zustand der Gesellschaft [16].

Aus diesen Ausführungen wird klar, daß eine Kritik an *Durkheims* Betonung der äußeren und zwingenden Faktizität der sozialen Tatbestände mit anderer Nuancierung und in eine andere Richtung zu präzisieren ist als bei *Ross*. *Durkheims* im grundlagentheoretischen Sinne gemeinte Forderung, soziale Tatbestände als dingliche zu betrachten, führt ihn bei der Erfüllung des eigenen Postulats zu einer Einschränkung seiner Perspektive insoweit, als er in seiner Theorie an den Objektivationen sozialer Prozesse ansetzt und diese einzig in ihrer Losgelöstheit von sie schaffenden interaktiven Handlungsprozessen bestimmt [17]. Die Gefahr der Verdinglichung des Gesellschaftlichen zieht im Rücken dieser Argumentation herauf. Vor allem dann, wenn man sich durch theoretischen Spruch auf das jeweilig Bestehende festlegt, was *Durkheim* – besieht man seine politische Orientierung [18] – nicht allzu fern gelegen haben dürfte. Indes scheinen uns solche Unterstellungen nachträglich wenig fruchtbar, da *Durkheim* trotz der Schwächen seines Konzepts einen Zugang zum Gesellschaftlichen, zur Geregeltheit und Kontrolliertheit desselben erklärend eröffnet, wodurch etwa eine Analyse der Mittel, mit denen die Gesellschaft ihre Ansprüche gegenüber dem einzelnen durchsetzt, erst sinnvoll wird.

Aus dem bisher Gesagten ist zu entnehmen, daß die dogmatisch gezogene [19] Trennung von Individuum und Gesellschaft und die damit verbundene moralische Höherbewertung des Allgemeinen gegenüber dem Besonderen nur metaphysisch und auf Kosten eines für differenziertere Analysen »offenen« Gesellschafts- und Ordnungsbegriffs ableitbar sind. Diese Sichtweise unterschlägt weitgehend durch Trennung und Vereinseitigung des Verhältnisses von Gesellschaft zu Individuum die dialektische Beziehung, die sich zwischen Mensch und Welt spannt: »Gesellschaft ist ein menschliches Produkt. Gesellschaft ist eine objektive Wirklichkeit. Der Mensch ist ein gesellschaftliches Produkt« [20]. Dabei ist der »Mensch« nicht in Vereinzelung zu begreifen, sondern stets in Assoziation mit anderen: »*Homo sapiens* ist immer und im gleichen Maßstab auch *Homo socius*« [21]. Eine Theorie der sozialen Kontrolle hätte diese Dialektik zu berücksichtigen, anstatt wie bei *Ross* eine auf dem Gegensatz von Gemeinschaft und Gesellschaft aufruhende Gegenüberstellung von Individuum und Gesellschaft zu betonen. Auch bei *Durkheim* bleibt diese Dialektik insoweit verkürzt, als er zwar den Zugang zur zweiten und dritten Phase des Prozesses eröffnet, aber die Grundlagen und Bedingungen der Produktion des Gesellschaftlichen weitgehend im Dunkeln läßt.

3.2.2. Kritik an verdinglichender Analyse – Kritik an der Analyse des Verdinglichten

Die Unterscheidung in der Kritik, die im Titel zum Ausdruck kommt, ist von der Fragestellung her begründet, ob Vertreter theoretischer Ansätze in ihrer Analyse bereits von einer verdinglichten [22] Welt ausgehen oder ob sie durch ihre Analyse zu einer Verdinglichung des Gesellschaftlichen beitragen. Unsere im folgenden zu verdeutlichende Kritik richtet sich somit gegen jene, die entweder in ihren Aussagen die Beziehung zwischen sozialen Produzenten und Produkten abschneiden oder von vornherein diese Beziehung außer acht lassen und ihre Aussagen einzig an der separaten Gegebenheit der sozialen Produkte ausrichten.

Zur ersten Gruppe wird *A. Gehlen* zu zählen sein. Er geht zwar ausdrücklich vom Menschen aus, der aufgrund anthropologischer Verfaßtheit durch Eigeninitiative seine Existenz sichern muß, indem er *handelt* [23]. Aber in Gegenläufigkeit zu dieser Ausgangsposition gelingt *Gehlen* die Ableitung dessen, was stabilisierend den Außen- und Innenhalt menschlichen Lebens darstellen soll: das Gefüge der Institutionen, nur spekulativ [24] und unter Einführung von Kategorien, die die kulturellen Produkte abgrenzen von der im Handeln gegebenen Produktionsbasis. *Gehlen* nimmt diese Abgrenzung in verschiedenen Schritten vor, die sich etwa so rekonstruieren lassen:

1. einseitige Bestimmung des Menschen unter Verzicht auf die Kategorie des »Sozius«,
2. Trennung der Genese der Institutionen vom produzierenden Handeln durch Einsetzung der Kategorie des »ideativen Bewußtseins« [25],
3. Generalisierung archaischer Strukturen und Stilisierung der dort

institutionell bewirkten Zucht zum Bestandteil »der ›Natur‹ des Menschen« [26] schlechthin,

4. Idealisierung des Überkommenen bei gleichzeitiger Absage an den »Subjektivismus« als einer lediglich kulturzerstörenden Macht [27].

Indem *Gehlen* »die Zucht und Härte archaischer Institutionen, die Strenge der auferlegten Versagungen, die Gewalt des erzwungenen Triebverzichts über den historischen Befund hinaus zum Rang des Natürlichen und darum Wünschbaren (erhebt)« [28], entzieht er die einmal festgefügten kulturellen Muster auf theoretischer Ebene der menschlichen Verfügbarkeit und trennt sie ab von der Dialektik sozialer Prozesse, wie sie in der Struktur kommunikativen Handelns zum Ausdruck kommt [29]. Statt dessen greift *Gehlen* zur genetischen Bestimmung der Institutionen zu Kategorien wie »Urphantasie« [30], »ideatives Bewußtsein« und »idée directrice«, hinter denen nach *Claessens* auch bei *Gehlen* wieder die Vorstellung vom Menschen als »Geistwesen« [31] durchscheint. Aus diesen Wendungen der Analyse ergibt sich, daß *Gehlen* mit seiner Theorie einen Beitrag leistet zur Verdinglichung der jetzt und so strukturierten Welt.

In den Kreis einer solchen Kritik fallen auch Äußerungen anderer Forscher, obwohl sie bei diesen mit anderem Stellenwert und ohne entsprechende Verve vorgetragen werden. In dem Zusammenhang muß *Parsons* genannt werden, der – obwohl ebenfalls ursprünglich vom menschlichen Handeln ausgehend [32] – zu einer verdinglichenden Analyse kommt, indem er seine Systemtheorie um die Frage nach dem Gleichgewicht (equilibrium) bestehender Systeme zentriert. Unversehens geraten ihm Systeme dabei zu eigenen Entitäten, die gekennzeichnet sind durch das Wirken abstrakter Mechanismen. Von dieser Vorstellung ist es nicht mehr weit bis zur Unterstellung eines Eigenlebens sozialer Systeme, das als einziges Ziel die Stabilisierung der Ganzheit des Systems kennt. »Making the world whole« [33] ist der implizite Leitsatz seiner Analysen. Darin geht es nunmehr nur um die Realität des Ganzen und nicht mehr um die Realität der Teile in ihrer spannungsreichen Beziehung zum Ganzen [34]. Symptomatisch für diese Sichtweise ist die selektive Auswahl der dynamischen Elemente im System in Richtung derjenigen, die »den Fortbestand des Systems berühren« [35]. Gleichzeitig mit dem dadurch bedingten weitgehenden Wegfall von Kategorien wie »Konflikt« und »Wandel« werden einmal zueinander gefügte Systemstrukturen der Disponibilität der handelnden Produzenten durch Vereinseitigung der Analyse entrückt [36], die sich von da an bei *Parsons* als eine Analyse des Verdinglichten fortentwickelt [37].

Weitgehend auf die Analyse einer verdinglichten Welt beschränkt sich

Dahrendorf bei seiner Rollenanalyse. Der Begriff der »ärgerlichen Tatsache der Gesellschaft« bringt ihn in das Zwielicht, Gesellschaft sei bei ihm von vornherein etwas unabhängig vom einzelnen Existierendes, was diesen in Fesseln schlägt, ihn sich selbst entfremdet und in Widerstreit steht zur angeblich prinzipiellen Freiheit des Individuums [38]. Man vermißt bei dieser Argumentation Antworten auf die sich aufdrängende Frage, woher das kommt, was sich als zwingend und ärgerlich darstellt. Zudem ist nicht a priori einleuchtend, daß die Tatsache der Gesellschaft auch ärgerlich sein muß [39]. *Dahrendorf* hätte besser daran getan, die realen Bedingungen zu untersuchen, unter denen Gesellschaft zu einem ärgerlichen Faktum wird.

Auch die Sozialverhaltenstheoretiker setzen bei ihrer Konzeption des Sozialverhaltens als Austausch von Belohnungen strukturierte Werte voraus. In der *Homans*schen Version, die er im Zusammenhang seiner Gruppentheorie entwickelt, erstrecken sich diese Voraussetzungen sogar auf strukturierte Gegenseitigkeitsbeziehungen. *Haferkamp* ist in der Beziehung zuzustimmen, wenn er annimmt, daß »Theorien sozialen Verhaltens als Theorien verdinglichten sozialen Handelns« [40] in ein Konzept einzubeziehen sind, das die Zusammengefaßtheit menschlicher Produkte zu einer spezifisch-historischen Wirklichkeit und den darin verselbständigten Sinn menschlichen Verhaltens als einen Bereich der Analyse heraushebt. Darauf richtet sich der Ansatz der Theorie sozialen Verhaltens [41]. Für diesen und nur für diesen Bereich ist diese Theorie allein erklärungskräftig. Nicht erklärt wird, weshalb und unter welchen gesellschaftlichen Bedingungen die Strukturen und Muster erzeugt werden, die in abgelöster Eigenständigkeit den Bezugsrahmen des sozialen Verhaltens abgeben [42]. Dem genannten Mangel kann auch *Blau* nicht ausweichen, obwohl er dem situationsspezifischen Kontext von Austauschrelationen und dem Zustandekommen solcher Kontexte größere Aufmerksamkeit widmet als *Homans*.

Für sich allein genommen kann die Analyse verdinglichter Wirklichkeit nicht befriedigen, da sie nur Sonderfälle sozialer Prozesse und Beziehungen aufdeckt. Sie ist aber einzubeziehen in eine allgemeine Theorie sozialer Prozesse, die die Vergegenständlichung und Verdinglichung der gesellschaftlichen Welt als ein Erklärungsmoment begreift. Abzulehnen ist dagegen die theoretisch vollzogene Verdinglichung, wie sie bei *Gehlen* und zum Teil auch bei *Parsons* aufgezeigt werden konnte. Eine solche Verdinglichung erweist sich weder aus theorieimmanenten Gründen als notwendig, noch ist sie dem Gegenstand der Analyse angemessen [43].

3.2.3. Stellenwert und Möglichkeit der Analyse der Äußerlichkeit sozialer Kontrolle

Die bisherige Diskussion mag enttäuschend wirken, weil sie sich auf einem allgemeinen Niveau bewegt, ohne auf einzelne Forschungsvorschläge intensiv einzugehen. Allerdings muß bedacht werden, daß eine Erörterung aller aufgezeigten Forschungsrichtungen ohne integrierende Bemühungen zu einem ausufernden Streifzug durch die gesamte theoretische Soziologie führen muß. Um das zu vermeiden, setzen wir bei den abstrakten Problemen gemeinsamer Kristallisationen der Forschungen an: zunächst also bei der Äußerlichkeit sozialer Kontrolle.

Äußerlichkeit meint hier, daß Kontrolle einerseits durch die objektiv festgefügte gesellschaftliche Wirklichkeit hindurch auf den einzelnen wirkt, indem die dort angelegten kognitiven wie normativen Muster und Regeln der Weltaufordnung mit obligatorischem Anspruch dem Individuum gegenübertreten. Andererseits wird Kontrolle in der Interaktion vollzogen, wo die Reaktionen der Bezugspersonen die Adäquatheit des eigenen Verhaltens hinsichtlich der an die eigene Person herangetragenen Erwartungen indizieren und wo eben diese Reaktionen unter Einsatz verschiedener Mittel der Kontrolle (oder Beeinflussung) Abweichungen des Verhaltens von gehegten Erwartungen von außen zu korrigieren versuchen. Die Notwendigkeit einer Analyse der Kontrollprozesse, die vor dem Hintergrund gesellschaftlich konstruierter Wirklichkeit und durch diese hindurch stattfinden, steht außer Frage. Dabei kann diese Wirklichkeit als den Produzenten entfremdet aufgefaßt werden, wobei man sich allerdings darüber klar sein muß, daß eine so begründete Analyse in bezug auf die Bedingungen und Strukturen gesellschaftlicher Produktion und Produkte historisch zu konkretisieren ist. Darauf haben die Konflikttheoretiker generell insistiert [44].

Popitz bemerkt zurecht: »Wir müssen uns darauf besinnen, daß die Art und Weise der Gestaltung, der Formung des sozialen Lebens dem Menschen ebenso wenig vorgegeben ist wie die Art und Weise der Naturgestaltung. Vergesellschaftung ist stets ein Artificium« [45]. Kategorien und Thesen abzustellen, die die Formen und Wirkungen sozialer Kontrolle in Abhängigkeit von Formen der Vergesellschaftung analysieren und erklären können, ist der Anspruch an diejenigen, die in ihren Konzepten von der Äußerlichkeit sozialer Kontrolle ausgehen. Dazu muß gesehen werden, daß der Ansatz der Analyse der äußeren objektivierten Kontrollen für sich genommen nicht ausreicht zu einer *allgemeinen* Analyse und Erklärung sozialer Kontrolle. Hinzu kommen muß die Analyse der Kontrolle, wie sie auf der Ebene der Person zur Entfaltung gebracht wird.

Darauf haben die meisten Theoretiker hingewiesen. *Tenbruck* hat diese Verknüpfung im Zusammenhang seiner Kritik an *Dahrendorfs* Rollentheorie mit aller Deutlichkeit gefordert [46]. Schließlich ist die Beziehung zwischen vergegenständlichter Welt und interaktivem Handeln theoretisch dahingehend abzurunden, daß die Aktivitäten der Handelnden – eben auch kontrollierender Handelnder – als Produktions- oder Reproduktionsweisen gesellschaftlicher Wirklichkeit begriffen werden können. »Wie die Individuen ihr Leben äußern, so sind sie. Was sie sind, fällt also zusammen mit ihrer Produktion, sowohl damit, *was* sie produzieren, als auch damit, *wie* sie produzieren« [47]. Erst der Einbezug der aktiven, produzierenden Seite in die Struktur sozialer Prozesse, aus denen hier speziell Prozesse sozialer Kontrolle abstrahiert werden sollen, läßt die Dialektik zwischen Individuum und Gesellschaft – so wie sie oben schon angesprochen wurde – offenbar werden. Die damit aufgezeigten Verknüpfungen zwischen den von den einzelnen Theoretikern betonten Sichtweisen sozialer Kontrolle gelten in entsprechender Weise auch für die folgenden Ausführungen zu den Betonungen sozialer Kontrolle als Verinnerlichung und als aktive Gestaltung. Deren Stellenwert ist somit schon mitbestimmt.

Um zusammenzufassen: die Analyse der Äußerlichkeit sozialer Kontrolle muß auf mehreren miteinander in Verschränkung stehenden Ebenen ansetzen. Einmal auf der Ebene der durch die institutionale Ordnung zum Ausdruck kommenden gesellschaftlichen Wirklichkeit, wobei die Mittel zu berücksichtigen sind, wodurch diese Ordnung an den einzelnen herangetragen wird. D.h. mit anderen Worten, die Mechanismen sozialer Systeme zu analysieren, die die normativen Ansprüche der im systematischen Zusammenhang stehenden Elemente gesellschaftlich entfalteter Realität beim einzelnen verstärken, die aber gleichzeitig auch für die Verteilung der kognitiven wie normativen Elemente der Wirklichkeit auf diverse Positionen innerhalb der Sozialstruktur Rechnung tragen. Auf einer anderen Ebene sind die gesellschaftlich institutionalisierten Mittel und Möglichkeiten zu untersuchen, die die einmal etablierte gesellschaftliche Realität durch präventive wie repressive Maßnahmen der Kontrolle gegen Neudifinitionen und -konstruktionen sichern sollen. Dies scheint besonders dort notwendig, wo symbolisch vermittelte Legitimationen herrschende Ordnung nicht allein in der Lage sind zu sichern, wo Konflikte den aktuellen gesellschaftlichen Bestand bedrohen [48]. Das führt zu einer weiteren Ebene, auf der soziale Kontrolle – die damit zusammenhängenden Formen der Verhaltensmanipulation und der Reaktion auf abweichendes Verhalten – in Abhängigkeit zu historischen Ausformungen der Strukturen gesellschaftlicher Wirklichkeit begriffen werden muß, was zugleich auf das Verhältnis von sozialer Kontrolle zu sozialem Wandel hinweist.

3.3. Grenzen und Möglichkeiten einer Betonung der Verinnerlichung sozialer Kontrolle

Die meisten Forscher, die die äußeren Wirkungen sozialer Kontrolle hervorheben, erkennen auch das Problem der Übernahme dieser Kontrollen in den personalen Bereich. *Durkheim* ist darin – wenn auch in allgemeiner Problemstellung – den anderen vorangegangen. Das von *Cooley* entwickelte Denkmodell des »looking-glass self« ist explizit aus seiner Kritik an der von anderen zeitgenössischen Autoren vorgenommenen Separierung von Individuum und Gesellschaft entstanden. Diese Separierung hält *Cooley* für falsch, weil er die Genese einer Persönlichkeit durch die Interaktion mit anderen vermittelt sieht [49]. *Meads* Forschungen führen diese von *Cooley* umrissenen Ansätze weiter. *Mead* geht dabei nicht zuletzt von einer Kritik des *Cooley*schen Begriffsapparates aus, den er für mangelhaft hinsichtlich einer umfassenden Analyse sozialer Prozesse hält [50]. Hinzu kommt nach *Meads* Ansicht, daß *Cooley* Prozesse der Interaktion unter Voraussetzung von psychischen Prozessen und durch diese hindurch analysiert [51]. Dagegen geht *Mead* von der bloßen Entäußerung menschlicher Organismen aus [52]. Mit dieser Voraussetzung gelingt *Mead* die Weiterentfaltung der Analyse der schon von *Cooley* gesehenen Beziehung zwischen »Selbst« und »Anderen« und der darin durch Übernahme der gesellschaftlich objektivierten Haltungen der »Anderen« bewirkten Kontrolle des »Selbst«. *Meads* Gedanken konnten in dieser Beziehung fruchtbar werden beispielsweise für die soziologische Rollenanalyse, worauf gleich noch einzugehen sein wird.

Auch Theoretiker, die sonst das Schwergewicht ihrer Argumentation auf äußerliche Verbindlichkeitserzwingung von gesellschaftlichen Ansprüchen gegenüber dem Individuum legen, sehen die Notwendigkeit einer Personalisation sozialer Kontrolle: so etwa *Geiger* und *Dahrendorf* [53]. Implizit ist ein solches Personalisationskonzept auch bei den Sozialverhaltenstheoretikern vorhanden. Müssen doch in Austauschprozesse involvierte Individuen Vorstellung über Nutzen, mögliche Gewinne und Verluste in ihr Verhaltenskonzept eingeholt haben, auch wenn es bei Eintritt in solche Prozesse nicht sicher für sie ist, ob das, was sie erhoffen, erreicht werden kann [54]. Schließlich ist die Systemtheorie *Parsons*scher Provenienz daraufhin angelegt, die Übernahme der Wirkungen von Kontrollmechanismen des sozialen Systems in die Motivationsstruktur des personalen Systems zu explizieren.

3.3.1. Kritik an der Trennung von sozialer Kontrolle und Sozialisationsprozessen durch Parsons

Wir hatten schon gesagt, daß diese Separierung darauf zurückzuführen ist, daß die Analyse sozialer Kontrolle bei *Parsons* eng mit der des abweichenden Verhaltens verquickt ist. Wir meinen, annehmen zu können, daß *Parsons* Theorie sozialer Kontrolle einen wesentlich höheren Grad an Allgemeinheit und Erklärungskraft für sich beanspruchen könnte, wenn er Kontrollprozesse auch auf der Folie von Sozialisationsvorgängen analysiert hätte. Zudem hätte eine solche Wendung der verdinglichenden Analyse der Funktionen abstrakter Systemmechanismen entgegenwirken können, indem Kontrollprozesse hätten in bezug gesetzt werden können zu Prozessen des Wirklichkeitsaufbaus und der -integration.

Obwohl *Parsons* auch bei der Analyse von Sozialisationsprozessen von der Vorgabe strukturierter Systeme ausgeht [55], in dem Falle vom System der Kernfamilie, in das das Kind hineinkommt und durch das es bezüglich grundlegender Orientierungen geformt wird, kann er doch dadurch mit Deutlichkeit aufzeigen, »daß ein komplettes System Dritten angesonnen wird, das u.a. auch Institutionen enthält, die von ego und alter spezifisch auf einen Dritten hin entworfen sind, und auch solche, die gemeinsam geteilt werden« [56]. *D. Claessens* hat das Modell von *Parsons* zusammengefaßt – wir wollen diese Zusammenfassung hier zitieren: »Das Kind ›kommt hinein‹ in eine Zweiergruppe, unvorbereitet und doch als handelndes Wesen, als ein ›Aktor‹. Damit gerät es... in der Kernfamilie in ein von zwei Koordinaten beherrschtes Feld. Diese Koordinaten sind die Hierarchie der Machtordnung (Sphären der Leitung und des Geleitetseins) und die der ›Instrumentalität-Expressivität‹ (männliche und weibliche Sphären). Daraus ergeben sich vier Grundstatus-Rollen, die je einer Person in dem auch hier angenommenen Kernfamilien-Modell Vater-Mutter-Sohn-Tochter entsprechen...« [57].

In diesem Modell vereinigen sich in der Rolle des Vaters große Macht und instrumentelle Potenz, in der Rolle der Mutter große Macht und expressive Potenz, in der Rolle des Sohnes geringere Macht/instrumentelle Potenz als beim Vater und in der Rolle der Tochter geringere Macht/expressive Potenz als bei der Mutter [58]. Und zwar wird diese Rollendifferenzierung durch Orientierung und Identifikation des Kindes zu einer Leitinstanz, die *Claessens* durch den Begriff »primäre soziale Fixierung« [59] kennzeichnet [60]. Diese primäre soziale Fixierung ist ihrerseits wichtiger Bestandteil des Prozesses der »Soziabilisierung« [61]. »Enkulturation« ist nun nach *Claessens* die zweite, sehr wohl analytisch von der Soziabilisierung zu trennende Phase im Sozialisationsprozeß [62]. Ist die

erste Phase, die in der primären sozialen Fixierung ihren Gipfel hat, dazu angetan, dem Nachwuchs menschlich-soziale Eigenschaften und die Absicherung zur Entwicklung eigener Identität zu geben, so werden die Heranwachsenden in der zweiten Phase in gesellschaftliche (besser: kulturell angelegte) Muster gezwängt, mit dem »gesellschaftlichen Imperativ« konfrontiert, der, durch gesellschaftliche Erziehungsagenten an sie herangetragen, von ihnen zur inneren Kontrolle internalisiert wird [63].
Claessens erkennt im weiteren Verlauf seiner Analyse die Dialektik zwischen Soziabilisierung und Enkulturation. »Gibt die Soziabilisierung dem Säugling die Chance, menschlich zu werden, so engt die Enkulturation diese Chance im selben Prozeß sofort wieder auf bestimmte ›Muster‹ – Patterns – ein« [64]. Auch bei *Parsons* scheint eine prinzipielle Vorstellung davon vorhanden zu sein, daß diese Phasen – bei ihm müßte man im Sinne *Claessens'* von primärer sozialer Fixierung und sozialer Kontrolle sprechen – in einem Zusammenhang stehen. Das hatten wir schon nachgewiesen [65]. Aus seinem analytischen Schema ergibt sich auch, daß beide Phasen in Gegenläufigkeit zueinander stehen [66]. Dennoch zieht er nicht die rechte Konsequenz, sondern setzt im Gegenteil eine strikte Trennlinie zwischen die Analysen, die ihm weitgehend den Blick für die Dialektik der beiden Phasen desselben Prozesses verstellt.
Das Verdienst, diese Dialektik herausgearbeitet zu haben, ist *Claessens* zuzusprechen. Überzeugend wirkt daher bei *Claessens* die aus dieser Dialektik abgeleitete Problematik der Verinnerlichung sozialer Kontrolle, deren Lösung er in Anbetracht der Unmöglichkeit vollständiger Außenkontrolle in differenzierten Gesellschaften betont und in der primären Sozialisation in Grundmustern gewährt sieht [67/68].

3.3.2. Kritik an der Vernachlässigung des Aspekts der Verinnerlichung sozialer Kontrolle durch Geiger und Dahrendorf

Sowohl *Geiger* als auch *Dahrendorf* sehen die Bedeutsamkeit der Verinnerlichung sozialer Kontrolle als zusätzliches Verhaltenskorrektiv zur Kontrolle von außen, die durch Sanktionen der Bezugsgruppe *(Dahrendorf)* oder durch Reaktion der Gruppenöffentlichkeit *(Geiger)* Verbindlichkeit von objektivierten Erwartungen erzwingt. Bei beiden nimmt aber ein explizites Konzept der Verinnerlichung sozialer Kontrolle nur eine Randposition ein. So zählt *P. Trappe Geigers* Ausführungen zur Verinnerlichung des Grundgefüges [69] »zu den schwächeren Stellen« [70] des Werkes. *H. P. Bahrdt* meint zu *Dahrendorfs* Rollentheorie: »Die Frage, wie das Individuum es macht, daß es eine Rolle sich zu eigen macht, durch ›Verinnerlichung‹ – ›internalization‹, wird als innerpsychischer Vorgang... dem Psychologen überlassen« [71]. Wirklich gehen *Dahrendorfs* Ausführungen zu dieser Frage nicht über das hinaus, was schon *Durkheim* in seinem Interioritätstheorem formuliert hatte.

Sieht *Geiger* in primitiven Formen der Vergesellschaftung einen Wirkungszusammenhang von äußerer und innerer Kontrolle: »In der primitiven Kommunitätsordnung also bestehen ein äußeres Zwangs- und ein inneres Ehrfurchtsmoment nebeneinander, gegenseitig bis zu völliger Einheit sich durchdringend« [72], so meint er weiterhin zu erkennen: »Mit Verlegung des ordnungsbewahrenden Kontrollmechanismus von ›der Gemeinde selbst‹, Ω, in eine funktionell abgegliederte Instanz, Δ, (Veranstaltlichung der Kontrolle) wird der innere Anteil des einzelnen am Ordnungsgefüge gelockert« [73]. In der Konsequenz dieses Gedankengangs kommt *Geiger* zu der Auffassung, daß die Verinnerlichung der Moral, die für ihn in der Autonomie des Gewissens gipfelt – »nicht nur als Moralrichter..., sondern auch als normstiftende Moralautorität« [74] – zur Regelung des gesellschaftlichen Lebens unter komplexen Verhältnissen ungenügend ist [75]. Die äußere Institutionalisierung des Rechts und die Veranstaltlichung der Kontrolle garantieren unter diesen Umständen in zunehmendem Maße den Zusammenhalt und die Geregeltheit des Sozialen, die sich sonst angesichts der Antagonismen vielfältiger subjektiver Moralen auflösen würde. Sie wirken dem »Schisma der Moralen« entgegen [76].

Schon *Trappe* kritisiert diese Sichtweise *Geigers* auf das schärfste: »Einzuwenden ist, daß ein Schisma unter Ordnungsvorstellungen auch in den vorrechtlichen Ordnungsgefügen bestehen kann, und nicht nur in der hochgradig mobilen Großgesellschaft – Normkonflikte –, ohne daß deswegen die Existenz dieser Ordnungsgefüge geleugnet zu werden braucht« [77]. Unter anderem Blickwinkel argumentiert *Popitz*, wenn er u.a. auch *Geiger* vorwirft, die Überbetonung der äußerlichen Gewährleistung der Ordnung – Kontrolle durch Vollzug oder Androhung von Strafen – mache die so theoretisierenden Forscher blind. »Blind vor allem für die Grenzen der Leistungsfähigkeit negativer Sanktionen, die Grenzen ihrer ›Funktionalität‹ für das Normensystem, für den sozialen Zusammenhalt, für den äußeren und inneren Frieden der Friedfertigen« [78]. Als einen wesentlichen Gesichtspunkt, der gegen die Überbetonung der äußeren Kontrolle spricht, führt *Popitz* die Unmöglichkeit einer totalen Verhaltenstransparenz in menschlichen Gesellschaften an [79]. Allerdings zieht auch *Popitz* nicht den Schluß, neben äußerer Kontrolle auch die innere hervorzuheben. Das holt *Claessens* nach. Er geht davon aus, daß gesellschaftlich prinzipiell die »– ›unmenschliche‹ – Möglichkeit einer fast völligen Außensteuerung« [80] besteht. Er schränkt die geringe Chance der

Realisierung dieser Möglichkeit aber sogleich auf Grenzsituationen ein: Beispiel Gefängnis. Außerhalb des Verhaltens in totalen Institutionen ergibt sich für *Claessens* folgendes Bild: «Im ›normalen‹ Fall wird in jeder Gesellschaft eine Harmonisierung zwischen Außen- und Innenkontrolle derart *angestrebt*, daß möglichst die Innenkontrolle die Außenkontrolle überhaupt überflüssig macht« [81]. Dies Ziel könne aus Gründen, die *Claessens* verschweigt, zwar nicht erreicht werden, dennoch »erscheint (es ihm) aber notwendig, darauf hinzuweisen, daß ein wichtiges Verhältnis zwischen Außen- und Innenkontrolle besteht« [82]. Es wäre – so kann man aus *Claessens'* Ausführungen weiter schließen – mindestens voreilig und unvorsichtig, gerade bei der Analyse differenzierter Gesellschaften ein Übergewicht der äußerlichen Kontrollen zu betonen, ohne sich vor Augen zu halten, daß mit steigender Komplexität eines sozialen Beziehungsgeflechts die Chance totaler Einflußnahme und totaler Beobachtbarkeit des Verhaltens der involvierten Personen abnimmt [83/84]. Will man Ordnung und Geregeltheit sozialer Beziehungen erklären, dann wird man also fehlgehen, wenn man diese allein oder hauptsächlich auf äußere Kontrollen zurückführt.

Dies ist in verkürzter Darstellung auch der Vorwurf, den *Tenbruck* gegen die *Dahrendorf*sche Konstruktion einer Rollentheorie erhebt [85]. Seiner Ansicht nach ist das von *Dahrendorf* unterstellte einfache Verhältnis von Norm und Sanktion nicht akzeptabel. Es liegt vielmehr ein komplexes Verhältnis vor, das neben zwingenden äußerlichen Erwartungen und Sanktionen, die die Geltung der Erwartungen unterstreichen, auch das Wirken innerer Kontrollen, Aspekte typischer Situationsdefinition und die Spontaneität des Aktors im Rollenhandeln umgreift. »Rolle und Erwartung sind viel weiter zu fassen, als Dahrendorf das tut, das Ineinander von Rolle, Erwartung, Sanktion und Rollenhandeln ist weitaus komplexer als die Konstruktion, die er anbietet « [86]. Die Verkürzung der *Dahrendorf*schen Analyse führt diesen zu einer Vernachlässigung verinnerlichter Kontrollen und zu einer Vernachlässigung der Bedeutung der Sozialisationsprozesse. In bezug auf letztere sind *Dahrendorf* die Argumente entgegenzuhalten, die im vorigen Abschnitt entwickelt wurden. *Dahrendorf* übersieht, wenn er den Sozialisationsvorgang als Lernvorgang gesellschaftlicher Erwartungen und in seinen Konsequenzen als Aufhebung der individuellen Freiheit begreift, die Dialektik zwischen Personwerdung und Personeingrenzung [87]. *Tenbruck* ist zuzustimmen, wenn er zusammenfaßt: »Entsprechend (der Verkürzung des Sozialisationskonzepts) verdünnt sich der Begriff der Internalisierung zu dem Phänomen des nachträglich richtenden Gewissens ... Daß die Internalisierung gerade im Prinzip eine Spontaneität des Rollenhandelns begründet und nicht nur eine Kategorie der moralischen Reflexion ist, wird übergangen. Selbst wo die Rolle… internalisiert und ihre Normen anerkannt sind, bleibt sie für ihn (Dahrendorf) noch das, was als Fremdes gewußt wird. Internalisierung meint nur eine zusätzliche Zustimmung zu diesem Fremden« [88].

Der Fehler, der sowohl *Geiger* als auch später in anderem Zusammenhang *Dahrendorf* unterlaufen ist, dürfte dem Gesagten zufolge darin zu suchen sein, daß beide Forscher soziale Kontrollprozesse einseitig in der Dimension *äußerlichen Handelns* analysieren. Das daraus resultierende Konzept sozialer Kontrolle schenkt der *Selbst-Lenkung* der sozialen Akteure nur wenig Aufmerksamkeit. Es verengt sich bei den beiden Forschern vielmehr dahingehend, lediglich die Möglichkeiten hervorzuheben, die mächtige Andere zur Erzwingung ihrer Ansprüche gegenüber ohnmächtigen Einzelnen haben. Bei *Geiger* vereinigen sich diese Mächtigen in der Gruppenöffentlichkeit; bei *Dahrendorf* erscheinen sie in den Bezugsgruppen [89]. Konsequenzen dieser Sichtweise finden sich bei *Dahrendorf*, wenn er in seinen konflikttheoretischen Arbeiten sowohl Normsetzung als auch Normdurchsetzung allein auf Herrschaft zurückführt. Dabei handelt es sich um die Einschränkung des theoretischen Rahmens, nur die (herrschaftssichernde) Einhaltung herrschender Normen in das Erklärungsmodell gesellschaftlicher Prozesse einzubeziehen.

Demgegenüber ist bei allen Vorteilen, die sich aus einer solchen Konzeption ergeben [90], darauf zu beharren, daß eine Erklärung sozialer Kontrollprozesse solange Programm bleiben muß, solange nicht die Kontrollvorgänge mit in den theoretischen Rahmen einbezogen werden, die dort eine Rolle spielen, wo der einzelne zum »Gesellschafter seiner Gesellschaft« [91] wird. Daß dieser letztgenannte Prozeß keinen endgültigen Abschluß im konkreten Leben eines Individuums findet, bedarf zusätzlicher Betonung [92]. Einzelne Phasen sind jedoch analytisch unterscheidbar, was beispielsweise durch die Differenzierung in primäre und sekundäre Sozialisation, die sich in den Sozialwissenschaften durchgesetzt hat, zum Ausdruck kommt.

3.3.3. Die Gefahr einer »Oversocialized Conception« und die Grenzen der Betonung der Verinnerlichung sozialer Kontrolle

Der Gefahr auf der einen Seite, gesellschaftliche Ordnung und Harmonie durch Überbetonung der Außensteuerungsaspekte menschlichen Verhaltens analytisch fassen zu wollen, entspricht auf der anderen Seite die Gefahr, der *Hobbes*schen Frage nach der Möglichkeit sozialer Ordnung mit einem Konzept zu antworten, das die Verinnerlichung sozialer Kontrolle überbetont und als Ergebnis das Zerrbild eines übersozialisierten Menschen präsentiert [93]. Beide Seiten zusammengenommen unterstellen die perfekte Normativität gesellschaftlichen Zusammenlebens; durch ihre Antworten lassen sie die ursprüngliche Frage nach der Ordnung sinnlos erscheinen, da das Gegenteil dessen, worauf sich die Frage bezieht, aus dem theoretischen Rahmen fällt [94]. »Die übervergesellschaftete Anschauung des Menschen auf der einen (Seite) ist ein Gegenstück zur überintegrierten Anschauung der Gesellschaft auf der anderen« [95].

Durch Vernachlässigung der Dialektik zwischen Individuum und Gesellschaft – einer Dialektik, die sich durch die Prozesse der Personwerdung und -eingrenzung hindurchzieht – wird die Gefahr einer soziologischen »oversocialized conception« manifest. Der einzelne wird in einer solchen möglichen Konzeption zu einer Marionette, die sich selbst an ihr übertragenen Fäden (normative Verhaltensmuster) aufrichtet und diesen Fäden total verhaftet bleibt. In einem solchen Konzept würden die durch Subjekte aufgenommenen Symbole, deren Bedeutungen und die persönlichen Interpretationsleistungen konstant gehalten. Verinnerlichung würde ganz und gar zum bloßen Lernen von erwarteten Verhaltensfertigkeiten [96].

Gegen diese Vereinseitigung wendet sich mit aller Deutlichkeit das *Mead*sche Konzept der Verinnerlichung sozialer Kontrolle, das mögliche Freiheiten des einzelnen gegenüber der scheinbar absoluten Verhaltensdetermination von außen wie von innen nicht nachträglich einzuholen versucht, sondern jene von vornherein in der Kreativität des »I«, der reagierend interpretierenden Komponente des Selbst, faßt. Das Selbst ist in dieser Fassung nicht allein eine innerliche Reproduktion der von außen an den einzelnen herangetragenen gesellschaftlichen Ansprüche, sondern stellt gleichzeitig ein Produktionspotential dar, das etwas Neues in den Interaktionsprozeß einzubringen vermag, das in der Auseinandersetzung von »I« und »me« Kontrolle schöpferisch auszuwerten vermag [97]. *Turner* konnte auf der Grundlage und vor dem Hintergrund dieser grundsätzlich von *Mead* entwickelten Position das traditionale Konformitätsmodell der Rollenanalyse in ein Prozeßmodell umformulieren, das dem »role-taking« *Meads* das »role-making« an die Seite stellt [98]. »Rollen ›existieren‹ in unterschiedlichen Graden der Konkretheit und Konsistenz, während der einzelne jedoch vertrauensvoll sein Verhalten so einrichtet, als hätten sie unzweifelhafte Existenz und Klarheit. Daraus resultiert, daß der einzelne beim sukzessiven Versuch, einzelne Aspekte der Rollen zu explizieren, Neuschöpfungen und Modifikationen genauso wie bloße Reproduktionen der Rollen leistet; der Prozeß besteht nicht allein aus Rollenübernahme, sondern auch aus Rol-

lenschöpfung« [99]. In dieser Konzeption wird entschieden von einer Gleichsetzung von Rollendefinitionen und Rolleninterpretationen Abstand genommen. Durch Entfaltung der Dialektik von Rollenübernahme und Rollenentwurf oder -schöpfung gelingt Turner die »Einbeziehung spontaner Ich-Leistungen und aktiver Rolleninterpretationen« [100].
Damit sind die Grenzen einer Betonung der Verinnerlichung sozialer Kontrolle markiert. Eine Überbetonung dieses Moments gesellschaftlicher Kontrolle würde auf analytischer Ebene wesentliche Phasen des dialektischen Zusammenhangs sozialer Prozesse abschneiden. Die notwendige Analyse von Kontrollprozessen auf der Folie von Verinnerlichungsvorgängen der sozialen Welt durch das Individuum darf nicht zu der theoretischen Einseitigkeit führen, menschliches Verhalten als determiniert durch Verinnerlichung äußerer Kontrollen zu begreifen. Vielmehr sind die Äußerlichkeiten und die Momente der aktiven Verarbeitung [101] sozialer Kontrolle mit im theoretischen Rahmen zu bedenken, worauf wir bei der Erörterung der Stellenwerte der verschiedenen Betonungen der Aspekte sozialer Kontrolle bereits hingewiesen haben.

3.4. Möglichkeiten und Grenzen einer Betonung der Aspekte der aktiven Gestaltung sozialer Kontrolle

Der passiven Seite sozialer Kontrolle muß jeweils eine aktive Seite gegenüberstehen. Diese einfache Feststellung wird in allen bisher diskutierten Konzepten berücksichtigt. Um so erstaunlicher ist die Feststellung, daß die Bestimmung der vielfältigen Aspekte der aktiven Seite in den meisten Fällen die größte Schwierigkeit bei der Konzeptualisierung bereitet. Wo man Konkretes vermuten sollte, nehmen die meisten Autoren Zuflucht zum Abstrakten. So werden als Subjekte der Aktivitäten *die* Gesellschaft und ihre Ordnungsstrukturen bemüht. Konkretisierungen stellen auf *die* Familie, *die* kleine Gruppe, *die* Bezugsgruppe, auf *die* Interaktionspartner und nur in seltenen Fällen auf gesellschaftlich spezifisch fest umrissene Kontrollinstanzen ab.
In dieser wenig ausgeprägten Konkretheit der allgemeintheoretischen Bezugsrahmen sozialer Kontrolle sehen wir mit einen der Hauptgründe, weshalb trotz des verpflichtenden Charakters dieses Begriffes für eine Einbeziehung in soziologisches Forschen die meisten Konzeptualisierungsvorschläge einen nur unbefriedigenden Anklang seitens der weiterverarbeitenden Forscher gefunden haben. Über gewisse grundsätzliche begriffliche wie theoretische Positionen hinaus besteht – soweit wir es überblicken können – keine Einigkeit innerhalb der allgemein-soziologischen Diskussion. So mag es fast schon als Zwang erscheinen, bei einer

Beschäftigung mit Problemen gesellschaftlicher Kontrolle den eigenen Standort vom Gerüst her aufrollen zu müssen. Bis in die heutige Zeit hinein hat das zu weit mehr Neuformulierungsversuchen als zu Arbeiten am Bestehenden geführt, wodurch zum Teil auch die Diskrepanz zwischen Theorie und Empirie in diesem allgemein-soziologischen Forschungsbereich zu erklären ist [102].

Gerade für den Bereich der Betonung sozialer Kontrolle als Möglichkeit aktiver Gestaltung sozialer Prozesse vermissen wir eine weiterführende theoretische Konkretisierung und Ausarbeitung. Von den Forschern, die sich dem Paradigma sozialen Handelns verpflichten, sind zwar durch konsequente Betrachtungen sozialen Geschehens als Prozeß auch die aktiv gestalterischen Elemente sozialer Kontrolle in aller Deutlichkeit mit in das Blickfeld des analytischen Rahmens gekommen. Allerdings bleiben die Ausführungen von *Cooley*, *Mead* und auch des größten Teils ihrer Nachfolger im Interaktionismus einer mikrosoziologischen Ebene verhaftet, ohne theoretisch mögliche Schlüsse von dieser Ebene auf eine makrosoziale in genügendem Maße zu problematisieren [103]. Weiterführend ist, was die Verinnerlichung sozialer Kontrolle anbetrifft, die angeführte Arbeit *Shibutanis*, ohne daß aber in ihr etwa die so wichtige – weil aktive Einflußgrößen fassende – Kategorie der Macht einbezogen und ausgebreitet wird. Noch in den handlungstheoretischen Ansätzen, die *P. L. Berger* und *Th. Luckmann* im Rahmen ihrer weitgesteckten Wissenssoziologie vorlegen, wird das Problem der aktiven Gestaltungsmöglichkeiten durch soziale Kontrolle ganz zu einem Problem in der »intergenerativen Dimension« [104] und zu einem Problem der Legitimierung, d.h. einer sekundären Überhöhung der institutionalen Welt auf mehr oder minder theoretischer Ebene [105]. Im Zusammenhang mit letzterem schneiden die beiden Forscher die Machtfrage an, was ihnen Gewähr dafür sein soll, auch die Frage klären zu können, weshalb die *eine* und nicht eine andere aus konfligierenden Wirklichkeitsbestimmungen über die restlichen obsiegen kann [106]. Gerade in diesem Punkt erweist sich das Erklärungsangebot, das die Autoren machen, als zu kurz gefaßt. Macht als Möglichkeit, Einfluß zu nehmen, d.h. soziale Kontrolle durchzusetzen und soziale Prozesse damit lenken zu können, wird nicht von ihrem Ursprung hergeleitet, sondern wird als gegeben vorausgesetzt. Zudem sind die Ausführungen der beiden Forscher in bezug auf die Machtfrage erstaunlich ahistorisch [107]. Da Prozesse der Verteilung gesellschaftlicher Macht bzw. die noch eher anzusetzenden Prozesse der Entstehung von Macht in dem Zusammenhang nicht weiter auf ihre Grundlagen hin untersucht werden [108], kommt man nicht umhin zu konstatieren, daß auch *Berger* und *Luckmann* nicht wesentlich über das allgemein an den interaktionistischen Ansätzen kritisierte und zum Teil von den eigenen Vertretern bedauerte [109] »Machtvakuum« hinausgelangen. Die Unverzichtbarkeit der Kategorie der Macht zur Erklärung sozialer Einflußprozesse zwischen konkurrierenden Weltentwürfen wird zwar eingestanden, aber: »Es fehlt... die Ableitung der Macht und damit ein wesentliches Element einer allgemeinen Theorie sozialen Handelns« [110].

Wir meinen, daß die Kategorie der Macht unabdingbar mit der Betonung der Gestaltungsmöglichkeiten durch soziale Kontrolle verbunden ist [111]. Erst durch ihre Einbeziehung kann analytisch die Frage nach den Chancen durchzusetzender sozialer Kontrolle angegangen werden. Die Einbeziehung – nicht Auflösung – der Kategorie sozialer Macht in eine Theorie sozialer Kontrolle, die nach den bisherigen Feststellungen die Vorteile handlungstheoretischer Erklärungsmöglichkeiten nutzen sollte, halten wir aus diesem Grund für notwendig, genauso notwendig wie die Einbeziehung der Kategorie der sozialen Planung zur Ausgrenzung von Entwurfsaspekten sozialer Gestaltung. Daß beide Kategorien vereinbar sind mit dem Grundkonzept einer Theorie kommunikativen Handelns, zeigen in bezug auf Planung und gestalterischen Entwurf die Forschungen von *Goffman* [112], in bezug auf Macht die Tendenzen im Interaktionismus, Fragen politischer Macht und Ordnung in weitergehenden Bezugsrahmen zu thematisieren [113].

Die bedeutenden Zusammenhänge zwischen den Aspekten der Einflußmöglichkeiten und den Entwürfen des Einflusses werden in den verschiedensten Kontexten soziologischen Forschens hervorgehoben. Wir wollen deshalb in den nächsten Abschnitten die bisher erhobenen Vorschläge der vorgestellten Forschungsansätze im Hinblick auf machttheoretische und planungstheoretische Fragestellungen diskutieren.

3.4.1. Macht und soziale Kontrolle: Kritik der diskutierten Vorschläge

Bei den Autoren, die explizit mit der Machtkategorie arbeiten, findet sich – soweit wir sehen – keine akzeptable Erklärung der Entstehung von Machtbeziehungen [114]. Darüber hinaus zeigen die von uns aufgegriffenen Ausführungen, daß Unklarheiten darüber bestehen, was unter dem Begriff »Macht« im Rahmen soziologischen Forschens generell verstanden werden soll. Weitgehende Einigkeit besteht lediglich in den Grundpositionen: soziale Macht bedeutet die Möglichkeit der Steuerung sozialer Prozesse in eine von den Machthabenden angestrebte Richtung [115]. Gegen diese abstrakte Definition ließe sich einwenden, daß die Kategorie der Macht in dieser Fassung nicht sehr verschieden sei von der Kategorie der sozialen Kontrolle. Zudem wird durch die Annahme von Machthabe in nicht unproblematischer Weise zum Ausdruck gebracht, daß Macht so etwas wie ein »besitzbares Gut« ist [116]. Schließlich liegt der so zusammengefaßten Grunddefinition die Prämisse zugrunde – wenn auch weitgehend uneingestanden – daß sich Macht innerhalb »eines geschlossenen Systems« entfaltet, »in dem die Machtsumme konstant bleibt und Machtbeziehungen transitiv, also hierarchisch geordnet sind« [117].

Dem ersten Einwand ist zuzustimmen. Allerdings muß gesehen werden, daß die Kategorie der sozialen Kontrolle in den hier vorgetragenen Fassungen einen weitaus größeren Abstraktionsrahmen eröffnet als die Kategorie der sozialen Macht. Wie *Wrong* zurecht bemerkt, ist der Zugang zu einer Dimension sozialer Realität, der durch die Machtkategorie aufgeschlossen wird, enger als der vom Konzept sozialer Kontrolle eröffnete [118]. »Wir müssen zwischen den diffusen Kontrollen, die von einer Gruppe über sozialisierte Individuen ausgeübt werden, und den direkten und intendierten Anstrengungen einer spezifischen Person oder Gruppe, andere zu kontrollieren, unterscheiden« [119]. Dies muß unabhängig von der Tatsache geschehen, daß solche gerichteten und intendierten Beeinflussungen auch ungerichtete, unbeabsichtigte Einflüsse nach sich ziehen können und in der realen Interaktion auch wirklich nach sich ziehen. »Vielmehr denn eine Gleichsetzung von Macht mit allen Formen des Einflusses – nicht intendiertem wie auch intendiertem – scheint die Betonung der Tatsache hervorzuheben zu sein, daß die intendierte Kontrolle anderer wahrscheinlich eine Beziehung hervorbringt, in der der Machthaber unintendierte Einflüsse auf den Übermächtigten in einer Weise ausübt, die weit über das hinausgeht, was ersterer von Beginn an gewünscht oder anvisiert hat« [120].

In der von *Wrong* vorgeschlagenen Form des Machtkonzepts wird deutlich, daß die Kategorie der Macht die Prozesse von der sozialen Wirklichkeit abstrahieren hilft, die aktive, bewußt gerichtete Einflüsse von A (ein Individuum oder eine Gruppe) in Richtung B (ebenfalls ein Individuum oder eine Gruppe) darstellen. Diese Eingrenzung und Nutzbarmachung des Machtkonzepts für die Analyse sozialer Kontrolle innerhalb kommunikativen Handelns verfällt zudem nicht in den Fehler, Macht generell gleichzusetzen mit jedweder Art von gesellschaftlichem Einfluß, wovor *R. Bierstedt* mit Nachdruck gewarnt hat [121]. Macht – also die Ausübung eines gerichteten Einflusses von Handelnden in Richtung auf andere Handelnde – impliziert in der vorgeschlagenen Konzeption eine Beziehung zwischen Handelnden, die in den Verhältnissen aufeinanderbezogener Produktion der sozialen Welt ihren Anfang nimmt. Machtbeziehungen können »intercursive« oder »integral« sein, je nachdem, ob es durch

Gleichverteilung der Macht zu einer wechselseitigen Einflußnahme der Beteiligten untereinander kommt oder ob die Gestaltungsmöglichkeiten der Einflußnahme einer Seite zufallen, der sich die andere Seite beugt [122]. *Haferkamp* benennt als Entstehungsgrund sozialen Einflußhandelns, d.h. als Quelle von Beziehungen, in denen die eine Partei der Handelnden der anderen produzierte und geordnete Wirklichkeit ansinnen kann und die Übernahme dieser Wirklichkeit auch erreicht [123], die Produktion einer gewiß gewußten Welt »in einer Situation der Ungewißheit« durch Akteure, die in der Lage sind, den im Ungewissen gebliebenen diese institutionalisierte Welt anzusinnen [124]. »Eine solche asymmetrische Lage ist Voraussetzung dafür, daß Einfluß überhaupt zustandekommt« [125]. Zwang, körperlicher Aufwand, physische Manipulation etc. sind dann Wege der Einflußausübung, nicht Gründe des Einflußhandelns an sich [126]. »Die Entstehung, Wirksamkeit und Generalisierung von Einfluß kann demnach nicht auf eine besondere Kraft des Überzeugens, Zwingens oder was immer zurückgeführt werden... – das würde uns in sehr alte Mythologien zurückwerfen« [127]. Der Grund des Einflußhandelns ist vielmehr auf Gewißheitsdifferenzen geschilderter Art zurückzuführen, die dann auftreten, wenn zu den Produzenten der Wirklichkeit solche hinzutreten, die an dem ursprünglichen Vorgang der Institutionalisierung nicht teilgenommen haben, die sich deshalb nicht auf die erzeugten Gewißheiten stützen können, die vor allem auch bei der Verteilung der materiellen Grundlagen der Gewißheit und des Handelns zu kurz gekommen sind. Zugleich entstehen durch das Hinzukommen Dritter neue Interaktionsmöglichkeiten, die durch das Freiwerden jeweils von der direkten Interaktion entlasteter Instanzen entscheidungsfähig werden in bezug auf die Richtigkeit handlungsmäßiger Entäußerungen und die Korrektheit der Übernahme anderen zugemuteter Weltmuster. Dabei sind Koalitionen der Träger der ursprünglichen Gewißheit hochwahrscheinlich; denn »Kooperation ist notwendig... (und) naheliegend: ...(Die Träger der Gewißheit und der Machtmittel) haben sich gegenseitig *unmittelbar etwas zu bieten*: Stellvertretung, Schutz, Bestätigung« [128]. Darin ist das Kooperationsprinzip, das Prozessen der Machtbildung zugrundeliegt, begründet.
Die gängige Assoziation, daß Macht ein besitzbares Gut darstellt, ist sicherlich problematisch, zumal, wenn man sich vergegenwärtigt, daß Macht lediglich eine Abstraktion des Forschers wie auch des Handelnden in der Alltagswelt darstellt. Soziale Beziehungen, von denen gesagt wird (vermittelt oder unvermittelt), daß der eine »Macht habe« und der andere dieser »Macht unterworfen« sei, sind das Produkt der Abstraktionen der Alltagshandelnden und – aus anderer Perspektive – der Forscher [129].

Es muß aber gesehen werden, daß Machthandeln in der skizzierten Form auf der einen Seite Handelnde voraussetzt, die diesen Handelns mächtig sind, und auf der anderen Seite Handelnde annimmt, die gezwungen (aufgrund der fehlenden materiellen Mittel) oder bereit sind, Übermächtigungsverhältnisse einzugehen – abgesehen von Fällen physischer Manipulation, die einen Zwang oder eine tätige Bereitschaft der übermächtigten Partei nicht voraussetzt. In jedem Fall hat man aber von einer Kapazität der Mächtigen auszugehen. Diese Kapazität, beeinflussend handeln zu können, gibt die »Chance (an), innerhalb einer sozialen Beziehung den eigenen Willen auch gegen Widerstreben durchzusetzen« [130]. Zwischen dieser Kapazität und der tatsächlichen Ausübung von Macht besteht eine Differenz, die *Wrong* mit der Unterscheidung in »actual« und »potential« zu fassen versucht [131].

Er geht, wie wir, davon aus, daß Macht aus der Interaktion heraus begriffen werden kann. Dabei insistiert er darauf, daß Machtausübung nicht allein mit offenem Verhalten gleichgesetzt werden kann, sondern daß Macht eine Frage der Abstraktionen, der Typisierungen der in der Interaktion begriffenen Handelnden ist. *Wrong* deckt aufgrund dieser Überlegungen folgende Beziehung auf: »*Wenn* von einem Handelnden angenommen wird, er sei mächtig, *wenn* dieser weiß, daß andere diese Annahme vertreten, und *wenn* er diese Annahme bestärkt und beschließt, daraus Nutzen zu ziehen in der Form, daß er in die Aktionen anderer, die seinen Wünschen nicht nachkommen, eingreift oder diese bestraft, *dann* hat er wirklich Macht, und seine Macht wurde ihm tatsächlich durch die Zuerkennung anderer übertragen, vielleicht ursprünglich sogar ohne wirkliche Begründung« [132].

Wir beeilen uns hinzuzufügen, daß eine solche Sichtweise weit entfernt davon ist, bei der Analyse von Macht von den bloßen Vorstellungen, Einbildungen der Handelnden auszugehen. Diese sind zwar Anknüpfungspunkte der Analyse, immer schon mitbegriffen wird aber, daß solche Typisierungen Produkt in reale Lebensverhältnisse eingelassener produzierender und definierender Handelnder sind, die von der Unmittelbarkeit der Interaktion abgelöst auf die Produzenten zurückwirken. »Die Produktion der Ideen, Vorstellungen, des Bewußtseins ist zunächst unmittelbar verflochten in die materielle Tätigkeit und den materiellen Verkehr der Menschen, Sprache des wirklichen Lebens. ... Das Bewußtsein kann nie etwas anderes sein als das bewußte Sein, und das Sein der Menschen ist ihr wirklicher Lebensprozeß« [133].

Sind Machtbeziehungen einmal institutionalisiert, strukturiert und derart reproduziert, dann bestehen Tendenzen der Entfremdung der Handelnden von dieser strukturierten Welt. Das Bewußtsein der Menschen von dieser entfremdeten Welt »ist verdinglichtes Bewußtsein, und seine Gegenstände sind Verdinglichungen« [134]. Hierin kommt zum Ausdruck, »daß die Menschen ihre geschichtlichen Taten selbst vollbringen und mit Bewußtsein vollziehen. Es ist aber... (auf der Stufe der Verdinglichung) ein flasches Bewußtsein« [135]. Auf dieser Stufe, auf der Macht im Bewußtsein der Menschen zu einem Ding wird, das man »haben« kann oder nicht, auf der die Strukturierung und Verteilung der Macht als Gesetzlichkeit wahrgenommen wird, kann es auch zu einer innerlichen Leugnung der Macht kommen, obwohl man sich ihr äußerlich unterwirft. Die Analyse falschen Bewußtseins ist deshalb mit der Machtanalyse fest verbunden. »Wir können nicht vom Konzept des falschen Bewußtseins absehen, wenn wir die Tatsache erklären müssen, daß die Menschen oft gegen ihre eigenen Interessen handeln« [136].

Nach der Institutionalisierung und Übernahme von Einflußhandlungen, nach der Integration produzierter und definierter Weltteile zu Handlungssystemen »besteht... für den Handelnden nicht mehr die Frage, in welcher Weise er ›frei‹ handeln soll, sondern welche der im System bestehenden Handlungen er äußern will. Das gilt sowohl für den vordem Einflußhabenden wie für die Beeinflußten« [137]. Gleichzeitig aber – setzt man Prozesse der Arbeitsteilung und der Differenzierung der Handelnden voraus – entstehen »abgeleitete Einflußrelationen«, d.h. daß Einfluß »durch das System« ausgeübt wird: »Die relative Verschiedenheit bedeutet, daß die institutionalisierten Handlungen unterschiedlich verteilt sind, sei es als Eigenschaften oder als Fähigkeiten der Handelnden oder als ihnen zugeordnete Objekte. ... Die Verteilung der institutionalisierten Objekte wird zur Verteilung des Einflusses durch das System« [138].

An dieser Stelle wird deutlich, daß die Ansätze zur Erklärung und Analyse sozialer Macht im Zusammenhang mit Thesen zur sozialen Kontrolle, die von uns weiter oben besprochen wurden, nur beschränkt tauglich sind. Die dort angesprochenen Machtkonzepte begreifen Macht nur im System, im System geteilter und verfestigter Typisierungen, das allerdings Einfluß in ursprünglicher Form zu seiner Entstehung benötigt. Im Rahmen eines solchen Systems »können (die Bevorteilten) unter dem Aspekt sozial geteilter Bewertungen die andern belohnen oder bestrafen, kurz: sanktionieren, denn jene teilen ja die Bewertungen der Handlungen durch die ersteren« [139]. Solche Bewertungen können in bezug auf institutionalisierte Handlungen antizipiert und zur Grundlage des Eintretens in und des Durchhaltens von Tauschbeziehungen gemacht werden. Erst im Rahmen solcher integrierten Handlungssysteme kann folgerichtig angesichts abgeleiteten Einflusses von transitiven, d.h. hierarchisch strukturierten Machtbeziehungen gesprochen werden. Erst hier kann angesichts der geteilten Bewertungen und Zuschreibungen von Macht als besitzbarem Gut gesprochen werden. Erst hier kann in den vom System gesetzten Grenzen von einer Machtsummenkonstanz gesprochen werden – allerdings auch nur solange, wie keine neuen Impulse, keine neuen Produktionen in das System eingeführt werden. Letzteres ist jedoch zu jeder Zeit hoch wahrscheinlich; denn der Mensch als Gattungswesen wie als handelndes Subjekt hört nicht auf zu produzieren.

3.4.2. Planung und soziale Kontrolle: Kritik der diskutierten Vorschläge

Die vorstehenden Passagen haben gezeigt, wie wichtig die Entfaltung eines Machtkonzepts im Rahmen der Betonung der Möglichkeiten sozialer Kontrolle als aktiver Gestaltung sozialer Prozesse ist. Auch die Kategorie der sozialen Planung scheint Möglichkeiten der weiteren Durchleuchtung dieses Punktes zu liefern. »Die soziale Kontrolle ist... ein zentraler Bestandteil aller Prozesse der sozialen Integration« [140]. Besonders die intendierte und gerichtete Kontrolle der Gesellschaft im Hinblick auf ein gestecktes Ziel läßt sich unter die Kategorie der Planung fassen. *Mannheim* macht deutlich, wie soziale Kontrolle in ein gesellschaftliches Planungskonzept einzubeziehen ist. Schon die von *Ross* vorgenommene Ausbreitung des Kontrollkonzepts weist auf Planung hin. *Cooleys* Begriff der rationalen sozialen Kontrolle impliziert ähnliches. Bei allen drei Forschern ist bemerkenswert, daß sie Kontrolle durch Planung oder Planung durch Kontrolle abhängig sehen von Möglichkeiten der Durchsetzung sozialen Einflusses [141]. Soziale Planung wird als abhängig von einer gewissen sozialen Macht betrachtet. Wir erachten den so entworfenen Rahmen für ein Planungskonzept innerhalb der Analyse sozialer Kontrolle als zu eng. Er vernachlässigt Planungsprozesse in elementaren Interaktionen und blendet innerliche Planungsprozesse, die durchaus sozial vermittelt sind, aus. Soziale Planung wird in den Konzeptualisierungsversuchen dieser Forscher zur Gesellschaftsplanung, soziale Kontrolle zur geplanten Kontrolle. Diese Verengung gilt es aufzulösen.

Handlungsentwürfe finden sich in alltäglichen Situationen beispielsweise in der Selbstdarstellung sozialer Akteure. Planungen, also Handlungsentwürfe, machen einen Großteil der Inszenierung sozialen Verhaltens aus [142]. Sie sind wesentliches Voraussetzungsmoment für ein Gelingen des Rollenspiels, welches ohne sie auch nach Verinnerlichung der Erwartungen, die an die Rolle geknüpft sind, nur schwerlich erfolgreich abgewickelt werden könnte [143]. Solche Planungen setzen Kompetenz zur »angemessenen« Situationsdefinition und zur Selbstkontrolle voraus [144].

Diese Kompetenz ist Produkt von Soziabilisierungs- und Internalisierungsprozessen. Sie stellt die Mächtigkeit des sozialisierten Individuums dar, die – aus Einflüssen der Umwelt herrührend – befähigt, kontrolliert entworfene Einflüsse auf diese Umwelt zu nehmen [145]. Wie diese Mächtigkeit strukturell verteilt und gehandhabt wird in spezifischen Gesellschaften, hätten umfassende Gesellschaftstheorien zu erklären.
Die Anwendung der Fähigkeiten der geschilderten Art ist abhängig von Einflüssen, die durch das System institutionalisierter Muster vermittelt sind. Davon sind auch die betroffen, die anerkannt mächtig sind und die dadurch Durchsetzungschancen für Planungen haben, die viele betreffen. Planung ist in dem Sinne beschränkt durch augenblicklich reduzierte Komplexität der Welt [146]. Im Rahmen dieser reduzierten Weltkomplexität – im Rahmen gesellschaftlich konstruierter Wirklichkeit also – müssen Planung und auch die Frage nach der Rationalität der Planung gesehen werden. Von daher sind die Thesen von der rationalen Kontrolle durch planerische Intelligenz (*Cooley*) und von der planerischen Synthese vereinseitigter gesellschaftlicher Interessen durch die »freischebende Intelligenz« (*Mannheim*) nur von geringer Reichweite.
Planung muß in einem allgemeineren Sinne als projektives Handeln verstanden werden, das die Gestaltungsprämissen künftigen Handelns festlegt [147]. Eine Planung in sozialen Situationen vollzieht sich nicht losgelöst, abgehoben von der Basis gesellschaftlich geschöpfter, eingegrenzter und verarbeiteter Wirklichkeit. Planen ist somit ein kontrollierter Vorgang der Kontrolle des Zukünftigen. Soziale Planung begreift damit schon immer beides: die sozial vermittelte Kontrolle eigenen Handelns wie auch die Kontrolle sozialer Prozesse durch den kontrollierten Entwurf des eigenen Handelns. Erst ein in dieser Weise allgemeiner gefaßtes Konzept sozialer Planung kann für die Analyse aktiver Gestaltungsmöglichkeiten durch soziale Kontrolle nutzbar gemacht werden.

3.4.3. Kritik am Konzept einer »countercontrol«

R. T. LaPiere, dessen integrative Bemühungen um eine allgemeine Theorie sozialer Kontrolle bisher nur oberflächlich von uns berührt wurden, versucht mit seinem Konzept der »countercontrol« (die deutsche Übersetzung »Gegenkontrolle« trifft nur teilweise den komplexen Sinn dieses Begriffes), die aktive Seite sozialer Kontrollprozesse auf ganzer Breite zu erfassen. Nachdem er die determinierende Kraft und die Wirkungselemente sozialer Kontrolle minuziös beschrieben hat, entwickelt er folgenden Gedankengang: Der Außenlenkung des einzelnen durch die Einflüsse der Statusgruppen, die sich bis hinein in die Sphären der Persönlichkeit des Individuums ziehen, steht die aktive Einflußnahme des einzelnen oder von Gruppen auf ihre Umwelt gegenüber. »Man muß... die andere Seite dieser besonderen Münze bedenken. Es ist die quantitativ geringere Seite; aber sie ist der Teil des Ganzen, der in weitem Umfange für die Tatsache verantwortlich ist, daß die menschliche Gesellschaft immer und überall dem Wandel unterworfen ist. ... Gegenkontrolle ist die andere Seite der Münze; sie resultiert aus den kontinuierlich aber selten erfolgreich vorgenommenen Anstrengungen eines Individuums, Übermacht über die anderen Mitglieder einer Gruppe zu gewinnen... (etc.)« [148].

Mit diesem Konzept der Gegenkontrolle, das im einzelnen soziologische Konzepte aus der Macht- und Konflikttheorie aufnimmt und das schließlich verschiedene Formen, Voraussetzungen und Techniken der Gegenkontrolle auf mikro- wie makrosozialer Ebene beschreibt und zueinander in Beziehung setzt, gelingt es *LaPiere*, die Perspektive der Betonung der aktiven Gestaltungsmöglichkeiten durch soziale Kontrolle zweifellos zu erweitern. Sein Fehler liegt aber darin, diesen Aspekt gänzlich von seiner übrigen Theorie der Kontrolle durch Statusgruppen abzuheben. Um diese aktive Seite thematisieren zu können, muß *LaPiere* sein ansonsten deterministisches Konzept sozialen Verhaltens aufsprengen, indem er zur Erklärung der Entstehungsgründe von Gegenkontrollen und innovativen Handlungsalternativen die Hilfskategorie der sozialen Isolation einführt.

Aktive Einflußmöglichkeiten sind diesem Konzept nach auf die Freisetzung des einzelnen oder von Gruppen von sozialen Zwängen zurückzuführen [149]. Gegeneinflußnahme bzw. die Durchsetzung von Gegeneinflüssen werden abhängig von der Produktion sozialen Handelns in gesellschaftlichen Freiräumen gesehen. Es wird dabei theoretisch aber nicht erschlossen, woher diese Freiräume in konkreten Gesellschaften kommen sollen. Außerdem ist nicht zu sehen, welche Kräfte den einzelnen oder die Gruppe beim spezifischen Versuch einer Gegenkontrolle leiten, welche Kräfte solche Versuche vereiteln und welche Individuen oder Gruppen von den sozialstrukturellen Voraussetzungen her überhaupt in der Lage sein könnten, solche Versuche zu beginnen. Überhaupt muß die analytische Tragfähigkeit eines solchen Konzepts generell bezweifelt werden, da nur schwerlich genaue Anhaltspunkte dafür geliefert werden können, wann, wo und auf welche Weise eine Gegenkontrolle dem hier verwendeten Begriff nach überhaupt einsetzt. Das interaktionistische Paradigma weist die Verwobenheit der Kontrollprozesse in jeweiligen Interaktionen aus. Jeder übt diesem Paradigma zufolge Gegenkontrolle aus, indem er die Normen und Werte der Gruppe – gespiegelt über relevante Bezugspersonen – in sich aufnimmt, verarbeitet und durch diese Leistungen für andere wiederum einen Reflektor der normativen Standards darstellt. Nur: dem einen gelingt das besser als den anderen; der eine ist mächtiger als andere; der eine kann besser planen als andere; er kann seine Objekte besser als andere in bezug auf die Zukunft oder auf bestimmte Absichten hin manipulieren usw. Eine ertragreiche Theorie der aktiven Seite der sozialen Kontrolle hätte die Gründe und Bedingungen dieser Phänomene zu erschließen. Sie dürfte auf keinen Fall hinter die Erklärungsmöglichkeiten der weiter oben diskutierten theoretischen Ansätze zurückfallen, wie es der Versuch *LaPieres* offensichtlich tut [150]. Vor allem müßte eine solche Theorie integraler Bestandteil einer umfassenden Theorie sozialer Kontrolle sein, welche auch die anderen aufgezählten Aspekte umgreift und zueinander in Beziehung setzt. Eine solche Theorie existiert unseres Wissens bislang nicht.

3.5. Ansätze zu einem differenzierten Konzept sozialer Kontrolle

Die Diskussion, der wir uns bis jetzt mit aller möglichen Ausführlichkeit zugewandt haben, sollte verdeutlichen, daß bisher alle Versuche, sowohl eigenständige als auch in den Zusammenhang allgemeinerer Forschungsparadigmata gestellte soziologische Kontrolltheorien zu entwickeln, gescheitert sind. Zwar lassen sich aus den verschiedenen Ansätzen fruchtbare, für den Fortgang soziologischen Forschens wichtige Vorschläge und Problemlösungen entnehmen; es zeigen sich aber bei allen diesen Ansätzen auch Mängel, die es verbieten, einzelne Positionen ohne weiteres zu akzeptieren. Nach dem erreichten Diskussionsstand erscheint es ungerechtfertigt, von *dem* Begriff sozialer Kontrolle zu sprechen, da bereits auf der Ebene der Begriffsbildung erhebliche Unklarheiten, Differenzen und Nuancierungen zu konstatieren sind. Genauso ungerechtfertigt erscheint es, von *der* Theorie sozialer Kontrolle zu sprechen, da allenfalls verschiedene theoretische Ansätze zu verzeichnen sind, die untereinander große Divergenzen aufweisen. Wenn sich die Sozialwissenschaften unmittelbarer und problembezogener in ihrer Tätigkeit auf die vorgängige gesellschaftliche Praxis beziehen wollen, somit also selbst Bestandteile im Prozeß der Sozialkontrolle zu sein anstreben, dann müssen die eigenen Voraussetzungen wie auch die grundlegenden Bedingungen der jeweiligen Praxis geklärt und zu allgemeinen Rahmenkonzepten verarbeitet werden [151].
Unsere folgenden Vorstellungen zu einem solchen Rahmenkonzept der theoretischen Aufarbeitung von Prozessen gesellschaftlicher Kontrolle stellen einen ersten Versuch dar, verschiedene Kategorien der vorstehen-

den Diskussion zu einem allgemeinen begrifflichen Rahmen zu verarbeiten und abstrakte theoretische Zusammenhänge innerhalb dieses Rahmens aufzuzeigen. Wir wollen mit unseren Ausführungen einer Ebene verhaftet bleiben, die *Habermas* analytisch durch den Begriff des *kommunikativen Handelns* erschlossen hat [152]. Da die Zusammenhänge dieser Ebene mit der Ebene materieller gesellschaftlicher Produktion gesellschaftstheoretisch nur unzureichend bislang verdeutlicht worden sind, müssen wir diesbezüglich Beschränkungen bewußt in Kauf nehmen. Es wäre illusorisch, den Anspruch zu erheben, diese Zusammenhänge in unserem Konzept durchgängig zu entwickeln. Was in den Sozialwissenschaften lange Zeit versäumt wurde, kann nicht in einem Zuge nachgeholt werden. Anderes zu verlangen, wäre vermessen.

3.5.1. Soziale Kontrolle im kommunikativen Handeln – kommunikatives Handeln als soziale Kontrolle

Aus Gründen der spezifisch menschlichen Existenzweise, die auf einer Auseinandersetzung der Gattung mit der ihr gegenüberstehenden Natur wie auch des Subjekts mit der Natur, die in ihm selbst (biologisch) zum Ausdruck kommt, beruht [153], sind die Menschen auf jeder Stufe der gattungsgeschichtlichen Entwicklung gezwungen, bestimmte Verhältnisse einzugehen, durch die die unmittelbare Existenz wie auch der Fortbestand der Gattung gesichert werden. Diese Verhältnisse implizieren über die jeweilige Form und den Stand der materiellen Produktion und Existenzsicherung hinaus jeweils spezifische Formen und inhaltliche Ausfüllungen institutioneller Rahmen, die als Ordnungsgefüge mit normativer Kraft intersubjektive Handlungen steuern. Aus der anthropologischen Forschung ist bekannt, daß das menschliche Wesen »offen« und »plastisch« ist. Mit Offenheit ist gemeint, daß der Mensch »als Ersatz für ein ihn leitendes Instinkt-Umwelt-System eine ›künstliche Natur‹ braucht, vermittels derer ihm Ordnung vorgegeben ist: Kultur; mit ›Plastizität‹, daß er von hoher Aufnahme- und Anpassungsfähigkeit ist, so daß er potentiell jedem kulturellen System ›anformbar‹ wäre« [154]. Dieses äußere System der Sicherung und Stützung muß aus der Interaktion – über kommunikatives Handeln also – geschaffen und vermittelt werden. Die kooperativ handelnden Subjekte sind die Produzenten derartiger Systeme der Komplexitätsreduktion und der Außensicherung. Über diese sichernde und handlungsstabilisierende Funktion hinaus kommt dem jeweiligen institutionellen Überbau jedoch auch eine andere generelle Funktion zu: Er unterwirft die in ihm handelnden Subjekte bestimmten normativen Zwängen. Diese Zwänge bestehen allein schon im Anspruch der Ausschließlichkeit, mit dem normative Handlungsmuster sich dem einzelnen aufdrängen. Handfest werden diese Zwänge im Falle der Abweichung von Verhaltensobligationen: »Ein *abweichendes* Verhalten, das geltende Normen verletzt, löst Sanktionen aus, die... äußerlich, nämlich durch Konventionen, mit den Regeln verknüpft sind« [155].

Wie ist der Aufbau solcher institutionellen Zusammenhänge abstrakt vorzustellen? Von *Mead* haben wir erfahren, daß ein derartiger Aufbau bereits in elementaren Interaktionsprozessen zweier Individuen möglich ist. Über die zunächst lediglich spontane Entäußerung des einen und die Aufnahme und Widerspiegelung dieser Entäußerung durch das andere kommen beide zu wechselseitigen Sinngebungen und Bedeutungsformationen – zu Typisierungen, die in der wechselseitigen Verinnerlichung durch beide Individuen diese in ihren zukünftigen Handlungen leiten. Auf diese Weise werden schon in der elementaren Interaktion zu den natürlichen symbolische Umwelten geschaffen [156]. Symbolische Umwelten sind generalisierbar durch Medien. Die Sprache steht dabei an erster Stelle. »Sprache gründet in der Vis-à-Vis-Situation, kann aber leicht von ihr abgelöst werden... (So beginnt Sprache) erst, wo der vokale Ausdruck vom unmittelbaren ›Hier und Jetzt‹ isolierter subjektiver Befindlichkeit ablösbar geworden ist... Die Ablösbarkeit der Sprache gründet... in der Fähigkeit, Sinn, Bedeutung, Meinung zu vermitteln, die nicht direkter Ausdruck des Subjektes ›hier und jetzt‹ sind« [157]. Die Sprache ist dabei gleichzeitig das differenzierteste Instrument zur Systematisierung von Typisierungen.

Wie wirken Typisierungssysteme zurück auf die Ebene der Person? Wenn im Rahmen eines solchen Systems Akteure typisierte Handlungen ausführen, dann hat dies nicht zuletzt wichtige Konsequenzen für ihre Selbsterfahrung. Durch die gespiegelten Reaktionen der anderen beginnen sie sich zunehmend als Typisierte zu erfahren. Das heißt, daß, vermittelt durch den Interaktionsprozeß, von der Typik zusammenhängender Handlungen auf die Typik der ausführenden Person geschlossen wird. Derartige Schlüsse verdichten sich ihrerseits zu typischen Erwartungen der anderen, welche von der ausführenden Person übernommen und in das eigene Verhaltenskonzept umgesetzt werden. Über die motivationale Ebene der Person erfolgt auf diese Weise eine innere Kontrolle in bezug auf die von außen herangetragenen genaralisierten Typisierungen der anderen.

Diese Ausführungen sind zugegebenermaßen allzu global und wenig aussagekräftig. Sie sollten allerdings auch nur den theoretischen Bezugsrahmen, innerhalb dessen wir uns bewegen wollen, abstecken. Zu einzelnen Aspekten dieses Bezugsrahmens sind im Anschluß an symbolischinteraktionistische Fragestellungen differenziertere und – in der Aufnahme der neomarxistischen Diskussion – auch historisch konkretisierte Analysen vorgelegt worden. An dieser Stelle können wir lediglich darauf verweisen [157a]. Unser weiteres Anliegen kann nur sein, die Kategorie »soziale Kontrolle« innerhalb dieses allgemeinen Bezugsrahmens, der schon mehr oder weniger explizit von einer Reihe der oben vorgestellten kontrolltheoretischen Ansätze in Anspruch genommen wurde, auszubreiten und zu differenzieren. Soziale Kontrolle wird dabei von uns als *eine* spezifische Art sozialen – d.h. kommunikativen – Handelns verstanden. Da, wie *Haferkamp* zurecht bemerkt, soziales Handeln sich »auf vielen Ebenen« ereignet [158], erscheint es angebracht, derartige Handlungsprozesse, in denen sich soziale Kontrolle manifestiert, getrennt auf verschiedenen Ebenen zu untersuchen. Dies soll geschehen, ohne daß die Verbindungslinien zwischen diesen Ebenen außer acht bleiben. Eine Differenzierung solcher Ebenen – etwa nach den Quanten der in soziale Prozesse involvierten Handelnden – durchzieht die theoretische Soziologie. Die Untergliederung und Abgrenzung spiegelt die Forschungsintentionen der Forscher und gewissermaßen deren arbeitsteiliges Vorgehen wider. Indes sind stets Bemühungen zu verzeichnen gewesen, den Raum zwischen Mikro- und Makrosoziologie durch allgemeine Erklärungs- und Analyseschemata zu überbrücken [159]. Über die dabei erreichten Erfolge kann man geteilter Meinung sein [160]. Wir meinen aber, daß das von uns herangezogene Konzept kommunikativen sozialen Handelns geeignet ist, Prozesse sozialer Kontrolle auf verschiedenen Ebenen zu beschreiben und zu erklären. Eine Differenzierung der Ebenen wollen wir in Übereinstimmung mit *Haferkamp* hinsichtlich der Komplexität des Handelns vornehmen. Wir werden Prozesse sozialer Kontrolle auf der Ebene der »Zweiergesellschaft«, der »Kleingruppengesellschaft« und der »Mehrgruppengesellschaft« untersuchen [161].

3.5.2. Eine abstrakte Bestimmung der Prozesse sozialer Kontrolle im allgemeinen Modell sozialen Handelns

3.5.2.1. Prozesse sozialer Kontrolle im Modell dyadischer Interaktion

Soziales Handeln auf der Ebene der Zweiergesellschaft nennt *Haferkamp* »soziales Institutionalisierungshandeln« [162]. Institutionalisierungshandeln ist damit eine Unterkategorie sozialen Handelns. Es folgt dem Ablauf Produktion – Typisierung – Integration – Personalisation [163], der oben in allgemeiner Form konstruiert worden ist. Das heißt, um es kurz nochmals zu wiederholen: Soziales Handeln wird von Individuen hervorgebracht, zunächst als spontane Entäußerungen des einen, die – eingebracht in Interaktionen – von einem anderen aufgegriffen werden. Aus dem Bedeuten der Entäußerungen des einen Individuums durch das andere und aus der in der Erwiderung des letzteren hervorgebrachten Reaktion, die wiederum das eine Individuum aufgreift und bedeutet, gewinnt die ursprüngliche Entäußerung Egos für dieses ihren Sinn; erst jetzt wird Ego sich seiner Produktion bewußt, indem es in sich die Erwartung oder Einstellung alter Egos objektiviert [164]. Da dieser Prozeß wechselseitig zwischen Ego und alter Ego erfolgt, da wechselseitig eine Übernahme der Rollen stattfindet, gewinnen die Akteure geteilte Typisierungen produzierter Handlungen. Dadurch tritt eine Distanz zwischen die Produzenten und ihre Produkte, »so daß das Produkt zum Gegenstand des Bewußtseins wird« [165]. Die Typisierungen stellen eine eigene Wirklichkeit dar – losgelöst von den Hervorbringern. Die konstituierenden Elemente dieser Wirklichkeit stehen in Zusammenhängen miteinander. Diese Zusämmenhänge drängen sich den Handelnden auf, werden von ihnen übernommen und bilden sowohl ein Bewußtsein von den produzierten und typisierten Handlungen als auch von ihnen selbst als jemandem, der typisiert und typisiert wird [166]. Auf diese Weise gewinnt die sozial konstruierte Wirklichkeit eine Steuerungsfunktion gegenüber den Konstrukteuren, die sich jetzt unter ganz bestimmten Perspektiven auf die sie umgebenden materiellen wie immateriellen Objekte ausrichten, wobei diese Perspektive stets neu ver- und bearbeitet wird im Rahmen der Person. Denn kraft seiner Spontaneität ist der Handelnde in der Lage, neue Produktionen beizusteuern, die nach Übernahme und Reaktion eines anderen Handelnden nicht nur Veränderungen des objektivierten Wirklichkeitszusammenhanges bewirken, sondern auch Veränderungen der Perspektive des auslösenden Handelnden [167].

Ist aus der Interaktion von Ego und alter Ego eine gemeinsam geteilte Wirklichkeit hervorgegangen – d.h. haben die beiden Akteure die produzierten Handlungen wechselseitig typisiert, integriert [168] und internalisiert – dann kontrolliert diese institutionalisierte Wirklichkeit das Verhalten der Individuen zueinander und in bezug auf die in der jeweiligen Situation relevanten Objekte. »Durch die bloße Tatsache ihres Vorhandenseins halten Institutionen menschliches Verhalten unter Kontrolle« [169].

Diese Kontrolle ist soziale Kontrolle, weil sie aus der Interaktion der Handelnden hervorgeht, weil sie Folge von Prozessen der Produktion und Typisierung sozialen Handelns ist. Diese Kontrolle ist *primäre* soziale Kontrolle. Sie ist primär vor und »unabhängig von irgendwelchen Zwangsmaßnahmen, die eigens zur Stütze einer Institution eingesetzt werden« [170]. Die primäre Kontrolle ist wie die Systeme der Typisierungen, aus denen sie entspringt, zeitlich und sozial differenziert: die Kontrolle wächst und dehnt sich aus mit der Zunahme institutionalisierter Handlungen, sie betrifft unterschiedlich die Positionen der Akteure, je nachdem welcher Akteur welche Position einnimmt, und sie betrifft unterschiedlich die Verhaltensweisen der Akteure, ja nachdem welcher Akteur welches Verhalten äußert. Die Kontrolle wird wirksam, wenn die Akteure die objektive Wirklichkeit geteilter Typisierungen in ihr Verhaltenskonzept übernehmen, wenn diese zu ihrer subjektiven Wirklichkeit wird [171]. Objektiv gegeben ist diese Kontrolle jedoch schon vorher; denn die institutionalisierten Verhaltensmuster lenken das Verhalten »in eine Richtung... ohne ›Rücksicht‹ auf die Richtungen, die theoretisch möglich wären« [172]. Einmal etablierte Wirklichkeit hat auf diese Weise – unabhängig von den Intentionen ihrer Hervorbringer – die »Macht, Handlungen auszulösen« [173] und, so läßt sich ergänzend hinzufügen, Handlungen zu steuern. Diese kontrollierende Steuerung »erfolgt nicht nur (durch) eine kognitive Strukturierung dessen, was ›Wirklichkeit‹ darstellt, sondern auch (durch) eine normative. Typisierungen leisten nicht nur eine Beschreibung der von ihnen umfaßten Gegenständlichkeiten, sondern gleichzeitig vermitteln sie auch die ›Einstellungen und Handlungsmuster gegenüber diesen Objekten‹« [174].

Diese Steuerung vollzieht sich hauptsächlich in den quasi unbefragt bleibenden Ebenen des Bewußtseins der Handelnden [175]. Das Gegebene ist gewiß, es wird gewiß gewußt, ohne daß Nachdenken darüber in größerem Umfange nötig wäre. In dem Wissen der Akteure ist der von ihnen aus der Komplexität des Möglichen ausgegrenzte Weltausschnitt vergegenständlicht [176]. Dieses Wissen »objektiviert diese Welt durch Sprache und den ganzen Erkenntnisapparat, der auf Sprache beruht. Das heißt, es macht Objekte aus dieser Welt, auf daß sie als Wirklichkeit erfaßt werden« [177]. So werden Symbolsysteme – insbesondere die Sprache – zu Vehikeln sozialer Kontrolle. »Dabei ist immer zu berücksichtigen, daß die Sprache nicht mit der sozialen Kontrolle identisch ist, sondern daß sie sozialfunktional wird, indem sie die Funktion der sozialen Kontrolle erhält« [178]. Auf die Bedeutung, welche der sozialen Kontrolle durch Sprache im Hinblick auf die Generalisierung konstruierter Wirklichkeit zukommt, wird weiter unten noch eingegangen werden. Hier genügt es zunächst festzuhalten, daß nach erfolgter »Reduktion von Weltkomplexität« (*Luhmann*) das Gegebene, das nun wirklich Gewordene, die Macht hat [179], Verhalten zu kontrollieren. Durch die Hineinnahme dieser in Zusammenhängen sich darstellenden, faktisch gegebenen Wirklichkeit in die individuellen Verhaltenskonzepte wird die Kontrolle wirksam. Im Prozeß der

Internalisierung sozialer Kontrolle wird diese verändert, denn auf der Ebene der Person findet eine individuell spezifische Verarbeitung dieser Kontrolle statt. Die Verarbeitung folgt den Prozessen des Wechselspiels der gesellschaftlich überformten und der spontanen Komponente des Selbst. Durch die Möglichkeit der Handelnden, aufgrund ihrer Spontaneität stets Neues in jeweilige Situationen einbringen zu können, bleibt die einmal ausgesonderte Wirklichkeit, die nur durch die Kontrolle kraft ihrer Existenz abgesichert ist, niemals über lange Zeiträume unverrückbar.

Primäre soziale Kontrolle ist – verglichen mit anderen gesellschaftlichen Kontrollmethoden – nur begrenzt wirksam. Sie ist jedoch sehr flexibel. Jede von einem Akteur produzierte Handlung kann im Prozeß des Institutionalisierungshandelns verändernd auf die jetzt und so bestehende Wirklichkeit wirken. Damit ist gleichzeitig eine Veränderung der Kontrolle verbunden: sei es quantitativ, d.h. daß neue handlungssteuernde Typisierungen zu den schon vorhandenen hinzutreten und in bestimmte Stellen der bis dahin integrierten Typisierungssysteme eingelassen werden, sei es qualitativ, d.h. daß bestimmte neue Typisierungen an die Stelle alter treten. Veränderung hinsichtlich der Quantität sozialer Kontrolle würde bedeuten, daß mehr Welt in Wirklichkeit transformiert worden ist, daß damit aber auch die Freiräume zur beliebigen Produktion von Handlungen abgenommen haben. Veränderung hinsichtlich der Qualität hieße, daß in der praktischen Produktion der Handelnden inadäquate typisierte Weltteile fallengelassen würden, um durch neue ersetzt zu werden [180].

Ein Wandel der im Handeln ausgegrenzten Wirklichkeit vollzieht sich auf der Ebene des Institutionalisierungshandelns ständig, gleichsam zusammen mit den Bewegungen der Akteure, ihrer unablässigen Entäußerung. Als Quelle dieses Wandels haben wir oben schon verschiedentlich die den Individuen innewohnende Spontaneität bezeichnet. Kraft dieser Spontaneität sind die Akteure kooperativ dazu in der Lage, die selbst geschaffenen Fesseln zu sprengen. Allein das Produkt des befreienden Aktes schlägt seinerseits seine Hervorbringer wieder in den Bann, aus dem nur neue Produktionen sozialen Handelns herausführen können. In dieser endlosen Spiralbewegung erweist sich die Flexibilität sozialer Kontrolle. Einmal durch Produktion, Typisierung und Personalisation zu Tage gebracht, wechselt sie zwar ebenso wie die ihr zugrundeliegende Wirklichkeit ihre Gestalt, zu entfliehen ist ihr an sich jedoch nicht mehr, es sei denn durch physischen Exitus. Soziale Kontrolle ist in dieser Form nicht mehr aus dem Prozeß wegzudenken, in dem ein menschliches Subjekt in der Zusammenarbeit mit anderen eine Welt schafft und gleichzeitig »mit seiner Welt auf eine sehr spezielle Weise verbunden« [181] bleibt.

Führt man sich den Prozeß des Institutionalisierungshandelns konsequent vor Augen, dann kommt man zu der Feststellung, daß Ego durch die Übernahme der Typisierungen, die durch die explizite Reaktion alter Egos ausgelöst wird, zur Lenkung seiner Handlungen angehalten wird. Indem Ego sein ursprüngliches Handeln zu Bewußtsein kommt, kann es sich gleichzeitig – in der impliziten Reaktion auf alter Egos explizite – auf die Erwartungen einstellen, die alter Ego mit der Erbringung bzw. Wiedererbringung dieses Handelns verknüpft. Die primäre soziale Kontrolle, die von den Typisierungen ausgeht, wird auf der Ebene der Person zur Kontrolle, die auf Antizipation der Reaktionen des Interaktionspartners beruht [182]. Ego kann nun trotz des von Alter an es herangetragenen latenten Zwanges spontan reagieren und etwas Neues in die Situation einführen. Folgender weiterer Geschehensablauf wird dann denkbar:

1. Alter verzichtet auf eine explizite Thematisierung [183] des Wahrgenommenen. Egos Produktion läuft somit ins Leere. Diese Situation kann jedoch nicht von Dauer sein, da sonst die Gefahr besteht, daß die Interaktion auseinanderbricht.
2. Alter reagiert explizit auf Egos Produktion, worauf Ego – nach der Bewertung Alters Reaktion – sich zur Neujustierung seines Handelns gezwungen sieht [184]. Doch auch dieser Fall ist nicht von großer Reichweite, da auf der Ebene elementarer Interaktion bindende Festschreibungen von Bewertungen nicht zu erreichen sind. Vielmehr gerät das Interaktionssystem schon dadurch in Gefahr, daß eine explizite Thematisierung des Wahrgenommenen durch alter Ego erfolgt [185]. Diese Gefahr ist dadurch gegeben, daß Ego nach seinerseitiger Wahrnehmung der Reaktion Alters die Produktionsbeziehung verlassen kann, um sich anderen Objekten zuzuwenden.
3. Die dritte Möglichkeit des Geschehensablaufes – und dies ist die wahrscheinlichste – ist die, daß beide Akteure einander zu immer fortschreitender Anpassung an gezeigte Produktionen stimulieren können. Dieser ständig sich bewegende Prozeß ist so vorzustellen, daß eine neu eingeführte Produktion bei dem anderen Handelnden zur Erwartungsänderung führt und daß dessen Reaktionen ebenfalls mit neuen Produktionen durchsetzt sind, so daß der erste Handelnde nun seinerseits zur Erwartungsänderung gebracht wird [186]. Der so von beiden Seiten geförderte Prozeß ist nie auf Dauer einseitig, wie es die beiden ersten Modelle vorgeben, denn auf dieser elementaren Interaktionsebene sind beide Akteure aufeinander angewiesen. »...jeder der Handelnden (ist) voll in den Prozeß der Institutionalisierung eingeschaltet« [187].

Auf der Ebene des Institutionalisierungshandelns begegnet uns soziale Kontrolle auf den ursprünglichsten Stufen: mit den geschaffenen Institutionen ist sie da und wirkt über das Bewußtsein der handelnden Akteure. Gleichzeitig kann es schon zu Formen *manifester* Kontrolle durch das Gegenüber in der jeweiligen Interaktionssituation kommen. So können Alters explizite Reaktionen auf Egos Abweichung nach Manifestierung auf der Bewußtseinsebene Egos zu einer Neujustierung dessen Verhaltens führen. Diese manifesten Kontrollversuche sind aber – wie gesagt wurde – in elementaren Interaktionen wenig aussichtsreich, denn ein Einflußgefälle ist auf dieser Ebene nicht zu verzeichnen, da der eine sich seiner Wirklichkeit nur vermittels der Reaktionen des anderen sicher sein kann und umgekehrt [188].

Die reziproken Kontrollprozesse auf der Ebene elementarer dyadischer Interaktion haben beispielsweise *Laing* u.a. in ihrer Studie über interpersonelle Wahrnehmung [189] durchaus in der von uns angenommenen spiraligen Entwicklungsform (siehe oben Punkt 3.) bestätigt. Aus ihren Untersuchungen geht jedoch auch eindeutig hervor, daß das von uns skizzierte Modell nur als ein idealtypisches zu verstehen ist. Wollte man es auf die Realität anwenden, dann hätte man zu berücksichtigen, daß wentlich komplexere Variablen als die von uns bisher aufgeführten zu berücksichtigen sind. So wird es unzulässig sein, die besonderen Bedingungen jeweiliger Interaktionssituationen zu vernachlässigen. Genauso unzulässig wird es sein, Variablen der an der Interaktion beteiligten Personen (Geschlecht, Alter, sozialer Status, Sozialisationsniveau, ökonomische Position usw.) außer acht zu lassen. Es wird beispielsweise von bedeutenden Auswirkungen auf den Verlauf der Interaktion sein, ob sich die Interaktion in einer Situation der Zwangskommunikation (Polizeiverhör) oder in einer entspannten Atmosphäre (Feierabendgespräch unter Ehepartnern) entwickelt, wie die Tatsache, daß der eine Interaktionspartner mächtiger ist als der andere (Arbeitgeber vs. Arbeitnehmer, Erwachsener vs. Kind, Sozialarbeiter vs. Klient usw.). Diese Variablen, die wir als strukturelle Situations- und Persönlichkeitsvariablen bezeichnen wollen, gilt es, in konkreten Analysen und Erklärungsmodellen zu isolieren und auf ihre Wirkungen in jeweiligen konkreten Interaktionsdyaden zu untersuchen [190]. Dies können wir hier nicht leisten. Verwiesen sei in dem Zusammenhang aber auf die von uns kritisch diskutierten Annahmen der weiter oben dargestellten theoretischen Ansätze.

3.5.2.2. Prozesse sozialer Kontrolle im Modell der Kleingruppeninteraktion

Kommen neue Handelnde zu der Interaktionsdyade, die bisher Gegenstand unserer Betrachtungen war, hinzu, dann ergeben sich entscheidende Veränderungen hinsichtlich der Formen und der Richtungen sozialer Kontrolle. »Daß Verhältnisse zu zweien überhaupt als solche spezifische Züge haben, zeigt nicht nur die Tatsache, daß der Zutritt eines dritten sie ganz abändert...« [191]. Die Zweierbeziehung ist von inniger Intimität: ein jeder kann sich nur mit Hilfe des anderen entfalten. Wird diese Beziehung durch das Auftauchen neuer Elemente erweitert, dann kann man, wie *Simmel* es tat, feststellen: »Je umfänglicher eine Gemeinschaft ist, desto leichter bildet sich einerseits eine objektive Einheit über den Einzelnen, und desto unintimer wird sie andererseits; diese beiden Züge sind innerlich verbunden« [192]. Auf der Ebene elementarer Interaktion sieht es nach der Produktion, Typisierung und Personalisation sozialen Handelns so aus, daß der eine Handelnde »die Reaktion des Anderen ebenso vorwegnehmen kann wie dieser wiederum dessen Antizipation: die Identität von Bedeutungen konstituiert sich... durch die Erwartung einer Reaktion, in der die... (Interaktionspartner) selber übereinstimmen, d.h. in der Intersubjektivität von Verhaltenserwartungen« [193]. Die Handelnden sind sich auf diese Weise einer ausgegrenzten Wirklichkeit bewußt, sie kennen sie, sie sind sich ihrer gewiß, sie wissen, daß sie sich ihrer gewiß sein können [194]. Dadurch haben die beiden Akteure Vorteile gegenüber hinzutretenden Handelnden, die sich in dieser spezifischen Situation noch auf keine gewiß gewußte Wirklichkeit berufen können. Die einen sind sicher, die anderen sind es nicht. Dadurch werden Stimulierungs- und Einflußrichtung sozialen Handelns programmiert. Die in der ursprünglichen Interaktion institutionalisierte Wirklichkeit wird im Vollzug der Interaktion der »gewissen« Handelnden mit den »ungewissen« auf diese übertragen. *Haferkamp* nennt dieses Handeln »soziales Einflußhandeln« [195]; es bezeichnet zugleich die erste Stufe der Generalisierung geschöpfter Wirklichkeit.

Vom neu hinzutretenden Individuum aus gesehen stellen sich Prozesse des Einflußhandelns so dar, daß der Neuling in eben dieser Position mit einer neuen Wirklichkeit konfrontiert wird. Dieser Situation ist der einzelne mehrfach im Leben ausgesetzt. »Mit den verschiedenen Positionen, die der Einzelne im gesellschaftlichen Arbeits- und Interaktionsprozeß einnimmt, wird er immer neuer Ausschnitte des gesamtgesellschaftlichen Wissensvorrates teilhaftig« [196]. In solchen Situationen »betritt« der einzelne eine neue »Sinnwelt« (*P. L. Berger/Th. Luckmann*). Der einzelne übernimmt die für ihn in der neuen Situation relevante Sinnwelt. Daß das nicht immer ohne Konflikte für das Individuum selbst wie für seine Umgebung abgeht, badarf keiner besonderen Betonung. Auf jeden Fall setzt eine solche Relation, in der der Neuling als Beeinflußter die ihm zugemutete Wirklichkeit übernimmt, die Bereitschaft zu handeln beim neu Hinzukommenden voraus [197].

Von den beeinflussenden Handelnden aus gesehen bedeutet die neue Situation, die durch einen hinzutretenden Handelnden ausgelöst wird, daß sie als Handelnde, die sich ihrer Wirklichkeit gewiß sind, Einfluß haben gegenüber dem Neuling. Sie können durch ihre Produktionen diesem ihre Typisierungen übertragen. Der Einfluß bzw. die Macht, Einfluß zu üben, ergibt sich – wie wir schon oben [198] erwähnten – aus den auftretenden Gewißheitsdifferenzen zwischen den Handelnden. Tritt nun ein einflußreicher Handelnder einem anderen gegenüber, dann kann er – setzt man den Zustand der Ungewißheit beim anderen voraus – einigermaßen sicher sein, daß dieser seine produzierten Handlungen typisiert und in sein Verhaltenskonzept übernimmt [199]. In dieser Situation hat der Einflußhabende die Möglichkeit der Gestaltung der Kontrolle; denn er kann durch seine Produktionen bestimmen, wie und in welcher Weise die ihm gewisse Wirklichkeit auf den anderen und eventuell weitere andere verteilt wird. Zu dieser Kontrolle der Verteilung kommt noch eine weitere Kontrolle hinzu. »Es ist... zu bedenken: Wenn ego auch die getreue Übernahme der Institutionalisierung durch alter erwarten darf, so besteht für ihn doch noch das Erfordernis einer gewissen Kontrolle der Reaktion alters, soll ihm die Übernahme durch alter zur Gewißheit werden« [200].

Diese zusätzliche Kontrolle ist von einer *anderen* Qualität als die bisher behandelte. Haben wir bisher nur von den latenten Kontrollen gesprochen, die von der produzierten Wirklichkeit ausgehen und die Ego und alter Ego in ihr Verhaltenskonzept übernehmen, um dadurch ihr Verhalten zu steuern, sind die manifesten Kontrollen, die in der äußeren Reaktion eines das Handeln des Gegenübers mißbilligenden Interaktionspartners und in der Übernahme der Mißbilligung durch den getadelten Interaktionspartner zum Ausdruck kommen, bisher nur am Rande erwähnt worden, so gilt es jetzt, unseren Gesichtsbereich weiter auf die bislang vernachlässigten Aspekte zu lenken. Folgendes Modell läßt sich für die soziale Kontrolle in triadischen Interaktionszusammenhängen entwickeln:

1. Der neu hinzukommende Handelnde wird durch die ihm übertragenen Typisierungen äußerlich geleitet.
2. Durch die Übernahme der zu Systemen integrierten Typisierungen steuert der Neuling sein Verhalten in der ihm zugemuteten Weise.

3. Der Neuling steht dabei unter der Beobachtung mindestens eines der beiden ursprünglichen Wirklichkeitsträger. Diese Beobachtung richtet sich darauf, ob der Beeinflußte auch die Produktionen erbringt, die von ihm erwartet werden.
4. Bei steigender Wahrscheinlichkeit, daß der beeinflußte Handelnde abweichende Produktionen hervorbringt – denn der »ursprüngliche Sinn der Institutionen ist... (ihm) unzugänglich« [201] – steigt die Wahrscheinlichkeit einer manifesten, ausgesprochen mißbilligenden Reaktion eines der ursprünglichen Handelnden im tatsächlichen Fall einer solchen Abweichung:
   a) deshalb, weil für die ursprünglichen Produzenten die »Wirklichkeitsdichte« der von ihnen ausgegrenzten Welt in Akten ihrer Vermittlung zugenommen hat [202], was Abweichungen von dieser Wirklichkeit um so deutlicher hervortreten läßt, und
   b) deshalb, weil sich ein Interesse derjenigen, die an der ursprünglichen Institutionalisierung beteiligt waren, entwickelt, »die Institution zu erhalten« [203].
5. Aufgrund des konservativen Interesses der ursprünglichen Handelnden ist eine kooperative Front von ihrer Seite gegenüber dem Störenfried zu erwarten [204]. Ihr gemeinsames Interesse, gegen die Abweichung des Störers vorzugehen, die ihnen subjektiv als Störung des von ihnen institutionalisierten Ordnungssystems erscheint, erhöht ihre Organisationsfähigkeit [205]. Der Störer hingegen ist gegenüber dieser Übermacht gezwungen, sich zu fügen; denn er wäre hilflos, würden sich die anderen personaler Gewalt bedienen. Erst angesichts des hier konstruierten Ablaufs wird es erklärlich, weshalb eine einmal hervorgebrachte, objektivierte Wirklichkeit auf einer ersten Stufe generalisiert und verbindlich gemacht, d.h. durchgesetzt werden kann.

Hat sich Handeln auf generalisierter Ebene – etwa in Kleingruppenzusammenhängen – eingespielt, dann sind Kontrollkoalitionen, wie sie eben beschrieben wurden, wechselbar. Die Handelnden sind in gewisser Weise abhängig geworden von der von ihnen konstruierten bzw. von der auf sie übertragenen Wirklichkeit. Außerdem sind die Handelnden abhängig voneinander, und zwar so, daß jeder Handelnde abhängt von *beiden* anderen [206]. Zukünftig wird es gleich sein, wer von den Gruppenmitgliedern abweichende Produktionen zeigt. Werden dadurch die Interessen der anderen am »so und nicht anders« verletzt, so hat der Abweicher mit einer Sanktionierung durch mindestens einen der anderen Handelnden zu rechnen. Solche Sanktionen sind institutionalisierte Handlungen, deren Bewertung innerhalb der Gruppe geteilt ist, bei denen also »die Bedeutung und Bewertung des Empfängers zuverlässig (vom Sanktionsabsender) antizipiert werden kann« [207].

Sowohl die Sanktionen als auch die Reaktion beim Sanktionsempfänger werden von dem jeweiligen interessierten Dritten – d.h. jetzt von dem, der zwar noch situationsbezogen handelt, der aber möglicherweise nur vermittelt etwas mit der abweichenden Produktion eines der anderen Handelnden zu tun hat – beobachtet bzw. können potentiell Gegenstand seiner Aufmerksamkeit werden. Der Dritte kann aber auch ganz und gar fiktiv bleiben, etwa wenn einer der Handelnden in einer eigentlich schon wieder zur Dyade geschrumpften Beziehung seine besonders »kriegerischen und tapferen Ahnen« bemüht, um seine Ordnungsansprüche durchzusetzen [208].

Kommen reale Koalitionen zwischen dem Dritten und einen anderen zustande, dann beruhen sie auf dem »Gegenseitigkeitsprinzip«: »Ich erkenne nicht nur meinen Anspruch an, sondern auch den Anspruch des anderen, der meinen anerkennt. – Weil ich den anderen anerkenne, bin ich im Recht; weil der andere mich anerkennt, ist er im Recht. – Weil der andere mich anerkennt, wie ich ihn anerkenne, und ich ihn, wie er mich, sind unsere Ansprüche in *unserem* Recht begründet« [209]. Da die, die eine Koalition eingegangen sind, die gleichen Interessen an der Durchsetzung ihrer Ordnungsvorstellungen haben, ist es gleich, wer von ihnen die Sanktionierung ausführt. Der Dritte wirkt als Bestätigung dieser Sanktion. Seinen bestätigenden Wirkungen ist es zuzurechnen, daß der Sanktionsempfänger gezwungen wird, die Sanktionen zu übernehmen und in seinem Bewußtsein zu manifestieren.

Ein anrufbarer Dritter – mag er auch nur fiktiv sein – stellt eine Entscheidungsinstanz dar, die die Erwartungen der Gruppenhandelnden verbindlich machen kann. Bei Kollisionen zwischen zwei Handelnden fungiert er zunächst als prinzipiell anrufbarer Unparteiischer – er wird zum Schiedsrichter aufgrund seiner Interessenlage [210]. Seine Entscheidung ist bindend für den von ihr betroffenen Handelnden.

Durch dieses Modell kann erklärt werden, weshalb trotz erhöhter Wahrscheinlichkeit abweichender Produktionen aufgrund des Hinzutretens neuer Handelnder in Beziehungen, die über die Dyade hinausgehen [211], der Wandlungsprozeß solcher Handlungssysteme wesentlich verlangsamt ist gegenüber denen auf der Ebene des Institutionalisierungshandelns. Dadurch, daß auf der Ebene elementarer Interaktion keine bindende Richtinstanz vorhanden ist, haben die innovativen Produktionen der Handelnden im Prozeß der ständigen wechselseitigen Reaktion die Chance, ständig typisiert und in entfaltete Typisierungssysteme eingelassen zu werden. In Interaktionen von mehr als zwei Handelnden wird diese Chance dadurch geschmälert, daß koalierende Handelnde, die kein Interesse an der Innovation zeigen, auf der »richtigen« Erbringung der Produktion durch einen weiteren Handelnden beharren können. Die Kontrolle, die vorher schon bei der Handlungsübertragung stattfand, wirkt jetzt im System der Handelnden fort [212]. Dennoch ist auch auf dieser Ebene sozialer Wandel möglich und sogar die Regel. Schließlich sind auch Koalitionen zwischen dem Innovator und dem Dritten vorstellbar, etwa wenn die neu eingeführte Handlung der praktischen Produktion des Dritten besser entspricht als die bisher bestehende. Allerdings ist in einem solchen Fall die Organisierung des gemeinsamen Interesses zwischen Innovator und Drittem wesentlich schwieriger als in den Situationen, in denen die Organisierung der Interessen der Handelnden am Bestehenden orientiert ist [213].

Was die Bildung von Koalitionen und die Dynamik von Machtprozessen aufgrund von Koalitionsbildungen in Dreipersonengruppen angeht, scheinen die Ergebnisse einer Kleingruppenuntersuchung von *Th. M. Mills* eine Reihe unserer Annahmen zu bestätigen. So zeigte sich bei den Beobachtungen, daß jeweils die beiden aktivsten Mitglieder der Experimentalgruppierungen sich im höchsten Ausmaß Unterstützung gewährten, eine solidarische Haltung gegenüber dem Außenseiter bezogen und um so stärker koalierten, je schwächer die Stellung des anderen Mitglieds wurde. Die Ergebnisse zeigten jedoch auch, daß im Konfliktfall zwar die Stellung des aktivsten Mitglieds am ungefährdetsten war, die Stellungen der anderen Mitglieder aber zunehmend fluktuierten [214]. Aus der letzteren Feststellung geht hervor, daß sozialer Wandel – trotz der eingeschränkteren Entwicklungsmöglichkeiten auf dieser Ebene der Interaktion – wenigstens im allgemeinen Konfliktfall möglich und sogar wahrscheinlich ist. Unzweifelhaft scheint das Bestehen einer Wahrscheinlichkeit der Ausbildung von internen Machtstrukturen zu sein, die im Regelfall zum Nachteil des jeweils isolierten Mitglieds gereichen. Weniger wahrscheinlich ist die Möglichkeit, daß sich ein »drittes« Mitglied auf Kosten der anderen mit Vorteilen versorgt.

Ein Gruppenexperiment von *O. J. Harvey* zur Erforschung der Statusbeziehungen in informellen Gruppen, bei dem über die formalen Kriterien der Interaktion hinaus auch die oben bereits zur Einbeziehung empfohlenen strukturellen Persönlichkeitsvariablen im Vordergrund standen, zeigt demgegenüber, daß im Zusammenhang mit dem Status des einzelnen durchaus Machtzentralisierungsprozesse zugunsten eines hoch bewerteten Gruppenmitgliedes stattfinden können [215]. Klar wird aus gerade diesen zum Teil widersprüchlichen Ergebnissen empirischer Forschungen, wie schwer die Nachprüfung der hier aufgezeigten grundlagentheoretischen Zusammenhänge zur Sozialkontrolle ist, wenn die jeweils verwendeten Kategoriensysteme nicht genügend spezifiziert sind und wenn die Voraussetzungen des Messens in der sozialen Wirklichkeit nur ungenügend bestimmt sind.

3.5.2.3. Prozesse sozialer Kontrolle im abstrakten Modell komplexer Gesellschaften

Das bisher Skizzierte reicht nicht aus, um Prozesse sozialer Kontrolle in differenzierten Gesellschaften vollständig analysieren und erklären zu können. Kontrollprozesse wurden bislang nur innerhalb intimer Produktionsprozesse und im Rahmen überschaubarer Handlungssysteme untersucht. Hier ist zu fragen, wie es zur Kontrolle zwischen Gruppen kommt und auf welche Weise solche Kontrollen ablaufen. Dazu ist zunächst die Frage zu stellen, wie es überhaupt zur Generalisierung von Typisierungssystemen kommt, zu Generalisierungen, die ganze Großgesellschaften einschließen können. Das soll nicht heißen, daß unsere bisherigen Analyse- und Erklärungsversuche untauglich sind, soziale Kontrolle theoretisch auf großgesellschaftlicher Ebene zu begreifen. Auch auf dieser Ebene bestehen kleinere und kleinste Gruppierungen nebeneinander fort, in denen Kontrollprozesse in der beschriebenen Weise stattfinden. Hier kommt es darauf an, die Kontrollprozesse in den Griff zu bekommen, die die einzelnen Gruppen übergreifen.

Zunächst ist davon auszugehen, daß Handelnde in ihren Aktionen die Gruppengrenzen durchbrechen, um sich auf andere Handelnde zu richten, die in anderen Gruppen existieren. Diese Gruppen sind bereits als bestehend wahrgenommen, typisiert, in den gruppenspezifischen Sinnzusammenhang eingereiht und in die Handlungskonzepte der Handelnden der jeweiligen Gruppe übernommen worden. Das erweiterte Typisierungssystem, das sowohl die gruppeneigene als auch die gruppenfremde Wirklichkeit umschließt, wird somit als Inklusivsystem entworfen [216]. Je allgemeiner der Entwurf eines solchen Inklusivsystems ist, desto mehr Subsysteme – d.h. Handlungssysteme verschiedener Gruppen – können darin eingeschlossen, desto mehr Umweltkomplexität kann reduziert werden. »Die Umwelt ist stets komplexer als das System. Im System muß deshalb geringere Komplexität entsprechend geordnet werden, damit auf Unabsehbares absehbar reagiert werden kann, und davon wiederum hängt ab, wie komplex die für das System bestimmbare, relevante Umwelt sein kann, auf die das System reagiert« [217]. Das impliziert Planung in einem sehr weiten Rahmen.

Angesichts des Allgemeinheitspostulats der Konstruktion von Inklusivsystemen kommt man auf dieser Stufe nur weiter, wenn man annimmt, daß Handelnde in der Lage sind, solche allgemeinen Systeme zu institutionalisieren. Bestätigt sich diese Annahme, dann kann auch erklärt werden, weshalb eine Generalisierung sozialen Handelns auf viele Gruppen möglich ist. Forscher wie *Segerstedt, Berger* und *Luckmann* und *Haferkamp* sehen in der Konstruktion von Sprache, von Recht oder von ganzen symbolischen Sinnwelten Möglichkeiten zur Schaffung solcher allgemeiner Inklusivsysteme. Inklusivsysteme, die in solcher Art geschaffen sind, können durch Handelnde in der Interaktion mit Handelnden anderer Gruppen übertragen werden. »...institutionalisierte Inklusivsysteme (können beispielsweise) von... Überschneidungsstellen (zwischen Gruppen) her in die beteiligten Systeme ausufern« [218]. Sie können aber auch dadurch übertragen werden, daß Träger von institutionalisierten Inklusivsystemen sich mit bestimmten Intentionen (beispielsweise mit dem Ziel der Übermächtigung) anderen Gruppen zuwenden oder daß die Träger von Inklusivsystemen die Unsicherheit anderer Gruppen in bestimmten Situationen ausnützen. Bei dieser Betrachtung stößt man dann sehr rasch auf die Frage, welches von konkurrierenden Inklusivsystemen sich gegenüber anderen durchsetzen kann und wird.

Die Generalisierung von Inklusivsystemen muß sowohl zeitlich wie sozial erfolgen, will man vermeiden, daß jede neue Generation von Handelnden den Institutionalisierungsprozeß von vorn beginnt. Die soziale Generalisierung vollzieht sich über Einfluß wie schon auf der Ebene des Einflußhandelns. Die Frage, welche Wirklichkeitsbestimmung und Systematisierung sich durchsetzt, welche Wirklichkeit anderen Gruppen als Kontrolle oktroyiert werden kann, ist ganz eine Frage der »Allgemeinheit der verschiedenen Entwürfe« [219]. Je mehr Konkretisierungen ein System in bezug auf die praktische Produktion verschiedener Gruppen erlaubt, desto größer ist seine Reichweite und desto größer ist auch die Wahrscheinlichkeit, daß die, die das System übernehmen, es auch weiterreichen: »der Prozeß der Übertragung von Handlungssystemen setzt sich nach außen so lange fort, wie die Systemsprache noch weitere Konkretisierungen erlaubt, die von den Handelnden, denen sie zugemutet werden, durch ihre eigenen Institutionen nicht aufgehoben werden können« [220]. Durch die Übernahme der ihnen angesonnenen Wirklichkeit stehen die Handelnden unter Kontrolle, die latent von außen wie vom Inneren der Handelnden her wirkt und Interaktionen und dort stattfindende Produktionen steuert.

Ist einmal dieser Zustand erreicht, dann muß einerseits von den am Fortbestand dieses Zustandes Interessierten Vorsorge dafür getroffen werden, daß alternative Handlungsproduktionen sich nicht durchsetzen; auf der anderen Seite muß darauf geachtet werden, daß das Inklusivsystem auch weitervermittelt wird, insbesondere an nachfolgende Generationen. Als ein erster Schritt in diese Richtung sind Prozesse der Legitimierung zu verstehen [221]. »Sie (die Legitimation) produziert eine neue Sinnhaftigkeit, die dazu dient, Bedeutungen, die ungleichartigen Institutionen schon anhaften, zu Sinnhaftigkeit zu integrieren. Die Funktion dieses Vorganges ist, ›primäre‹ Objektivationen, die bereits institutionalisiert sind, objektiv zugänglich und subjektiv ersichtlich zu machen« [222]. Die höchste Stufe solcher Legitimierung stellen »symbolische Sinnwelten« dar, wie *Berger* und *Luckmann* sich ausdrücken. Eine »symbolische Sinnwelt (stellt) eine umfassende Integration aller isolierten institutionellen Prozesse... (dar). Die Gesellschaft als ganze hat nun Sinn« [223]. Ist mit der Zunahme der Handelnden, die einer generalisierten Wirklichkeit verpflichtet sind, auch eine Zunahme der Möglichkeiten für Abweichungen von dieser Wirklichkeit gegeben [224], so ist die »Legitimation der institutionalen Ordnung... also mit der ständigen Notwendigkeit konfrontiert, ein Chaos in Schach zu halten« [225]. Zugleich müssen aber auch Kontrollen etabliert werden, die ein Infragestellen der Legitimation verhindern [226].

Legitimierung bedeutet jedoch nur einen ersten Schritt. Zugleich muß das aktuelle Verhalten der im Rahmen von Inklusivsystemen Handelnden kontrolliert werden, damit die Geltung dieses Systems auf der ganzen Breite der in Gruppen handelnden Akteure garantiert bleibt. Weiterhin müssen neue Generationen von Handelnden in die etablierte Welt »richtig« eingeführt werden. An dieser Stelle spielen auch auf dieser Ebene wieder Sonderparteien eine Rolle. Solch eine Sonderpartei ist von uns auf der Ebene des Einflußhandelns in kleinen Gruppen schon hervorgehoben worden. Es war die Partei der »Dritten«. Auf der hier angesprochenen Ebene gilt es, diesbezüglich einige Erweiterungen vorzunehmen.

Die Einstimmung und Kontrolle neuer Generationen erfolgt im Prozeß der Sozialisation. Die Prozesse der Personenentfaltung und der Personeneingrenzung haben wir oben ausführlich beschrieben, so daß wir uns jetzt mit einem Verweis begnügen können [227]. Für unsere Betrachtung hier ist wesentlich, daß Prozesse der sekundären Sozialisation, die eine Einführung der neuen Generation in Subsysteme sozialen Handelns leisten, die die Verteilung typisierten, integrierten und generalisierten Handelns in »angemessener« Weise leiten sollen, gesellschaftlich institutionalisiert und Spezialisten übertragen werden. Diese Spezialisten beziehen ihre Legitimation daher, daß sie Träger eines Spezialwissens sind, welches auf den entsprechenden Subsystemen sozialen Handelns aufruht [228]. Im Rahmen der Prozesse der sekundären Sozialisation wird die Kontrolle der Verteilung gesellschaftlichen Wissens und damit der in den Inklusiv- und Subsystemen zusammengefaßten Typisierungen auf das höchste verfeinert, und zwar in einer Weise, die im Rahmen primärer Sozialisation nicht zu leisten wäre [229].

Im Gegensatz zu den Agenten der Sozialisation, die latente Kontrollen in Form von Wissen über die institutionale Ordnung und in Form von Sprache, in der dieses Wissen objektiviert ist, an die von ihnen Beeinflußten vermitteln, steht eine andere Gruppe von gesellschaftlichen Kontrollspezialisten: die, denen die manifeste Kontrolle über die Reproduktion sozialen Handelns übertragen ist. Man darf annehmen, daß mit der Generalisierung sozialen Handelns über verschiedene Gruppierungen hinweg auch solche Handelnde oder Gruppen von Handelnden in die »oktroyierte Ordnung« ganz beträchtliches »Interesse investieren« [230]. *Popitz* konnte das an einem illustrativen Beispiel sogar für diejenigen nachweisen, die am Ende – also in der untersten Position – von Machthierarchien stehen [231]. Ist dieses Interesse einmal gesichert, dann üben solche, die ihr Interesse auch unter antagonistischen Bedingungen einsetzen, eine »Polizeifunktion« aus, indem sie zur Durchsetzung entworfener Inklusivsysteme, damit zu deren weiterer Verbreitung und Beachtung beitragen. »Man darf erwarten, daß solche Rollen dritter Parteien in komplexen Sozialsystemen strukturell spezialisiert und von anderen abgegrenzt auftreten; in einfacheren Systemen werden solche ›Polizeifunktionen‹ vielleicht zusammen mit anderen Funktionen ausgeübt« [232]. Je mehr Subsysteme ein Inklusivsystem umgreift, desto schwieriger wird gleichzeitig für die Schöpfer der umgreifenden Ordnung die Kontrolle der Einhaltung dieser Ordnung selbst zu leisten sein. *F. Sack* kommt deshalb zu dem Schluß: »...je arbeitsteiliger eine Gesellschaft organisiert ist, desto größer ist die Wahrscheinlichkeit eines Zwangsapparates zur Durchsetzung von Normen, desto größer also das Auftreten von repressiven Institutionen in der Gesellschaft« [233]. Diese Institutionen grenzen ihreseits einen eigenen Wirklichkeitsbereich aus, der mit anderen Wirklichkeitsbereichen und deren Vertretern in Konflikt stehen kann. Fest steht, daß solche Instanzen vor allem unter dem Eindruck weiterer gesellschaftlicher Differenzierungen im formellen Auftrag derjenigen handeln, die ihre Hauptinteressen auf den Bestand geschöpfter und institutionalisierter Ordnung und auf die Reproduktion dieser Ordnung richten. Dabei sind diese Kontrollinstanzen funktional spezifiziert. Ihre Kontrollmethoden sind entsprechend ihren Aufgaben differnziert und stecken weitgehend die Bereiche ab, die auf der Skala von physischem Zwang bis zu subtilen Techniken der Konversion reichen [234].

Unseren bisherigen Ausführungen nach könnte der Eindruck entstanden sein, daß nach dem Konzept einer Generalisierung umfassender Wirklichkeitsentwürfe und einer Verfeinerung der gesellschaftlichen Kontrollmöglichkeiten so etwas wie »Gesellschaft aus einem Guß« angenommen würde. Dies würde ganz den Harmoniekonzeptionen verschiedener soziologischer Theorien entsprechen. Wir beeilen uns daher, diesen möglichen Eindruck zu korrigieren. Selbst bei Ausnützung aller verfügbaren Ressourcen und Kontrollmethoden durch die einflußhabenden Gruppen ist es unwahrscheinlich, daß alle Handelnden einer Gesellschaft in gleicher Weise vom Einfluß derjenigen getroffen werden, die Inklusivsysteme geschöpft haben oder in späteren Generationen die Interessen der Schöpfer zu den ihren gemacht haben. Somit gibt es »die Chance der Existenz, aber auch der Neuschöpfung alternativer Inklusivsysteme, und zwar auch auf relativ niedrigen Ebenen der Allgemeinheit« [235]. Inklusvisysteme können konkurrieren und miteinander in Konflikt geraten. Das bedeutet nun wiederum nicht, daß Gesellschaften lediglich ein loses Konglomerat verschiedener Inklusivsysteme darstellen. Als wir Beispiele für Möglichkeiten der Inklusivsystembildung anführten, dürfte schon deutlich geworden sein, daß Inklusivsysteme in verschiedenen Dimensionen ausgebreitet werden können: beispielsweise Inklusivsysteme, die das Handeln der Gesellschaftsmitglieder auf öffentlichen Plätzen einschließen, und Inklusivsysteme, die das Eheleben betreffen.

Chancen zur Veränderung inklusiver Systeme in den verschiedenen Dimensionen sind durch die große Zahl der Individuen, die Verhalten innerhalb inklusiver Systeme und in darin differenzierten Subgruppen praktizieren, gestiegen. Das Kontrollnetz in differenzierten Gesellschaften läßt zudem Freiräume, die alternatives Handeln ohne Mühe gestatten [236]. »Aufgrund der Spontaneität ihrer Handelnden beläßt keine Gruppe ihre Institutionen lange in einem fixen Zustand. Sie werden auf einer Abstraktionsebene variiert, sie werden auf andere Ebenen gestellt, und zwar in beiden Richtungen: Inklusivsysteme können nicht nur allgemeiner werden, sie können auch Allgemeinheit und damit Steuerungspotential einbüßen« [237]. Hierin ist nicht nur die Quelle sozialen Wandels in Mehrgruppengesellschaften zu sehen, sondern auch der Grund für die dauernde Austragung gesellschaftlicher Konflikte. Das heißt jedoch nicht, daß in solchen Fällen soziale Kontrolle versagen würde. Vordergründige Unordnung bedeutet nicht den Ausfall gesellschaftlicher Kontrollen, bedeutet nicht Chaos.

Wir hatten gesagt, daß Kontrolle bereits in latenter und manifester Form einsetzt, wenn Wirklichkeitsbereiche ausgegrenzt werden, wenn Komplexität der Welt reduziert ist. Konflikt zwischen verschiedenen Gruppen setzt aber auf beiden Seiten solche reduzierte Komplexität voraus. Beide

Gruppen sind, vermittelt durch ihre Systementwürfe, kontrolliert. Damit wird offenbar, daß Begriffe wie Kontrolle oder Kontrolliertheit nur sehr oberfächlich betrachtet etwas über den Ordnungszustand eines Sozialsystems aussagen. Das haben Soziologen lange Zeit übersehen, besonders die, die den Begriff »soziale Kontrolle« in die Soziologie eingeführt haben. Nur ein erweiterter Kontrollbegriff und ein erweitertes Kontrollkonzept – etwa wie es hier in Ansätzen vorgeschlagen wird – kann die Fruchtbarkeit des Begriffs und der Theorie sozialer Kontrolle im Rahmen soziologischer Forschung aufdecken.
Wir haben bisher noch nicht über die Selektivität sozialer Kontrolle gesprochen, die in differenzierten Gesellschaften mit konfligierenden Ordnungssystemen und spezifischen ökonomischen und sozialen Machtgefällen zu konstatieren ist. Durch das Vorherrschen dieser Bedingungen kommt es für Handelnde, die von dem herrschenden Ordnungssystem und dessen zugrundeliegenden Bedingungen übermächtigt werden, zu Situationen, in denen sie struktureller Gewalt ausgesetzt sind. Das heißt in unserer Terminologie, daß für diese Handelnden durch das geltende Ordnungssystem Diskrepanzen zwischen den tatsächlichen und den möglichen Lebens- und Handlungsverhältnissen erzeugt werden [238]. Durch diese Situationen entstehen vermehrte Konfliktpotentiale. Zur Verhinderung der Öffnung dieser möglichen Konflikte ist der Einsatz personaler Gewalt durch die eben genannten Instanzen der gesellschaftlichen Kontrolle notwendig. Welche einzelnen Funktionen diese Instanzen dabei übernehmen und wie sie soziale Kontrolle selektiv realisieren, wird im zweiten Teil des vierten Kapitels näher zu untersuchen sein.

3.5.3. Zur Verengung des Themas: Abweichendes Handeln und verschiedene Formen der Kontrolle

Die bis hierher analysierten Prozesse der Entstehung sozialen Handelns waren auf Handeln generell bezogen, nicht speziell auf abweichendes Handeln, das wir als einen Sonderfall sozialen Handelns betrachten. Wir sind deshalb überzeugt, daß sich abweichendes Handeln in Produktionsprozessen entwickelt, die prinzipiell denen anderer Handlungsformen vergleichbar sind. Aufgabe des folgenden Abschnitts soll es sein, die Verknüpfung der Produktion abweichenden Handeln mit latenter und manifester sozialer Kontrolle herzustellen. Unter *latenter* sozialer Kontrolle wollen wir dabei den Regelungsmechanismus verstehen, der entsteht, »sobald habitualisierte Handlungen durch Typen von Handelnden reziprok typisiert werden« [239]. Die von uns hier besprochene Kontrollform kann als eine Institution betrachtet werden, der ein Kontrollcharakter als solcher eigen ist. Dieser Kontrollcharakter ist vorrangig vor sozialen Kontrollmechanismen, die mit manifestem Zwang agieren, als ein Regulativ sozialen Handelns zu erkennen, da er einer Interaktionssituation in der Form der Typik von Handlung und Akteur zugrundeliegt [240]. Wir sprechen von *äußerer latenter* Kontrolle, wenn Ego und alter Ego Weltteile aus dem Möglichkeitspotential von Welt ausgrenzen und diese Elemente in Produktionen aufeinander beziehen. *Innere latente* Kontrolle ist gegeben, wenn Ego und alter Ego als die Produzenten von Produktionsverhältnissen in einem Prozeß reziproker Typisierung Rollen verinnerlichen, die in der Interaktion lenkende Funktion ausüben. Unter *äußerer manifester* Kontrolle wollen wir eine explizite Reaktion Alters auf eine beobachtete Abweichung Egos verstehen. *Manifeste* Kontrolle wird *verinnerlicht*, wenn sich die *äußere manifeste* Reaktion Alters im Bewußtsein Egos niederschlägt und hier für eine Neujustierung Egos und auch Alters Aktivität sorgt.

3.5.3.1. Im Modell dyadischer Interaktion

Wir hatten dargestellt, daß auf einer elementaren Ebene Weltteile ergriffen werden, um organische Bedürfnisse zu befriedigen. Die dem Menschen immanente Fähigkeit zu handeln bringt das Moment der Spontaneität in ein Produktionsverhältnis zwischen Ego und alter Ego ein, denn »(anwesende) Umwelt sind vor allem die im System handelnden Beteiligten mit ihren Überschußkapazitäten für unerwartetes Handeln« [241]. Wenn also Ego sich der Befriedigung eines anderen Bedürfnisses zuwendet oder wenn es seine Bedürfnisse in Bedürfnisdispositionen wandelt, dann hat dieses innovative Handeln Konsequenzen für das Fortbestehen des Produktionsverhältnisses Ego – alter Ego. Eine Möglichkeit ist, daß Ego die Beziehung zu alter Ego völlig abbricht und sich anderen Weltteilen zuwendet. Eine Reaktion alter Egos, falls überhaupt eine erfolgen sollte, ist auf dieser niedrigen Abstraktionsebene für Ego nicht oder nur von geringer Bedeutung: Ego hat die Produktionsbeziehung mit alter Ego beendet und sich neuen Weltteilen zugewandt; die Vergangenheit hat für sein »jetzt und hier« keine Relevanz mehr.
Bei einer Verfestigung reziproker Typisierungen und damit der Installation eines Orientierungssystems erhalten die Typisierungen eine Eigenständigkeit, die den Akteuren normativ entgegentritt. Die Akteure gewinnen in solchen Systemen an Handlungssicherheit, da Reaktionen des einen auf einen Stimulus des anderen antizipiert werden können. Andererseits besteht z. B. für Ego die Schwierigkeit, Alter zur Produktion einer von ihm gewünschten Handlung zu stimulieren. In dieser Notwen-

digkeit wie auch in der weiterhin bestehenden Spontaneität der Handelnden sehen wir eine Gelegenheit zur Weiterentwicklung sozialer Systeme, die trotz ihrer Stabilität möglich ist.

»Es folgt stets auf die von der Rollenübernahme des Individuums geleitete Produktion egos eine Erwiderung alters, die auch über eine Typifikation vermittelt ist« [242]. Alters Reaktion wird ausgelöst durch eine Typifikation des Beobachteten und eine Projizierung dessen auf Egos beginnende Produktion. Die Richtung der Reaktion – ob sie für Ego positiv oder negativ ausfällt – unterliegt nicht zuletzt der Beurteilung der möglichen Realitätsbewältigung und Praxislenkung der Produktionsrepräsentation durch Alter. Wir halten folgende Variationen positiver oder negativer Sanktionen für möglich [243]:

- Alter macht die Produktion Egos nicht zum Thema einer Typisierung. Das bedeutet, daß Alter keine Reaktion äußert und somit Egos Produktion ins Leere laufen läßt.
- Eine explizite Reaktion Alters bewegt Ego zu einer Korrektur seines Handelns und – im Falle der Wiederholung – zu der Einhaltung des von Alter erwarteten Handelns. Dies äußert sich darin, »daß der einzelne in seinem Tun und Lassen, Fühlen und Denken mit seinesgleichen rechnet. Nicht unbedingt und stets im Sinn sympathetischer Hinneigung, sondern oft in kühl-sachlicher Haltung, ja antagonistisch ...« [244].
- Da die Interaktion zwischen Ego und alter Ego als Prozeß zu betrachten ist [245], wird Ego zwar sein Verhalten entsprechend Alters Reaktion korrigieren; doch auch Alter richtet seine Erwartungen auf Egos Produktion aus. Wir können demnach sagen, daß beide Handelnde ihre Produktionen an den erwartbaren Reaktionen des anderen Handelnden orientieren [246] und eine neue soziale Wirklichkeit konstruieren. Diese Wirklichkeit geht – bis zum Moment einer erneuten Abweichung Egos – in den Kreislauf der Produktion und Ausgrenzung von Welt und der Verinnerlichung von Äußerlichkeit wie auch der reziproken Typisierung ein. Die hier dargestellten Variationsformen latenter und manifester Kontrolle wirken einerseits stabilisierend auf institutionalisierte Rollenerwartungen, andererseits führen sie Modifikationen in von Produzenten geschaffene Systeme ein. So ist es zu erklären, wenn *H. Popitz* sagt, »daß eine vollkomene Kongruenz sozialer Verhaltensstandardisierungen mit der Komplexität individueller Physis und Gefühlslagen, Erfahrungen und Grillen, Vorlieben, Ängsten und Leidenschaften nicht erreicht wird« [247]. Deshalb *»stehen sich ... (Handelnde) häufig näher in den von ihnen vertretenen Normen als in ihrem offenkundigen Verhalten«* [248].

Diagramm 1: *Prozeßdifferenzierung von Abweichung und Kontrolle im Modell dyadischer Interaktion*

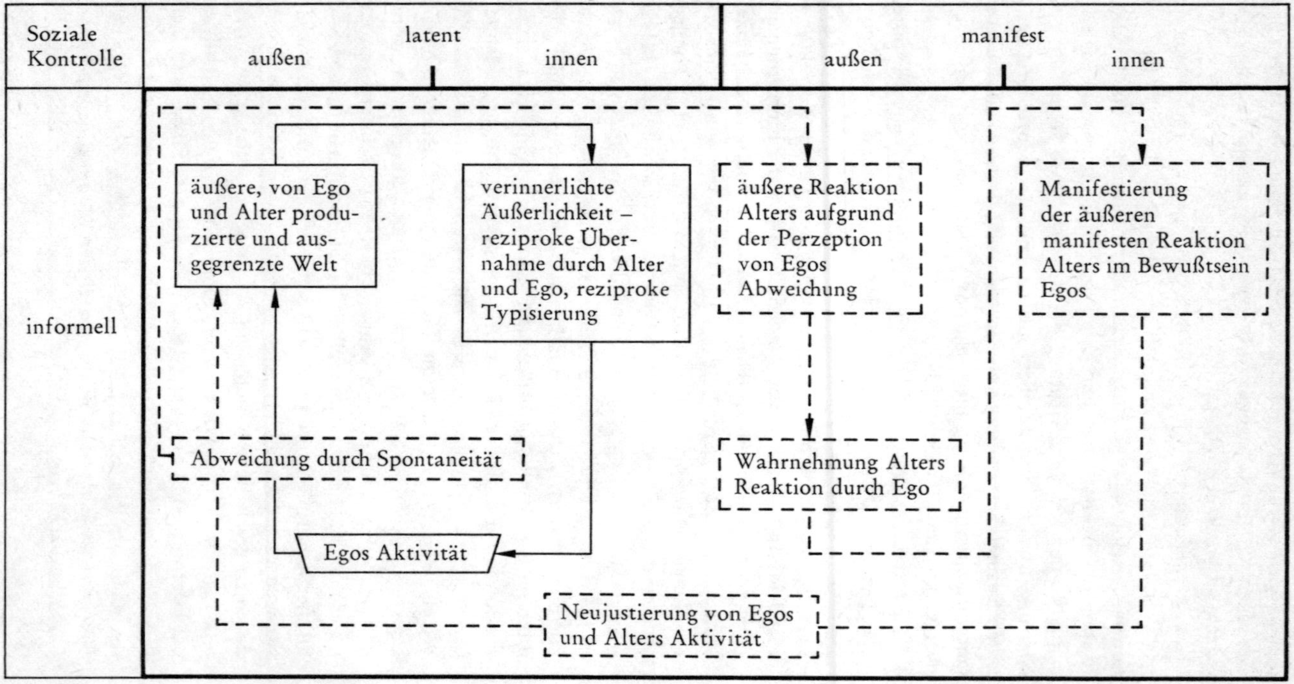

Abschließend wollen wir eine kurze Beschreibung des Diagramms 1 vornehmen, die wir gleichzeitig als Zusammenfassung des Abschnitts 3.5.3.1. verstanden wissen möchten.
Gegenstand des Diagramms sind die Prozesse informeller sozialer Kontrolle in ihren Variationen der latenten und der manifesten, wie deren Ausprägungen der äußeren und inneren Kontrolle die sich auf der Ebene der Interaktion zweier Handelnder – Ego und alter Ego – manifestieren.
Auf dieser Ebene ist der Prozeß der äußeren latenten Kontrolle darin zu sehen, daß die Produktionen der beiden Produzenten aufeinander bezogen sind und ein Produktionsverhältnis bilden. Gemeinsam erlebte Produktionsfolgen manifestieren sich in sozialen Situationsdefinitionen, die von Ego und Alter reziprok übernommen werden und zu reziproken Typisierungen sowohl der Situation wie auch der Handelnden führen. Dieser Kreislauf wird solange fortgesetzt, bis Ego in seiner Aktivität eine spontane Abweichung begeht. Eine Problematisierung dieser Abweichung erfolgt, wenn Alter sie wahrnimmt und eine äußere manifeste Reaktion positiver oder negativer Art folgen läßt. Ego nimmt Alters Reaktion wahr, worauf eine Manifestierung der äußeren manifesten Reaktion Alters im Bewußtsein Egos erfolgt. Ego wird nun sein Handeln entsprechend Alters Reaktion korrigieren, und auch Alter justiert sein Handeln neu, indem es seine Erwartung an Egos Produktion orientiert. Die in der korrigierten Aktivität verinnerlichte Kontrolle fließt nun wieder in äußere von Ego und Alter geschaffene Produktionsverhältnisse ein. Damit ist der Kreislauf geschlossen. Er wird nun auf der Basis äußerer und innerer latenter Kontrolle erneut ablaufen, bis wieder eine spontane Abweichung durch Ego zu verzeichnen sein wird.

3.5.3.2. Im Modell der Kleingruppeninteraktion

Auf der höheren Ebene, in der Kleingruppeninteraktion, werden Formen und Richtungen sozialer Kontrolle, wie wir weiter oben feststellten, durch das Hinzutreten weiterer Handelnder beeinflußt. Es soll Aufgabe des im folgenden beschriebenen Diagramms 2 sein, soziale Kontrollprozesse während und – dies hauptsächlich – nach vollzogenem Übergang von der Dyade zur Triade darzustellen.
Gegenstand der Darstellung sind, wie auch in Diagramm 1, Prozesse informeller sozialer Kontrolle, die aber nun nicht mehr auf der Ebene der Interaktionsdyade, sondern auf der der Kleingruppengesellschaft stattfinden.
Auf der Ebene äußerer latenter Kontrolle produzieren Ego und Alter Wirklichkeit, die sie von Welt und den Wirklichkeiten anderer Akteure

ausgrenzen. Verinnerlicht wird diese Ausgrenzung in einem Prozeß reziproker Typisierung und Personalisation, der die Handelnden einer ausgegrenzten, sicheren Wirklichkeit bewußt werden läßt. Ego und Alter haben gegenüber neu hinzutretenden Handelnden Vorteile, da für diese die neue Wirklichkeit nicht gewiß gewußt ist. Es liegt deshalb eine soziales Einflußhandeln vor, wenn Ego und Alter, die »gewissen« Handelnden, ihre institutionalisierte Wirklichkeit auf die »ungewissen« Handelnden übertragen.

Im Falle von Produktionswiederholungen auf der Ebene der Latenz sind Bildungen neuer Kontrollkoalitionen möglich, z.B. alter Ego und Dritte oder Ego und Dritte. Zukünftig ist es gleichgültig, welcher der Handelnden aufgrund einer spontanen Entscheidung oder eines primären Sozialisationsdefizits abweichende Handlungen produziert. Wenn diese Abweichung z.B. von Alter als eine Verletzung seiner Interessen wahrgenommen wird, so reagiert es auf der Ebene der manifesten Kontrolle mit einer äußeren Reaktion. Diese äußere Reaktion Alters kann von den situationsbezogenen Dritten wahrgenommen werden, die Alter daraufhin gemäß ihren Interessen in seiner Reaktion bestärken. Verstärkt durch die Machtvorteile Alters im Verbund mit Dritten kommt es zu einer Manifestierung der äußeren Reaktion im Bewußtsein Egos. Ego wird jetzt seine Aktivität neu justieren, was sowohl für seine Person als auch für die Alters und Dritter Konsequenzen hat, da eine Veränderung der ursprünglichen Wirklichkeit zu verzeichnen ist. Es besteht jedoch auch die Möglichkeit, daß die situationsbezogenen Dritten Alters äußere Reaktion auf Egos Abweichung nicht wahrnehmen oder ihr keine Beachtung schenken, eventuell sind sie sogar mit Egos Abweichung einverstanden. In diesem Fall übernehmen die Dritten Egos Perspektive und bestärken es in seiner Aktivität, was nun – aufgrund des Koalitionsübergewichts – für Alter zu einer Reaktion auf seine eigene äußere Reaktion führen mag. Ob nun aber Ego in seiner Aktivität bestärkt oder neujustiert wird, beide Veränderungen, und als solche ist auf der Ebene der Kleingruppengesellschaft auch eine Verhaltensbestärkung zu werten, fließen als modifizierendes Moment in die äußere über Ego und Alter hinaus generalisierte Welt ein.

3.5.3.3. Im abstrakten Modell komplexer Gesellschaften

Gegenstand der bisherigen Analyse und Darstellung waren informelle Prozesse sozialer Kontrolle in Zweier- und Kleingruppengesellschaften. Mit der Zunahme und der Differenzierung sozialer Gruppen und ihrer Integrierung in Großgesellschaften wird eine Formalisierung sozialer

Diagramm 2: *Prozeßdifferenzierung von Abweichung und Kontrolle im Modell der Kleingruppeninteraktion*

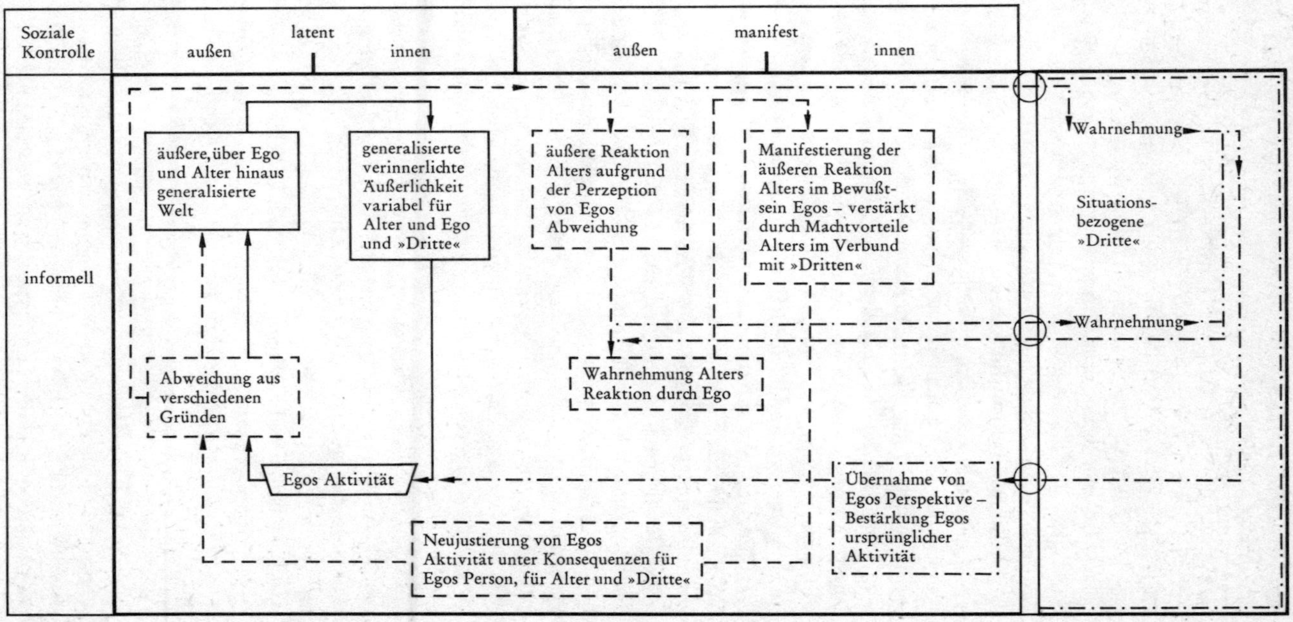

Kontrollprozesse eingeleitet, die wir zum Gegenstand des Diagramms 3 und dessen Beschreibung gewählt haben.

Auf der Kontrollstufe der äußeren Latenz sind Ego und Alter als handelnde Mitglieder einer Gruppe zu verstehen, die die Gruppengrenzen durchbrechen und Kontakte mit anderen Gruppen anknüpfen, die von Ego und Alter als bestehend wahrgenommen und typisiert in den Sinnzusammenhang der eigenen Gruppe integriert werden. Wenn Ego und Alter nicht nur das eigene Handlungssystem typisiert haben, sondern auch ein fremdes Handlungssystem oder mehrere andere, dann schaffen sie ein Inklusivsystem mit Subsystemen. Da soziale Umwelt komplexer ist als ein Inklusivsystem, muß dieses System allgemein konzipiert sein, wenn es auf »Unabsehbares absehbar reagieren« (*Luhmann*) soll. Die Institutionalisierung allgemeiner Systeme erlaubt den Zugang zu einer Generalisierung sozialen Handelns in vielen gesellschaftlichen Gruppen. Durch die Konstruktion von Sprache oder Recht kann Generalisierung auf der Grundlage von Einflußhandeln vollzogen werden. Überlegen ist das System, das durch einen hohen Grad an Allgemeinheit konkrete Handlungen vieler differenzierter Akteure und Gruppen in den Griff bekommt. Durch die Möglichkeit der Kontaktaufnahme innerhalb eines generalisierten Handlungs- und Wissensystems sind Handelnde variabel in der Gestaltung ihrer Beziehungen.

Eine Zunahme der Handelnden, die ein Wirklichkeitssystem umfaßt, erhöht die Wahrscheinlichkeit der Abweichungen, des Ausbruchs aus dem System und seiner Infragestellung. Sei es, daß eine Abweichung spontan erfolgt oder auf mangelnder primärer und sekundärer Sozialisation beruht – im Sinne des herrschenden Handlungssystems, sei es, daß sie aufgrund abweichender Situationstypisierungen von Handelnden aus verschiedenen Handlungssystemen erfolgt: sie ist den an der herrschenden Wirklichkeit Interessierten in den meisten Fällen unerwünscht und muß deshalb sanktioniert werden. Kontrolle und Sanktionierung solcher Verhaltensweisen sind formell professionalisierten »Dritten« übertragen, die ihre Legitimation aus einem Spezialwissen, basierend auf Subsystemen sozialen Handelns, beziehen. Durch eine Differenzierung und Spezialisierung der Aufgaben und der Sanktionsmöglichkeiten dieser »Dritten« kann eine breite Skala sozialen Handelns durch Kontrolle überlagert werden.

Eine begangene Abweichung wird von professionellen »Dritten« bei zunehmender Allgemeinheit ihres Wissenssystems mit steigender Wahrscheinlichkeit wahrgenommen. Hierzu ist anzumerken, daß die professionellen Kontrolleure nicht jede als einen Verstoß gegen ein Normensystem erkennbare Produktion als Abweichung wahrnehmen. Ihre Wahrnehmung ist vielmehr durch ihr spezielles Wissenssystem vorstrukturiert, das ihnen die Ausgrenzung und Typisierung bestimmter Handelnder als »potentielle Täter« erlaubt. Auf einer informellen Ebene kann ebenso Alter eine Abweichung Egos wahrnehmen und darauf reagieren, indem es Ego z.B. »anzeigt«. Alters Reaktion wird von den formellen Kontrolleuren wahrgenommen und kann – wenn sie akzeptiert werden sollte – in eine Reaktion der »Dritten« nach formal abstrakten Regeln einfließen. Es ist aber auch möglich, daß eine Reaktion Alters generell oder in besonderen Fällen unerwünscht ist. Genauso kann Alter Opfer einer formellen Sanktion werden, wenn Egos Abweichung von offizieller Seite positiv bewertet wird, Alters negative Reaktion jedoch als eine Behinderung erwünschten Verhaltens erkannt wird. Wenn eine Reaktion für Ego positiv ausfällt, dann bestärken die professionellen »Dritten« hiermit seine Identität als Akteur, der den allgemeinen Erwartungen entspricht [249]. Entspricht Egos Handlungsproduktion aber nicht diesen Erwartungen, dann erlaubt der Wissensvorrat der Kontrolleure, nicht nur sein Verhalten, sondern auch seine Person zu typisieren. »Vielfach erlaubt die Erscheinung eines Individuums in Kleidung, Auftreten und Sprechweise besser, es einzuordnen, als der Inhalt seiner Äußerungen über Identität, Erwartungen und Absichten« [250]. Indentifikationssymbole dieser Art erleichtern eine Typisierung eines Handelnden und eine Einordnung seiner Produktion in einen Sinnzusammenhang.

Eine mögliche Reaktion positiver oder negativer Art wird von Ego wahrgenommen und auf der Ebene des Bewußtseins manifestiert. Eine Übernahme der Typisierung Alters und der formell professionellen »Dritten« durch Ego führt – im Falle einer positiven Reaktion – zu einer Bestärkung Egos ursprünglicher Rolle, jedoch zu einer Neujustierung seiner Aktivität und dadurch bedingt zur Übernahme einer neuen Rolle im Falle einer negativen Reaktion. Aber auch für die professionellen »Dritten« und für Alter hat eine Reaktion auf Egos Handlungen Konsequenzen. Alle werden in zukünftigen Interaktionen mit Ego die erfolgte Typisierung mitbedenken und ihre Erwartungen an sie knüpfen. Sie werden versuchen, eine erfolgreiche Typisierung in Interaktionssituationen anzuwenden, die ihnen ähnlich gelagert zu sein scheinen wie Egos »Fall«; ebenso werden sie den Versuch einer Typisierung von Personen, die ihnen ähnlich wie Ego zu sein scheinen, unternehmen.

Diagramm 3: *Prozeßdifferenzierung von Abweichung und Kontrolle im Modell komplexer Gesellschaften*

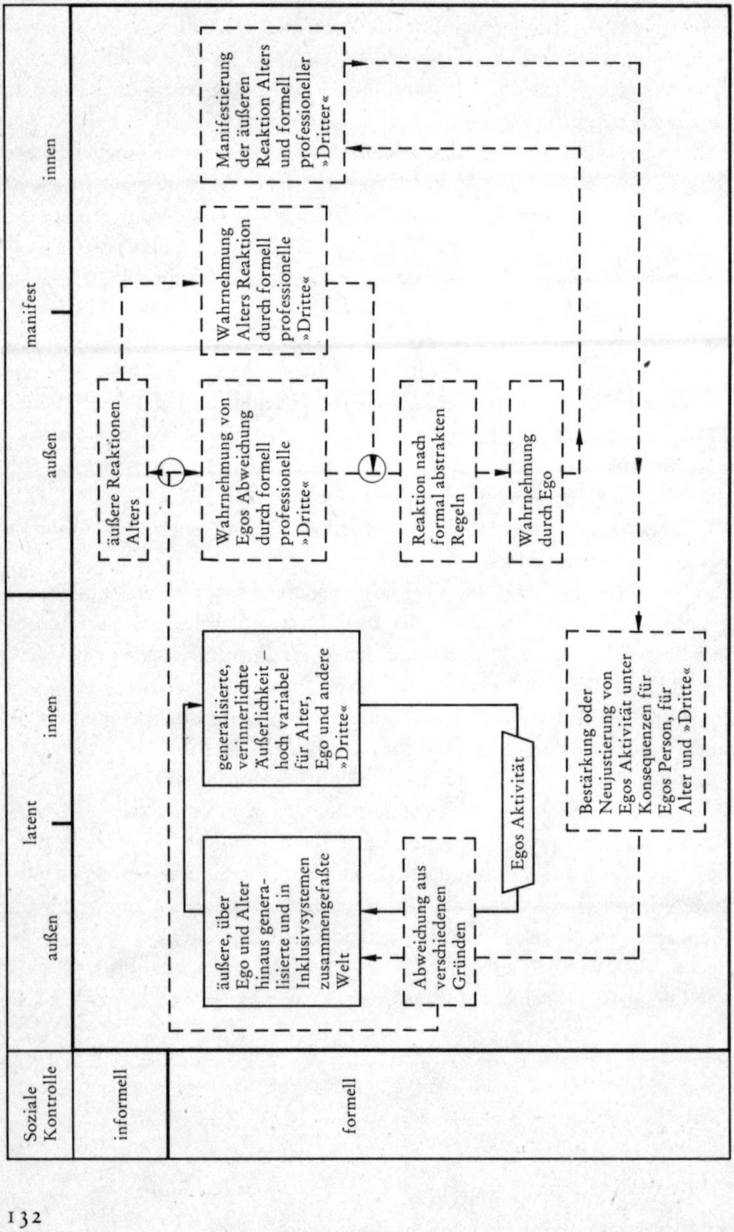

Anmerkungen

1 Ein Hinweis auf die umgangssprachliche Bedeutung des Begriffs »social control« im englischen Sprachraum, wo damit stets etwas wie gesellschaftliche Herrschaft oder Regulierung gemeint ist – gegensätzlich etwa zum deutschen Sprachgebrauch – mag wohl interpretativ nützlich sein zur Bestimmung der Einführungsbedingungen des Begriffes in die soziologische Terminologie, sollte aber keinen Anlaß zu weitergehenden Spekulationen bieten.

2 Um ein Ausufern der Anmerkungen zu vermeiden, werden wir im folgenden statt einer ausführlichen Belegung bereits angeführter Quellen nur die Namen der betreffenden Forscher im Textzusammenhang angeben. Allerdings werden neu in die Diskussion eingeführte Gedanken wie bisher ausführlich angemerkt.

3 So etwa muß man die Andeutungen von *G. J. Hinkle* & *R. C. Hinkle* in: *E. A. Ross* 1969, S. XXXVIff., verstehen, wenn sie auf *Ross*' Abstammung als »Mittelstaatler« und auf seine geistige Nähe zu Jeffersonschen Vorstellungen eines »agrarischen, gleichen und einheitlichen Amerika« hinweisen.

4 Hier drängen sich Parallelen zur deutschen Soziologie auf, wenn man an die von *Tönnies* entfachte Diskussion über die Begriffe »Gemeinschaft« und »Gesellschaft« denkt. Vgl. zusammenfassend: *R. König* 1955.

5 *Ross* nähert sich in dieser Beziehung einem Konzept gesellschaftlicher Gestaltung oder Planung.

6 Vgl. zu dieser Gedankenfolge auch die Ausführungen von *G. Gurvitch* 1945, S. 271.

7 *G. J. Hinkle & R. C. Hinkle* in: *E. A. Ross* 1969, S. XLIIf., bezeichnen das Fehlen eines Normkonzepts als den entscheidenden Mangel d. Werkes von *Ross*.

8 Ebenda, S. XLV.

9 Vgl. die umfassende Interpretation der Kategorie des Kollektivbewußtseins bei *R. König* 1970, S. 28ff.

10 Vgl. *E. Durkheim* 1947, S. 200.

11 Vgl. *E. Durkheim* 1970, S. 187.

12 Vgl. dazu noch die Interpretation von *R. König* 1958, S. 579f.

13 Über die Bedeutung der Erziehung im Enkulturationsprozeß siehe *E. Durkheim* 1968, S. 61ff.

14 *E. Durkheim* 1970, S. 100.

15 Vgl. *E. Durkheim* 1951, S. 253.

16 Das von uns bislang ausgeklammerte Anomie-Konzept *Durkheims* wird im 4. Kapitel aufgegriffen werden.

17 Vgl. dazu die Bemerkungen von *P. L. Berger* & *St. Pullberg* 1965, S. 97ff.

18 Vgl. dazu: *E. Benoit-Smullyan* 1948, insbesondere S. 518ff.

19 Der Begriff »dogmatisch« bezieht sich in diesem Zusammenhang darauf, daß die mit der Entgegensetzung von Kollektiv und einzelnem verbundenen Implikationen von den Autoren lediglich vortheoretisch und nicht explikativ abgeleitet wurden.

20 *P. L. Berger* & *Th. Luckmann* 1969, S. 65.

21 Ebenda, S. 54.

22 Vgl. zum Begriff »Verdinglichung«: *P. L. Berger* & *St. Pullberg* 1965, S. 97ff.

23 Zum Handlungsbegriff vgl. zusammenfassend: *A. Gehlen* 1963, S. 11ff.

24 Vgl. zum Vorwurf der Spekulativitität des *Gehlenschen* Vorgehens, der sich gegen dessen Anspruch richtet, seine Untersuchungen auf empirischer Basis zu entfalten: *W. Meinefeld* 1971, S. 117.

25 Vgl. auch *D. Claessens* 1968, S. 31–43.

26 *J. Habermas* 1965, S. 33.

27 Vgl. *H. Schelsky* 1965, S. 265ff. *Schelsky* kritisiert die Vernachlässigung des Aspekts der Neuschöpfung und der Neuinstitutionalisierung an der skeptischen Betrachtungsweise *Gehlens*.

28 *J. Habermas* 1965, S. 33.

29 Vgl. dazu *J. Habermas* 1970, S. 31ff., und die Weiterentwicklung seines Modells in: *J. Habermas* & *N. Luhmann* 1971, S. 101–141, sowie: *J. Habermas* 1971b, S. 23ff.

30 Vgl. *A. Gehlen* 1966, S. 351 und passim.

31 Vgl. *D. Claessens* 1968, S. 43.

32 Die handlungstheoretische Orientierung ergab sich wohl aus *Parsons' Weber*-Rezeption. Vgl. *T. Parsons* 1967.

33 Das ist die Interpretation von *A. Gouldner* 1971, S. 199ff.

34 Vgl. ebenda, S. 204f., und zum Verdinglichungsaspekt der theoretischen Arbeit von *Parsons*: ebenda, S. 214f.

35 *H. Hartmann* 1967, S. 5.

36 Vgl. die Ausführungen von *C. W. Mills* 1963, S. 76ff.

37 Diese Äußerung darf keineswegs kategorisch aufgefaßt werden. Gerade im Hinblick auf Fragen der gesellschaftlichen Kontrolle entwickelt *Parsons* in anderen Schriften (vgl. *T. Parsons* 1953, S. 14ff.) eine Perspektive, die die eben als unterschlagen bezeichnete Dialektik wieder einholt. Unsere Kritik richtet sich hier vornehmlich gegen sein im »Social System« ausgebreitetes Konzept.

38 Vgl. die Kritik von *F. Tenbruck* 1961, S. 3ff.

39 Einschränkungen in dieser Richtung hat schon *E. Durkheim* 1970, S. 108, zu bedenken gegeben.

40 *H. Haferkamp* 1973, S. 146 und S. 149.

41 Vgl. ebenda, S. 146ff.

42 Vgl. zu der hier thematisierten Unterscheidung zwischen Handeln und Verhalten die Begriffe »conduct« und »behavior« bei *A. Schütz* 1967, S. 211.

43 Vgl. die Forderung von *G. Gurvitch* 1965, S. 34f., nach einer Entdogmatisierung der Soziologie durch Anerkennung der Dialektik sowohl als »reale Bewegung« als auch als »Methode«.

44 Wir erinnern hier nochmals an die Auführungen von *Gerth* & *Mills* 1970, S. 273. Wagt man die interpretative Einschränkung, indem man der *Marxschen* Theorie den Status einer Konflikttheorie ansinnt, dann bieten sich theoretische Belege für unsere Argumentation in diesem Zusammenhang aus deren Position. Vgl. *K. Marx* & *F. Engels* 1971, S. 40f.

45 *H. Popitz* 1961, S. 186.

46 *F. Tenbruck* 1961, S. 16f., schreibt u.a.: »Rollen beruhen gewöhnlich auf einem Kern von Erwartungen, die nicht disponibel sind und vom Rollenträger geteilt werden. Sie sind ohne innere Kontrollen unmöglich. Das heißt nicht etwa, daß äußere Kontrollen unwichtig wären.«

47 *K. Marx* & *F. Engels* 1969, S. 21.

48 Eine Analyse sozialer Kontrolle, die diese Argumente aufgreift und in Beziehung setzt zu gesellschaftlichen Strukturen, Produktions- und Reproduktionsweisen »der fortgeschrittenen industriellen Zivilisation«, findet sich bei *H. Marcuse* 1970, S. 21ff.

49 Siehe die von *J. G. Manis* & *B. N. Meltzer* 1967, S. 153ff., besorgte Auswahl der Gedanken *Cooleys* unter dem Titel »False Separation of Individual and Society«.

50 Vgl. *G. H. Mead* 1965, S. 303.
51 Vgl. ebenda, S. 304 f.
52 Vgl. ebenda, S. 305.
53 Mit der »Randständigkeit« eines entsprechenden Konzepts bei den beiden Autoren werden wir uns weiter unten noch befassen müssen.
54 Vgl. dazu die Ausführungen von *G. C. Homans* 1967, S. 178 ff.
55 Wir beziehen uns hier auf das Sozialisationsmodell, das *T. Parsons* 1955, S. 35 ff., entwickelte.
56 *H. Haferkamp* 1972 a, S. 92.
57 *D. Claessens* 1967, S. 88. Die entsprechenden Stellen finden sich bei *T. Parsons*, 1955, S. 37 ff.
58 Vgl. *D. Claessens* 1967, S. 88 und *T. Parsons* 1955, S. 46.
59 *D. Claessens* 1967, S. 24 f.
60 *T. Parsons* 1955, S. 50 ff., differenzierte dieses System der Grundrollen weiterhin durch die Kategorien: Universalismus vs. Partikularismus und Zuschreibung vs. Erreichung (ascription vs. achievement) – ganz im Sinne seiner an anderer Stelle entwickelten »pattern variables«.
61 Zur Phase der Soziabilisierung zählen nach *D. Claessens* 1967, S. 25, noch die »emotionale Fundierung« und die »Vermittlung von Weltaufordnungskategorien«.
62 Vgl. ebenda, S. 105 Fußnote 1.
63 Vgl. ebenda, S. 116 und passim.
64 Ebenda, S. 105.
65 Vgl. unsere Ausführungen zum Schluß des Teils 2.4.1.
66 Vgl. *T. Parsons* 1955, S. 38 ff.
67 Die Ausführungen von *D. Claessens* sind auch deshalb überzeugend, weil er das Aufdecken, Aktivieren des Potentials zur Menschwerdung als gesellschaftlich vermittelt begreift. Die von uns zitierten Autoren aus der frühen amerikanischen Tradition (*Ross* und insbesondere *Cooley*) haben dieses Potential unter dem Begriff »Soziabilität« zwar auch vorausgesetzt, aber die Prozesse zu seiner Aktivierung im Dunkeln belassen.
68 Vgl. *D. Claessens* 1967, S. 116 f.
69 Ausführungen finden sich dazu bei *Th. Geiger* 1964, S. 293 ff.
70 *P. Trappe* 1964, S. 32.
71 *H. P. Bahrdt* 1961, S. 9.
72 *Th. Geiger* 1964, S. 295.
73 Ebenda.
74 Ebenda, S. 306.
75 Vgl. dazu: ebenda, S. 306 ff.
76 Vgl. ebenda, S. 307 ff.
77 *P. Trappe* 1964, S. 33.
78 *H. Popitz* 1968, S. 4.
79 Vgl. ebenda, S. 6 und 18.
80 *D. Claessens* 1967, S. 116.
81 Ebenda.
82 Ebenda, S. 117.
83 Vgl. ebenda, S. 52 f. Siehe die Aufnahme der Gedanken von *Claessens* bei *H. Haferkamp* 1972 a, S. 70.
84 Wir haben an anderer Stelle im Anschluß an *H. Peters* 1968, S. 108 ff., auf die Schwierigkeiten direkter sozialer Kontrolle durch Beobachtung in komplexen

Gesellschaften hingewiesen: ein Problem, mit dem in unserer Gesellschaft die Polizei in besonderer Weise konfrontiert wird. Vgl. *P. Malinowski* 1974.

85 Vgl. *F. H. Tenbruck* 1961, S. 12ff.

86 Ebenda, S. 15.

87 *D. Claessens* 1963, S. 7, hat diese Dialektik auch in direkter Auseinandersetzung mit *Dahrendorf* hervorgehoben. Die Vernachlässigung dieser Dialektik führt *Dahrendorf* zu dem von uns schon mehrfach angeschnittenen Problem menschlicher Freiheit. Unterstützt wird die *Claessenssche* Position von *H. Plessner* 1966, S. 35.

88 *F. H. Tenbruck* 1961, S. 31.

89 Auf die Schwierigkeiten *Th. Geigers* bei der Bestimmung dieser »Dritten«, die sowohl über die Einhaltung der Normen wachen als auch für die Verbindlichkeit der Reaktionen auf Abweichungen von den Normen sorgen, hatten wir schon hingewiesen (vgl. Teil 2.1.5.1.). Diese Schwierigkeiten bei der Bestimmung der gemeinten Ordnungsmacht ziehen sich bis in die heutige Norm-Sanktion-Diskussion. Vgl. *G. Spittler* 1967, S. 127ff.; *K. F. Schumann* 1968, S. 55ff.

90 Vorteile stellen die Möglichkeiten der Einbeziehung der Kategorien des Konflikts, des Wandels und der daraus resultierenden Erklärungsmöglichkeiten der Interessenlagen bei gesellschaftlicher Normsetzung und -durchsetzung dar.

91 *D. Claessens* 1963, S. 7.

92 Es wird vielfach betont, daß primäre Einwirkungen im Kindesalter tiefere Persönlichkeitsstrukturierungen hinterlassen als sekundäre Einwirkungen in späteren Lebensphasen. Vgl. *D. Claessens* 1972, S. 185. *W. J. Goode* 1960–61, S. 252, bemerkt darüber hinaus, daß Erwachsene kontinuierlich resozialisiert werden: in und durch Begegnungen mit Interaktionspartnern.

93 Bei dieser Gelegenheit sollte darauf hingewiesen werden, daß diejenigen der heutigen gesellschaftlichen Kontrollinstanzen, die Sanktionen nach dem Schuldprinzip verteilen (Polizei, Justiz), ein solches Konzept als Idealmenschenbild bei der Beurteilung von Devianz zugrundelegen.

94 Vgl. dazu: *D. Wrong* 1970, S. 122–132.

95 Vgl. ebenda, S. 128.

96 Wir erinnern nochmals an die Kritik von *F. H. Tenbruck* 1961, S. 36f., an *Dahrendorf*, in der *Tenbruck* vor der Gefahr einer soziologischen Fehlinterpretation des Verinnerlichungskonzepts warnt.

97 *H. Haferkamp* 1972b, S. 92f., kommt in seiner *Mead*-Interpretation dem hier Gemeinten sehr nahe.

98 Vgl. *R. H. Turner* 1962, S. 20–40.

99 Ebenda, S. 22.

100 *J. Habermas* 1968, S. 9.

101 Daß die Möglichkeiten der aktiven Verarbeitung sozialer Kontrolle durch den einzelnen, insbesondere die Möglichkeiten der Übertragung der Selbstkontrolle in aktive Einflußnahme auf die Umgebung, ihrerseits abhängig sind von Situationsvariablen, den Biographien der Akteure, ihrer jeweiligen Definitionsmacht und von ihren Stellungen in anderen Interaktionszusammenhängen, hebt u.a. im Anschluß an *Goffmann* und weitere Interaktionisten *L. Krappmann* 1971, S. 170ff., hervor.

102 Eine solche Diskrepanz läßt sich für die Forschungsdiskussion im Rahmen der Devianzsoziologie mit umgekehrtem Vorzeichen konstatieren. Dort wer-

den, vor allem in jüngerer Zeit, mehr und mehr empirische Forschungsarbeiten zu den sogenannten Instanzen sozialer Kontrolle vorgelegt, deren allgemeintheoretischer Hintergrund – falls überhaupt expliziert – weitgehend zu wünschen übrig läßt.

103 Vgl. dazu: *H. R. Wagner* 1963–64, S. 583.

104 Vgl. *H. Haferkamp* 1972 a, S. 84.

105 Vgl. *P. L. Berger* & *Th. Luckmann* 1969, S. 98 ff.

106 Vgl. ebenda, S. 116 f., 127 f. und 130 ff.

107 Siehe zu dieser Kritik ausführlicher noch *R. Lichtman* 1970, S. 86 ff.

108 Vgl. dazu die kritischen Einwände von *H. Haferkamp* 1972 a, S. 82 ff. und 117 ff.

109 Vgl. *A. M. Rose* 1962, S. X.

110 *H. Haferkamp* 1972 a, S. 119.

111 Bestärkt werden wir in dieser Vermutung durch die Ausführungen von *D. H. Wrong* 1969, S. 50 ff.

112 In diesem Zusammenhang sind besonders folgende Arbeiten aufschlußreich: *E. Goffman* 1969 und 1971.

113 Vgl. etwa *H. Brotz* 1962, S. 307–320.

114 Ausgenommen vielleicht *P. M. Blau* 1967, der Macht auf ungleichgewichtige Tauschbeziehungen zurückführt. Allerdings kann er bei der Durchhaltung seiner verhaltenstheoretischen Position schon die Ungleichgewichtigkeit von Tauschbeziehungen nicht zu ihrem Ursprung der materiellen wie immateriellen gesellschaftlichen Produktion zurückführen.

115 Vgl. etwa die Definitionen sozialer Macht bei *Th. Geiger* 1964, S. 341, und bei *P. M. Blau* 1967, S. 117.

116 Vgl. *N. Luhmann* o. J., S. 15.

117 Ebenda, S. 6.

118 *D. H. Wrong* 1969, S. 50 ff.

119 Ebenda, S. 51.

120 Ebenda, S. 52.

121 *R. Bierstedt* 1970, S. 156 f.

122 Vgl. *D. H. Wrong* 1969, S. 47 ff.

123 Einflußhandeln, das vom Charisma eines Handelnden getragen ist, wird hier vernachlässigt. Vgl. *P. L. Berger* 1969, S. 140 ff.

124 Vgl. *H. Haferkamp* 1972 a, S. 67 ff.

125 *N. Luhmann* o. J., S. 34.

126 Vgl. *H. Haferkamp* 1972 a, S. 133 Fußnote 46.

127 *N. Luhmann* o. J., S. 35.

128 *H. Popitz* 1969, S. 10.

129 Vgl. zu dieser Argumentation *H. Popitz* 1972, S. 18 ff.

130 *M. Weber* 1964, S. 38.

131 Diese Unterscheidung in tatsächliche und potentielle Ausübung von Macht findet sich bei *D. H. Wrong* 1969, S. 52 ff.

132 Ebenda, S. 55.

133 *K. Marx* & *F. Engels* 1969, S. 26.

134 *P. L. Berger* & *St. Pullberg* 1965, S. 105.

135 *Georg Lukács* 1971, S. 124.

136 *R. Lichtman* 1970, S. 79.

137 *H. Haferkamp* 1972 a, S. 77.

138 Ebenda.

139 Ebenda.
140 *R. König* 1968 a, S. 280.
141 Vgl. dazu die jeweiligen Ausführungen in Kapitel 2.
142 Vgl. *H. P. Dreitzel* 1968, S. 196ff.
143 Vgl. *E. Goffman* 1969, S. 19–71 und 189–215.
144 Vgl. *J. Habermas* 1968, S. 47ff., sowie ganz zentral zum Problem Handlungskomplex und abweichendes Handeln: *R. Bohnsack* 1973.
145 Daß diese Mächtigkeit sozialen Distributionsprozessen unterworfen ist, wird von *J. Habermas* 1968, S. 48ff., und *D. Claessens* 1967, S. 125ff., mit aller Deutlichkeit hervorgehoben. Ein sehr guter Überblick über internationale Forschungsergebnisse zum Thema »Zeitperspektive, Planungsverhalten und Sozialisation« findet sich bei *G. Kasakos* 1971.
146 Also durch Ausschluß anderer Möglichkeiten, die hypothetisch gleichwohl als Möglichkeiten erhalten bleiben, da sie in folgenden Produktionen erschlossen und in das Bewußtsein der Akteure gehoben werden können.
147 Vgl. zu dieser Formulierung: *N. Luhmann* 1966, S. 273. Auf die Thematik Handlungskompetenz – Planungsverhalten und soziale Kontrolle brauchen wir an dieser Stelle nicht mehr näher einzugehen, da die wesentlichsten theoretischen Überlegungen dazu von *R. Bohnsack* 1973 im Rahmen dieser Textreihe bereits ausführlich erörtert worden sind. Wir weisen ausdrücklich zur Information des Lesers auf den Band von *Bohnsack* hin.
148 *R. T. LaPiere* 1954, S. 325.
149 Vgl. ebenda, S. 347ff.
150 Das heißt nicht, daß wir nicht einzelne Thesen und Argumente dieser Theorie für brauchbar hinsichtlich ihrer Einbeziehung in weitere Forschungen hielten.
151 Vgl. *H. Schmid* 1972, S. 26.
152 Vgl. *J. Habermas* 1971 a, S. 62 und passim.
153 Vgl. zum Aspekt dieser doppelten Dialektik: *A. Lorenzer* 1972, S. 10.
154 *D. Claessens* 1972, S. 185.
155 *J. Habermas* 1971 a, S. 63.
156 Vgl. dazu die systematische Zusammenfassung von *A. M. Rose* 1967, S. 220.
157 *P. L. Berger* & *Th. Luckmann* 1969, S. 39.
157a Vgl. etwa die neueren Arbeiten von *J. Habermas* insbesondere 1973 und die Arbeit von C. *Offe* 1972.
158 Vgl. *H. Haferkamp* 1972 a, S. 23.
159 Vgl. etwa die Bemühungen von *T. Parsons* 1959, S. 16f.
160 Vgl. *H. R. Wagner* 1963–64, passim.
161 Vgl. *H. Haferkamp* 1972 a, S. 5ff. und passim.
162 Vgl. ebenda, S. 23 und passim.
163 Wir sind *H. Haferkamp* bei der Entwicklung dieser Terminologie verbunden. Unsere Terminologie weicht jedoch von der *Haferkamps* ab, weil wir glauben, daß unsere Begriffe einen allgemeineren Rahmen abstecken. In einer späteren Arbeit (*H. Haferkamp* 1973) erfolgt eine andere Verwendung der ursprünglichen Begriffe, die unserer Verwendungsweise näher kommt.
164 Vgl. *G. H. Mead* 1968, S. 80.
165 *H. Haferkamp* 1972 a, S. 33.
166 Vgl. ebenda, S. 30.
167 Vgl. hierzu das bereits besprochene Übernahmemodell von *G. H. Mead* (Teil 2.5.1.).

168 Hier muß darauf hingewiesen werden, daß derartige Integrationen von Typisierungszusammenhängen zu Systemen sowohl in zeitlicher als auch segmenteller und funktionaler Art differenziert sind. Vgl. *H. Haferkamp* 1972 a, S. 29.
169 *P. L. Berger* & *Th. Luckmann* 1969, S. 58.
170 Ebenda, S. 58 f.
171 Vgl. ebenda, S. 144 f.
172 Ebenda, S. 58.
173 *T. T. Segerstedt* 1967, S. 43.
174 *P. Malinowski u. a.*, o. J., S. 2, und 1973, S. 129. Vgl. auch *W. Meinefeld* 1971, S. 176.
175 Vgl. *W. G. Sumner* 1940, § 80.
176 Vgl. *P. L. Berger* & *Th. Luckmann* 1969, S. 71.
177 Ebenda.
178 *M. Hartig* & *U. Kurz* 1971, S. 165.
179 Sprache ist einerseits Instrument zur Reproduktion gesellschaftlicher Verhältnisse und Bewußtseinszustände. Auf der anderen Seite ist sie ein Medium der primären sozialen Kontrolle. Vgl. *P. L. Berger* & *H. Kellner* 1970, S. 51.
180 Zum Begriff der praktischen Produktion vgl. *H. Haferkamp* 1973, S. 59. Er definiert dort diesen Begriff folgendermaßen: »Wir wollen mit diesem Begriff ... den ganzen Bereich praktischen Tuns bezeichnen, in dem in oft sehr vermittelter Weise Leben gewährleistet wird.«
181 *H. Marcuse* 1970, S. 168.
182 Vgl. *H. T. Buckner* 1968 a, S. 1.
183 Vgl. *N. Luhmann* 1972 a, S. 61.
184 Vgl. zu dieser Möglichkeit: *H. Haferkmap* 1972 a, S. 36.
185 Vgl. *N. Luhmann* 1972 a, S. 62.
186 Vgl. *H. Haferkamp* 1972 a, S. 36.
187 Ebenda, S. 64.
188 Vgl. ebenda, S. 69 f.
189 Siehe: *R. D. Laing u. a.* 1971, insbesondere S. 11–51 und die entsprechenden Untersuchungsergebnisse.
190 Diesen Ansatz verfolgen zur Zeit *P. Malinowski* & *M. Brusten* in einer Untersuchung zu polizeilichen Vernehmungstechniken. Diese Untersuchung wird demnächst in einem Sammelband zu Stigmatisierungsproblemen in dieser Textreihe erscheinen.
191 *G. Simmel* 1968, S. 70.
192 Ebenda, S. 62.
193 *J. Habermas* 1967, S. 69 f.
194 Vgl. *P. L. Berger* & *Th. Luckmann* 1969, S. 23 ff.
195 *H. Haferkamp* 1972 a, S. 62 ff.
196 *P. Malinowski u. a.* o. J., S. 1, und 1973, S. 129.
197 Vgl. *H. Haferkamp* 1972 a, S. 65 f.
198 Vgl. Teil 3.4.1.
199 Vgl. *H. Haferkamp* 1972 a, S. 66.
200 Ebenda.
201 *P. L. Berger* & *Th. Luckmann* 1969, S. 66.
202 Vgl. ebenda.
203 *H. Haferkamp* 1972 a, S. 70.
204 Vgl. *J. W. Thibaut* & *H. H. Kelley* 1959, S. 205 ff.
205 Vgl. *H. Popitz* 1969, S. 10.

206 Vgl. *J. W. Thibaut* & *H. H. Kelley* 1959, S. 220.
207 *H. Haferkamp* 1972 a, S. 77.
208 Vgl. das Beispiel des imaginären »großen Bruders« bei *P. L. Berger* 1969, S. 85.
209 *H. Popitz* 1969, S. 15.
210 Vgl. *G. Simmel* 1968, S. 77.
211 Die Zunahme der Wahrscheinlichkeit abweichender Handlungsproduktionen ist in der quantitativen Zunahme der Spontaneität bei zahlenmäßiger Zunahme der Handelnden begründet. Zusätzlich spielen auf dieser Ebene schon situationale und biographische Variablen der Akteure hinein, die als Potential für nicht-konforme Produktionen zu betrachten sind.
212 Vgl. *H. Haferkamp* 1972 a, S. 79 f.
213 Vgl. *H. Popitz* 1969, S. 11 ff.
214 Vgl. *Th. M. Mills* 1953, S. 351 ff.
215 Vgl. *O. J. Harvey* 1953, S. 357 ff.
216 Vgl. *H. Haferkamp* 1972 a, S. 100 f.
217 *N. Luhmann* 1972 a, S. 59.
218 *H. Haferkamp* 1972 a, S. 104.
219 Ebenda.
220 Ebenda, S. 105.
221 Vgl. *P. L. Berger* & *Th. Luckmann* 1969, S. 98 ff.
222 Ebenda, S. 98 f.
223 Ebenda, S. 111.
224 Die theoretische Aufarbeitung dieser Möglichkeiten erfolgt ausführlich im nächsten Kapitel.
225 *P. L. Berger* & *Th. Luckmann* 1969, S. 111.
226 Vgl. ebenda, S. 112 ff.
227 Vgl. die verschiedenen von uns referierten Sozialisationskonzepte in diesem und im vorigen Kapitel.
228 Vgl. *P. L. Berger* & *Th. Luckmann* 1969, S. 149.
229 Vgl. ebenda, S. 148.
230 *H. Popitz* 1969, S. 35.
231 Vgl. ebenda.
232 *A. W. Gouldner* 1967, S. 296.
233 *F. Sack* 1969, S. 985.
234 Vgl. die umfassende Beschreibung gesellschaftlicher Kontrollmethoden und -mittel bei *R. T. LaPiere* 1954, passim.
235 *H. Haferkamp* 1972 a, S. 110.
236 Vgl. dazu etwa *H. Peters* 1968, S. 108 ff.
237 *H. Haferkamp* 1972 a, S. 113.
238 Zur Definition von struktureller Gewalt, personaler Gewalt und deren Subkategorien vgl. *J. Galtung* 1972, S. 55 ff.
239 *P. L. Berger* & *Th. Luckmann* 1969, S. 58.
240 In den vorigen Abschnitten wurde von uns der Begriff der »primären Kontrolle« wie auch der der »Kontrolle durch Antizipation« von anderen Autoren übernommen. Aus systematischen Gründen und auch, um eine Abgrenzung von der expliziten Kontrolle sozialer Akteure zu erreichen, führen wir hier den Begriff der »latenten Kontrolle« ein und konfrontieren ihn dem der »manifesten Kontrolle«.
241 *N. Luhmann* 1972 a, S. 59.
242 *H. Haferkamp* 1973, S. 102.

243 Vgl. auch unsere Ausführungen in Teil 3.5.2.1.
244 *Th. Geiger* 1964, S. 47.
245 Vgl. ebenda, S. 48.
246 Vgl. *G. H. Mead* 1969, S. 195 f.
247 *H. Popitz* 1972, S. 16.
248 *G. C. Homans* 1970, S. 139.
249 Vgl. *L. Krappmann* 1971, S. 32 ff.
250 Ebenda, S. 36.

4. Anknüpfungen bestehender Theorien an die Probleme der Praxis der sozialen Arbeit: Abweichendes Verhalten und soziale Kontrolle

Ein großer Teil der Probleme der Praxis der sozialen Arbeit ist zum Gebiet der sozialen Verhaltensauffälligkeiten bzw. -abweichungen und deren Kontrolle – d.h. Prävention, Sanktionierung, Abwendung oder Behebung – zu rechnen. Unsere bisherigen Ausführungen haben relativ abstrakt die grundlagentheoretischen Probleme und Erklärungsmöglichkeiten der Prozesse sozialer Kontrolle im Rahmen einer allgemeinen soziologischen Analyse berührt. Zwar haben auch diese Analyseergebnisse ihre praktische Relevanz, indem sie die grundlegenden Elemente sozialen Kontrollhandelns und deren gesellschaftliche Abhängigkeit und Bestimmtheit aufzeigen und denen, die mit derartigen Handlungsweisen befaßt sind, ihr Handeln mit allen differenzierten Konsequenzen zu Bewußtsein bringen. Aber es fehlt hier bislang der Bezug zu konkreten Problemstellungen der gesellschaftlichen Kontrollpraxis. Ein erster Brückenschlag zu einer erweiterten Diskussion der Beziehung soziologischer Kontrolltheorie zu gesellschaftlicher Praxis der sozialen Arbeit könnte zunächst darin liegen, die zentralen Thesen vorliegender Theorien zum abweichenden Verhalten auf die bei ihrer Konstruktion vorgenommenen Einbeziehungen der Fragestellung sozialer Kontrolle hin zu überprüfen. Gleichzeitig mit dem deutlicher hervortretenden Praxisbezug der Theorien aus dem genannten Bereich könnten auch Fragen der empirischen Prüfbasis einzelner Ausschnitte soziologischer Kontrolltheorien kritisch verdeutlicht werden. Wir wollen im folgenden diese Vorgehensweise aus den genannten Gründen verfolgen, obwohl derartige Diskussionen in diesem Bereich bereits stattgefunden und sich z.T. in einer beinahe nicht mehr überschaubaren Flut von Publikationen niedergeschlagen haben. Trotz dieses möglichen Einwandes meinen wir aber, für unsere Zwecke die gegenseitigen Befruchtungsmöglichkeiten zwischen grundlagentheoretischer Forschung und spezialisierten Forschungen auf die geschilderte Weise ausnutzen zu müssen, da eine rigide Trennung zwischen allgemeinen und speziellen Soziologien in Anbetracht der Differenziertheit der dieses Buch leitenden Fragestellung in keiner Weise angebracht sein kann. Aus systematischen Gründen scheint es uns erforderlich, die Diskussion der Thesen zur sozialen Kontrolle im Rahmen von Theorien abweichenden Handelns in zwei Abteilungen vorzunehmen, je nachdem, ob eine Analyse der Bedingungen abweichenden Handelns oder ob eine Analyse der Reaktionen auf abweichendes Handeln im Vordergrund der Erklärungsansätze steht. Wir wenden uns zunächst den Theorien und Forschungen zu, die die Bedingungen abweichenden Handelns zum Thema haben und die diese Bedingungen nicht zuletzt als ein Problem sozialer Kontrolle betrachten.

4.1. Soziale Kontrolle und die Bedingungen abweichenden Handelns

Die in diesem Teil zu besprechenden Untersuchungen sind »einer ursächlichen Analyse der Voraussetzungen für abweichendes Verhalten« [1]* gewidmet. Die Abwendung von einer allgemein-soziologischen Betrachtungsweise und die Hinwendung zu einer empirischen Soziologie, die sich die Erforschung der Genese abweichenden Verhaltens zum Ziel setzt, ist ein sich deutlich abzeichnender Charakterzug der amerikanischen Kriminalsoziologie. Die Ursache dieser Wendung ist zweifellos in dem Bemühen um die Bekämpfung und Prävention des Verbrechens zu suchen; sie ist also sozialpolitischer Natur [2]. Auch in Deutschland können Untersuchungen zu diesem Problembereich auf eine lange Tradition zurückblicken. Die Forschung scheint uns hier – mehr noch als in den USA – auf eine direkte Praxisbezogenheit und -anwendbarkeit hin konzipiert zu sein, denn sie ist zum großen Teil von Praktikern für Praktiker durchgeführt worden. Während die amerikanische Kriminalsoziologie spätestens zu Beginn der 40er Jahre den Bezug zu allgemein-soziologischer Theorie wieder herstellte [3], hat diese Rückbeziehung in der BRD erst viel später durch *F. Sack* einen Anfang gefunden [4]. Sie ist jedoch auch in der Weiterverfolgung dieses Ansatzes immer noch stark an der Praxis orientiert, wenn auch weniger an der der abweichenden und auffälligen Personen als vielmehr an der diese kontrollierenden Instanzen.

Unsere einleitenden Bemerkungen zu diesem Kapitel möchten wir als eine Hinleitung zum Gegenstand der im folgenden besprochenen Forschungen betrachtet wissen. Diese empirischen Forschungen und allgemeinen Thesen liefern Beiträge und Untergliederungspunkte zu vier Forschungsrichtungen, die Eingang in die Kriminalsoziologie gefunden haben: es handelt sich um die Thesen zur Personen-, Familien-, Stadtteil- und Gesellschaftsdesorganisation.

Wir sehen an dieser Stelle, daß es zumindest vier spezifische Verwendungsweisen des Begriffs der »Desorganisation« gibt, die sich nur durch einen Verlust an analytischer Schärfe und Aussagekraft in ein allgemeines

* Anmerkungen s. S. 183

Konzept einpassen lassen. Desorganisation, auf den inneren Zustand einer Person, einer Gruppe, einer Einheit oder eines Systems bezogen, meint im Gegensatz zu Organisation eine Lockerung oder gar den Zerfall zuvor Gleichgewicht garantierender Bindungen, die Entstehung konfligierender Kräfte und den Zusammenbruch von Geregeltheit und Ordnung. Nicht zuletzt ist Desorganisation durch eine Abwesenheit oder weitgehende Machtlosigkeit kontrollierender Elemente gekennzeichnet, ein Merkmal, dem wir bei der Behandlung des bedingungsanalytischen Konzepts besondere Beachtung schenken wollen. *R. König* sieht in der Anwendung des Begriffs der »sozialen Desorganisation« auf empirische Soziologie die Gefahr der Zersplitterung in empirische Teildisziplinen gegeben, die in den USA zuerst durch die in dem Buch »Street Corner Society« von *Whyte* enthaltene strukturelle Analyse kritisiert wurde [5]. Trotzdem scheint dieser Begriff für unsere weitere Diskussion geeignet zu sein, da aufgrund der eben dargestellten hauptsächlichen Inhalte dieses begrifflichen Konzepts eine Beziehung der folgenden theoretischen Ansätze auf eine gemeinsame Ebene durch diesen Begriff ermöglicht wird.

4.1.1. Vorstellungen von sozialer Kontrolle im Rahmen der kriminologischen Ausgangslage: verschiedene Aspekte der Personendesorganisation

Bei der Einführung eines Kontrollkonzepts in eine Theorie des abweichenden Verhaltens wird man zweifellos die Möglichkeit einer abweichenden Motivation nicht übersehen können. »Eine Konzeption der Motivationskontrolle baut auf zwei Gruppen von Variablen auf. Einerseits ist der Aspekt des Antriebs zu berücksichtigen, eines feindlichen, destruktiven, aggressiven, habgierigen oder sonstwie ›antisozialen‹ Antriebs. Der andere Aspekt ist der der Kontrolle: etwas im Handelnden oder in der Handlungssituation, das es verbietet, einem Antrieb nachzugehen« [6]. Drei verschiedene Theorien, die entweder in einer Überbetonung des Antriebsmoments oder einer Vernachlässigung der Kontrollfunktionen die Ursachen individueller Abweichung zu erkennen glauben, bilden die historische Basis heutiger Kriminologie.
In der von *Beccaria* gegründeten und vor dem Hintergrund der Aufklärung und des Rationalismus zu sehenden »klassischen Schule« dominiert das Menschenbild eines rational und frei denkenden und handelnden Wesens. Die Kontrolle in Form der Bestrafung durch den Staat verfolgt das Ziel, den Kriminellen durch die Erfahrung oder die Erwartung der angedrohten Strafe zu »normalem« Verhalten zu motivieren und die Gesellschaft vor ihm zu schützen. Die Abkehr von dem Prinzip der soge-

nannten Humanität zu einem Prinzip der wissenschaftlichen Untersuchung menschlichen Handelns bedeutete gleichzeitig einen Übergang von der klassischen zur »positiven« Schule. *Lombroso* und seine Schüler *Ferri* und *Garofalo* sehen den Menschen durch seine biologischen Anlagen eindeutig determiniert, so daß sie die Annahme der prinzipiellen Unterschiedlichkeit krimineller und nichtkrimineller Individuen zur Norm erheben; einer Norm, die bis in die heutige Kriminologie nicht an Bedeutung verloren hat. Das von ihnen mehr implizit vorgeschlagene Kontrollkonzept versucht, die Kriminalität durch individuelle Maßnahmen zu kontrollieren. Noch 1939 erklärte *Hooton* trotz immer lauter werdender Kritik an den Problemstellungen der positiven Schule, Verbrechen seien durch ererbte Fehlanlagen zu erklären und durch eine Kontrolle der Vererbung zu bekämpfen. Eine weitere Variante der *Lombroso*schen Ausgangsintentionen liegt in der prominent von *Sheldon* und *Kretschmer* vertretenen Theorie der Konstitutions-Typologien vor, die einen angenommenen ursächlichen Zusammenhang zwischen Körperbau und Charakter durch selektive Aufzucht zu kontrollieren versucht, um dadurch Kriminalität auszuschließen [7].
Neben biologischen Erklärungsversuchen dienen Teilbereiche psychologischer oder tiefenpsychologischer Theorien der Erklärung der Bedingungen individueller Abweichung, z.B. in Form von Aussagen über ungenügende Kontrolle deformierter Triebe, über eine Fehlentwicklung des Ich, des Über-Ich oder der Beziehung zwischen beiden und über die Bedingungen des Aufbaus sich in Aggressivität äußernder Frustrationen [8]. Psychologische und psychodynamische Kontrolltheorien orientieren sich hauptsächlich an den Bedingungen der Neustrukturierung der individuellen Psyche durch eine Veränderung der psychische Fehlorientierungen veranlassenden sozialen Umweltfaktoren oder aber durch den Aufbau einer starken inneren Kontrolle.
Die neuere, vorwiegend naturwissenschaftlich orientierte Kriminologie geht – ähnlich der positiven Schule – von einer prinzipiellen Unterschiedlichkeit konformen und nichtkonformen Verhaltens aus. Ihr Untersuchungsgegenstand ist demgemäß das kriminelle Verhalten, dessen Ursache eine schlechte, böse Konstellation physischer und/oder psychischer Umstände in der Person ist, die schlechte, böse Folgen auslöst [9]. Während die biologisch-anthropologische Position an eine biologische Prädisposition zu kriminellem Verhalten glaubte, berufen sich die psychologischen Erklärungen auf eine fehlende Kontrolle metaphysischer Kräfte. Mit diesen Anmerkungen soll keineswegs ein möglicher Zusammenhang zwischen Devianz und physischen/psychischen Störungen geleugnet werden. Wir sehen lediglich in der Reduzierung gesellschaftlichen Handelns

auf individuelles Handeln und in der Eingrenzung sozialer Kontrolle auf individuelle Kontrolle die Gefahr der Individualisierung abweichenden Handelns gegeben. Weiterhin kann eine Gefahr entstehen, wenn in der Persönlichkeit isolierte Faktoren als Determinanten kriminellen Verhaltens bezeichnet werden, ohne daß der Versuch gemacht wird, einen Zusammenhang zwischen den sozialstrukturellen Lebensbedingungen und der Genese eben dieser willkürlich isolierten Faktoren herzustellen. *Montagu* faßt diesen Einwand gegen die Isoliertheit der Personendesorganisationsthese folgendermaßen zusammen: »...daß, genauso wie Umweltbindungen zur Schaffung und Anordnung des Bewußtseins notwendig sind, es ebenfalls dieser Umweltbedingungen bedarf, um erblich determinierte Elemente des Nervensystems in der Weise anzuordnen, daß dieses sich in Formen entwickelt und äußert, die die Gesellschaft ›kriminell‹ nennt« [10].

4.1.2. Familie und soziale Kontrolle

In der Soziologie wird die Familie als eine der bedeutungsvollsten Gruppen der menschlichen Gesellschaft anerkannt, da der Mensch sein Leben in einem Beziehungsgeflecht familialer Rollen verbringt, die das Ergebnis einer innerhalb der Familie sich vollziehenden Sozialisation sind. Die Familie übernimmt in dieser Hinsicht eine Vermittlerfunktion zwischen Individuum und Gesellschaft, da sie gesellschaftliche Werte und Normen vermittelt und ihre Einhaltung dort kontrolliert, wo institutionalisierte und internale Kontrollen versagen [11].
Ausgangspunkt unserer Darstellung der Ergebnisse empirischer Untersuchungen zur Beziehung von Jugenddelinquenz und Familie soll die Aussage sein, daß soziale Kontrolle in Familien unterer Schichten nur in geringem Maße tätig wird [12] und daß bei fehlendem inneren Zusammenhalt der Familie den Versuchungen eines devianten Lebensstils beispielsweise im Rahmen einer Bandenmitgliedschaft kein Kontrollriegel vorgeschoben wird [13]. Neben einem Ausfall der familialen Kontrollen grundsätzlicher Art sind besonders die verschiedenen Ausprägungen einer gestörten Familienfunktion und eines inkonsistenten Erziehungsstils die auslösenden Faktoren einer delinquenten Verhaltensweise der Kinder. *S.* und *E. Glueck* wie auch *W.* und *I. McCord* betonen die Notwendigkeit einer dynamischen Kombination oder Interdependenz dieser Faktoren mit solchen, die aus einer psychosomatischen Analyse der Person gewonnen werden, zur Erklärung abweichenden Verhaltens [14]. Die aus ihren Annahmen resultierende *Therapie* sieht psychische, psychiatrische und soziologische Maßnahmen vor, um die kriminellen Energien in gesellschaftlich akzeptierte Bahnen zu lenken [15].

Welches sind nun die empirisch gewonnenen zentralen Thesen zum Bereich Familie und soziale Kontrolle? Während *M. Gold* die Ursache der Eskalation abweichender Tendenzen in der mangelnden Kontrollfähigkeit der Anziehung (attraction) der Familie zu erkennen glaubt [16], sehen *Bandura* und *Walters* die Kontrolle – sie manifestiert sich als interne Kontrolle durch Gewissensbildung und Identifikation mit der Familie – durch eine gestörte Abhängigkeitsbeziehung zwischen Kind und Eltern gefährdet [17]. Nach Gold ist die Kontrollchance der Eltern durch die Attraktivität, die Anziehung, die die Familie auf das Kind ausübt, determiniert. Die Anziehung der Familie ist allerdings durch den sozialen Status begrenzt, der eine Familie aus der Unterschicht weniger attraktiv erscheinen läßt [18]. Innerhalb der Familie ist der gleichgeschlechtliche Elternteil als Identifikationsobjekt von besonderer Bedeutung für die Bildung eines kontrollierenden Bewußtseins [19]. Niedriger Sozialstatus sowie eine neben- oder untergeordnete Stellung des Vaters in der Familie lassen den Vater weniger attraktiv erscheinen und können zu einer Schwächung der Identifikation und damit der Kontrolle führen [20]. Bei *Bandura* und *Walters* erfolgt eine Verschiebung des Akzents von der indirekten zur internen Kontrolle. Die Abhängigkeit des Kindes von seinen Eltern erlaubt es, die kindlichen Aktivitäten durch Belohnung oder Strafe zu regulieren [21]. Ein Übermaß von Strafe reduziert die emotionale Abhängigkeit und läßt aus einem Angstgefühl heraus Widerstände gegen die Eltern entstehen [22]. Der entsprechende Erziehungsstil ist gekennzeichnet durch physische Sanktionen und Zwangsmethoden (»nonlove-oriented methods«) sowie inkonsistentes Erziehungsverhalten der beiden Elternteile. Die in integrativer Hinsicht effizientere Erziehungstechnik sieht Kontrolle des Bewußtseins durch Liebe oder Entzug von Liebe vor (»love-oriented disciplinary techniques«) [23].

P. Jacobi verfolgt einen mehr soziologischen Forschungsansatz, wenn er einen funktionalen Zusammenhang zwischen sozialer Kontrolle und Sozialisation herzustellen sucht. Soziale Kontrolle ist nach *Jacobi* als »Mittel eines auf Normübernahme ausgerichteten Sozialisationsprozesses« [24] definiert, im Unterschied zu personaler Kontrolle, die bei ihm dem Über-Ich entspricht. *Jacobi* befürwortet eine strikte Trennung zwischen sozialer Kontrolle und den Sanktionen des Lohns und der Strafe, da soziale Kontrolle die Übernahme der in der Familie vermittelten Normen ermöglicht und so zur Verhaltenssteuerung des Kindes beiträgt, wohingegen Sanktionen als Reaktionen auf eine Normeinhaltung oder einen Normbruch zu einer Aktualisierung der Norm führen [25]. Da soziale Kontrolle in der Familie alle Formen der Kindererziehung umfaßt, kann sie auf allen Stufen der Sozialisation operationalisiert werden.

Die hier vorgestellten Untersuchungen zeichnen sich (die Arbeiten von *Bandura/Walters* und *Jacobi* vielleicht ausgenommen) durch eine bemerkenswerte Theoriearmut aus. *König* kritisiert dies, wenn er sagt: »Es gibt auch in der Familiensoziologie *keine Empirie ohne Theorie*, d.h. mit anderen Worten, daß etwa eine bloße ›Inventarisierung‹ von Phänomenen irgendwelcher Art sachlich ohne jede Bedeutung ist, sofern sie nicht nach bestimmten Begriffen aufgestellt ist. Allein der Begriff ›Familie‹ macht schon theoretische Voraussetzungen...« [26], so daß wir einschränkend sagen müssen: den o.a. empirischen Untersuchungen liegen *explizit* keine ausformulierten Theorien zugrunde, die als Leitfaden für die Forschung angesehen werden könnten, obwohl *implizit* ein theoretisches Verständnis in Form eines Hintergrundwissens angenommen werden muß. Ein eklektischer Forschungsansatz, wie z.B. bei den *Gluecks*, die soziologische Orientierungen ausschließen, wie auch die Reduzierung sozialer Faktoren auf Randbedingungen psychologischer Determinanten abweichenden Verhaltens [27] lenken den Blick lediglich auf psychologische und tiefenpsychologische Mehr-Faktoren-Aufzählungen zur Erklärung des Verhältnisses von Jugendkriminalität und Familie. Ein grundlegender Konsens über »Recht« und »Unrecht«, »normal« und »anormal« [28] führt die Vertreter dieser Ansätze zu der Erkenntnis einer Differenzierbarkeit Krimineller von Nicht-Kriminellen [29]. Die Schlußfolgerung, ein Nachlassen oder ein Zusammenbruch familialer Kontrolle verhelfe der bereits vorhandenen Tendenz abweichenden Verhaltens zum Durchbruch, kann nicht überzeugen, da sie die Wirkung anderer (beispielsweise subkultureller) Kontrollen vernachlässigt und nicht erklärt, warum unter gleichen familialen Sozialisationsbedingungen ein Jugendlicher delinquent handelt, ein anderer offenbar nicht. Die empirischen Untersuchungen können so nur als der Versuch gewertet werden, Jugenddelinquenz als eine Folge fehlender familialer Kontrolle in der Unterschicht zu analysieren, ohne daraus Schlüsse auf die Delinquenz Jugendlicher aller sozialen Schichten oder gar auf Delinquenz allgemein zu ziehen. Diese Problemtaik muß uns letzten Endes in diesem Zusammenhang zu einer Kritik der Verwendung des Konzepts der Familie als der eigentlichen und hauptsächlichen Sozialisationsinstanz in der Gesellschaft führen. Wir schließen uns *König* an, wenn er sagt, daß in diesem Rahmen »nicht nur die Gruppenproblematik, sondern gleichzeitig die Frage nach dem Aufbau der sozial-kulturellen Person in einem gegebenen gesamtgesellschaftlichen Rahmen und die Relation der Familiengruppe zu den anderen sozialen Systemen und schließlich zur Gesamtgesellschaft behandelt« [30] werden müsse.

4.1.3. Die Stadtteildesorganisationsthese Yablonskis und ihre kontrolltheoretischen Implikationen in bezug auf abweichendes Handeln Jugendlicher

Yablonski widmet seine Aufmerksamkeit den delinquenten Aktivitäten Jugendlicher, die sich in den desorganisierten Slums amerikanischer Großstädte zu »violent gangs« zusammenrotten. Diese Art der Gang ist vorrangig zum Zweck der emotionalen Befriedigung entstanden. Alle daraufhin ausgerichteten Aktivitäten sind um Gewalt (violence) zentriert, die *Yablonski* als sinnlos und aus unkontrollierbaren Zwängen entstanden bezeichnet [31].

Desorganisierte Slums setzen sich bevölkerungsmäßig zu einem großen Teil aus zugezogener Landbevölkerung und aus Einwanderern zusammen. Eine durch Kulturheterogenität bedingte Vielzahl von Normen, Werten und Verhaltensmustern, die oft mit den Anforderungen der neuen Umwelt konfligieren, setzt in besonderem Maße Jugendliche Konflikten aus, denn »die Jugend ... wird oft durch konfligierende Standards an ›korrektem‹ Verhalten gehindert« [32]. Eine Folge der Heterogenität ist der ersatzlose Ausfall bisher wirksamer Kontrollen. *Yablonski* schreibt dazu: »Unter ›sozialen Kontrollen‹ verstehe ich hier hauptsächlich definierte und klar erwartete Reaktionen im sozialen System, die dazu neigen, Devianz zu verbieten oder zu kontrollieren. Diese Elemente sozialer Kontrolle sind die grundlegenden Muster zur Aufrechterhaltung menschlichen Verhaltens innerhalb erwarteter sozialer Grenzen, und sie sind von besonderer Bedeutung für die Kontrolle des Verhaltens relativ unsozialisierter Jugendlicher« [33]. *Yablonski* glaubt, die Hauptursachen inadäquater Sozialisation in einem Nachlassen elterlicher Kontrolle und in einem Auseinanderklaffen der kindlichen Erwartungen an die Rolle der Eltern und der tatsächlichen Elternrolle zu erkennen. Mangels sozialer Kontrolle durch eine Gemeinschaft bekannter Personen, durch den Ausfall der Familienehre und durch fehlendes familiäres Prestige verliert sich der Jugendliche vollkommen in der Anonymität eines desorganisierten Stadtteils. In dem diesem sozialen Milieu eigenen defekten Sozialisationsprozeß entfällt die Übernahme menschlicher, sozialer Gefühle und Verantwortlichkeit mit dem Ergebnis der Herausbildung einer impulsiven, nicht kooperationsbereiten Person. Ein dergestalt sozialisierter Jugendlicher ist besonders empfänglich für die Mitgliedschaft in einer »violent gang«.

Yablonski definiert die »violent gang« unter der soziologischen Kategorie der »near group«. »Sie kennzeichnet den speziellen Aktionszusammenhang mit schwankendem Organisationsgrad, sehr niedriger Kohäsion, flüchtigen Mitgliedschaften ohne anerkannte Mitgliedkriterien, mit ungeklärter und häufig wechselnder Führerschaft und wechselnden Allianzen« [34]. Sein Forschungsansatz wird bei den dargestellten Überlegungen von der Annahme einer auf gesellschaftlichem Konsens beruhenden Bewertungs- und Typisierungsbasis getragen, die er nicht kritisch hinterfragt. In dem von ihm geschilderten Rahmen wird die Frage zu stellen sein, inwiefern ein als allgemein vorausgesetzter Konsens der Normalität, Rationalität und des Sinns in einem Zustand sozialer Desorganisation von Realitäts- und Handlungsrelevanz sein kann und ob in diesem sozialen Zustand die Eltern überhaupt in der Lage sind, die Verantwortung für die Vermittlung sozialer Erwartungen zu übernehmen. Da *Yablonski* die Sinn- und Zügellosigkeit der »violent gang« konstatiert, entzieht sich seinem soziologischen Mikroskop die Einsicht in eine eigene, in dialektischem Verhältnis zur Gesamtgesellschaft stehende subkulturelle Werte- und Normenstruktur [35].

4.1.4. Ein allgemein-theoretisches Konzept sozialer Kontrolle im Rahmen der Anomietheorie

Wir wenden uns nun einem soziologischen Konzept zu, das einen gesamtgesellschaftlichen Zustand der Anomie als ursächlichen Faktor der Entwicklung und Ausübung abweichenden Verhaltens beschreibt. Eine Darstellung der Anomietheorie würde sich der Unterlassung schuldig machen, betonte sie nicht das Verdienst *Durkheims* um eine sozialstrukturelle Erklärung abweichenden Verhaltens. Er bezeichnete das Verbrechen als ein normales und »mit den Grundbedingungen eines jeden sozialen Lebens« [36] verbundenes und damit nützliches Phänomen. Wir deuten damit an, daß wir uns hier lediglich auf den bekannteren Anomiebegriff *Durkheims* beschränken wollen, den er in seiner Arbeit über den Selbstmord entwickelt. Ausgangspunkt *Durkheims* ist die Feststellung, kein menschlichs Wesen könne existieren, bevor nicht seine Bedürfnisse seinen Mitteln angepaßt seien. Da menschliche Bedürfnisse nach Ansicht *Durkheims* unbegrenzt sind, werden sie durch die moralische Autorität des Kollektivbewußtseins kontrolliert und in Grenzen gehalten [37]. In einer Phase gesellschaftlicher Norm- oder Regellosigkeit bewirken zu hoch geschraubte Ansprüche gesellschaftliche Anomie, d. h. Regellosigkeit. Wie *Durkheim* nachweist, übt Anomie einen ursächlichen Einfluß auf die Steigerung der Selbstmordrate aus [38].

Da eine Erörterung zu *Durkheims* Konzeption einer Theorie der sozialen Kontrolle bereits in Kapitel 2.1. dieser Arbeit erfolgte, wollen wir uns an dieser Stelle nur auf wenige Gedanken beschränken, die im Rahmen einer Verwendung des Begriffs »Anomie« von Interesse sind:

a) Die gleichzeitige Verwendung der Begriffe des Triebs und des Bedürfnisses in der spezifischen Verwendungsweise »unendlicher« und »ungerichteter« Triebe und Bedürfnisse muß als eine Einschränkung von *Durkheims* Postulat, »Soziales durch Soziales zu erklären«, bewertet werden, dies besonders, wenn man sich die kulturelle Überformung von Bedürfnissen vergegenwärtigt.
b) Die Orientierung an gesellschaftlich gesetzten Werten blendet die Möglichkeit der individuellen Motivation aus. Die Bedeutung einer dahingehenden Erweiterung für die Funktion der »contrainte sociale« wäre in einer Relativierung der gesellschaftlichen Integration und in einer Pluralisierung von Werten, Zielen und Interessen zu sehen.

In Aufnahme *Durkheim*scher Gedanken und mit einer entschiedenen Distanzierung von einer Triebtheorie *Freud*scher Prägung, die gesellschaftliche Krisen als eine Resultante der Gegensätze normativer Regelungen und menschlicher Antriebe betrachtet, versucht *Merton*, seine *funktinalistisch orientierte Theorie der Anomie* zur Geltung zu bringen, die die Sozialstruktur als eine grundlegende Variable in der Entwicklung der Raten abweichenden Verhaltens bestimmt [39]. Die »soziokulturelle Dissoziation« und die »soziale Schicht« sind für die Konstruktion seiner Theorie von besonderer Bedeutung.
Die erste Kategorie bezeichnet das Verhältnis kulturell gesetzter Ziele zu kulturell institutionalisierten Normen. Eine institutionelle Norm »definiert, reguliert und kontrolliert die akzeptablen Mittel zur Erreichung dieser Ziele« [40]. Kennzeichen jeder sozialen Gruppe ist es, daß die erstrebenswerten Ziele mit legitim normierten Mitteln verknüpft sind, die in den Sitten und Institutionen der Gruppe wurzeln. Diese »kulturell standardisierten Praktiken« sind auf einer Stufenleiter sozialer Normiertheit angeordnet, die von »Vorschrift« über »Präferenz« und »Erlaubnis« bis zum »Verbot« reicht. Maßstäbe für die Kennzeichnung einer legitimen, institutionellen Norm sind nicht technische Effizienz, sondern »wertgeladene Gefühle, unterstützt von den meisten Mitgliedern der Gruppe oder von denen, die in der Lage sind, diese Gefühle durch den gemeinsamen Gebrauch von Macht und Propaganda zu unterstützen« [41]. In der anomischen Gesellschaft liegt die Betonung auf den kulturellen Zielen bei gleichzeitiger Vernachlässigung der die Mittel definierenden Normen. Bei dieser unterschiedlichen Gewichtung werden in zunehmendem Maße Mittel vertreten und angewandt, die bei der Verfolgung eines Zieles die technisch höchste Effizienz versprechen, jedoch illegitim sind.
Unter der zweiten Kategorie versteht *Merton* »...den organisierten Set sozialer Beziehungen, in den die Mitglieder der Gesellschaft oder Gruppe

unterschiedlich eingegliedert sind« [42]. Der Zugang zu den zielorientierten Mitteln (Schulbildung, soziale Macht etc.) differiert nach der Position in der sozialen Struktur. Nach der Isolierung dieser beiden Faktoren definiert *Merton* Anomie »als einen Zusammenbruch in der sozialen Struktur, der besonders dann eintritt, wenn ein akuter Unterschied zwischen den kulturellen Normen und Zielen und den sozial strukturierten Möglichkeiten der Gruppenmitglieder besteht, in Übereinstimmung mit den Normen zu handeln« [43]. Der Druck zu abweichendem Verhalten wirkt unterschiedlich auf die Mitglieder verschiedener sozialer Schichten, wobei für die Unterschicht gilt, daß ihre Mitglieder um so eher zu illegitimen Praktiken greifen, als ihnen der Zugang zu legitimen Mitteln versperrt ist [44].

Die Übernahme des Anomiebegriffs durch *Merton* führt zu einer Erklärung unterschiedlicher Raten abweichenden Verhaltens in verschiedenen gesellschaftlichen Schichten [45]. Da sein Hauptziel jedoch dem Einbau sozialer Dynamik und sozialen Wandels in ein strukturell-funktionales Konzept gilt [46], mag man seine Ausführungen als ein »Abfallprodukt« seiner eigentlichen Bemühungen bezeichnen. Folgende Kritikpunkte können u. E. herangezogen werden:

a) Die von *Merton* getroffene Annahme einer sozio-kulturellen Dissoziation zwischen Zielen und Normen, die die Mittel zur Erreichung der Ziele eingrenzen, geht von der Voraussetzung aus, die kulturelle Struktur weise eine generelle Hierarchie kultureller Werte auf, was uns gleichbedeutend mit der Annahme einer »absoluten Moral« zu sein scheint, deren Genese von *Merton* nicht weiter untersucht wird [47].
b) Demgegenüber wäre eine Perspektive zu fordern, dergemäß Werte und deren Hierarchien in der Interaktion von Individuen als sich entwickelnd begriffen werden, und zwar so, daß Gruppen eine Struktur von Werten bilden, die sich durch Interaktion mit anderen Gruppen zu einer Skala von Präferenzen verdichten. Aus dieser Sicht folgt, daß »Konformität... ebenso problematisch wie Devianz wird« [48].
c) Die Voraussetzung einer Hierarchie allgemeiner Werte, die mit den institutionalisierten Normen dissoziiert, geht von »der normativ-paradigmatischen Unterstellung der Regelhaftigkeit jeder Situation und der damit verbundenen Annahme einer deduktiven Struktur sozialen Handelns« aus [49].
d) *Mertons* Beziehung zwischen Werten und Normen basiert auf einem utilitaristischen Ziel-Mittel Prinzip, das von einem rational handelnden Individuum ausgeht. In diesem Zusammenhang muß die Frage der Zulässigkeit einer Dichotomisierung von Werten in Mittel und Ziele diskutiert werden [50].

e) Da *Mertons* Anomiekonzept lediglich die Möglichkeit der Anwendung illegitimer Mittel beinhaltet, kann sein Anomiebegriff nur als *eine* mögliche Verwendungsweise der Kombination von Ziel und Mittel betrachtet werden [51].
f) *J. Ritsert* konstatiert gar eine Doppelung des Begriffs: »Anomie wird einmal auf Diskrepanzen zwischen kulturellen Zielen und sanktionierten Strategien bezogen, als ›Zusammenbruch in der kulturellen Struktur‹ interpretiert ... Zum anderen scheint Anomie aus Diskrepanzen von Struktur und Kultur hervorzugehen, so daß die Trennung von Zielen und Mitteln gleichgültig wird oder doch wenigstens eine periphere Rolle spielt« [52].
g) Soziale Kontrolle sollte nicht den Charakter einer Konstanten in der kulturellen Struktur, sondern den einer unabhängigen Variablen erhalten, so daß sie als eine »Ursache« abweichenden Verhaltens bezeichnet werden kann.

4.1.5. Hirschis Vorschlag zu einer umfassenden bedingungsanalytischen Wendung der Kontrolltheorie zur Erklärung abweichenden Handelns Jugendlicher

Die von *T. Hirschi* so genannte Kontrolltheorie verlagert den Gegenstand der Betrachtung auf die Erklärung konformen Verhaltens und sieht Devianz prinzipiell als gesellschaftlich gegeben an [53]. Unterschiede in der individuellen Moralität erlauben einigen Menschen, sich von moralischen Empfindungen zu befreien. Ein solcher Zustand nachlassender Moralität ist Ausdruck einer geschwächten oder zerstörten Bindung des Individuums an die Gesellschaft, die in delinquenten Handlungen resultieren kann [54].
Hirschi führt in seine Kontrolltheorie verschiedene Variablen ein, die als Elemente der Bindung an eine konventionelle Gesellschaft zu verstehen sind. Er betrachtet eine Basis gesellschaftlich geteilter Werte als Grundlage seiner Theorie. Gegen die Werte zu handeln bedeutet, die Erwartungen anderer Personen zu verletzen. Diese Mißachtung ist kennzeichnend für eine fehlende normative Bindung und für eine Freisetzung zu devianter Handlung. Die derartige Form der Bindung an andere Personen nennt *Hirschi* »attachment«. Eine andere Form der Bindung als die eben beschriebene des »attachment« stellt »commitment« dar. Durch diesen Begriff wird eine rationale Komponente der Konformität nach dem Nutzen-Kosten-Prinzip gekennzeichnet. Eine weitere Form der Bindung, das »involvement«, fesselt das Individuum an die Normen der Gesellschaft, indem durch einen Mangel an Zeit und Energie keine oder nur geringe

Möglichkeit zu anderen als konventionellen Aktivitäten zugelassen wird [55]. *Hirschi* nimmt schließlich die Existenz eines allgemeinen Wertesystems an, an das einzelne Personen durch »beliefs« als einer letzten Form möglicher Bindungen gebunden sind und aus dem sie nur durch eine hypothetische Reduzierung der »moralischen Hindernisse« ausbrechen und eigene Werte und »Glaubensvorstellungen« (beliefs) entwickeln können, die mit ihren Gefühlen konsistent sind. Die Wahrscheinlichkeit einer delinquenten Handlung steigt in dem Moment, da der Respekt vor einer Regel nachläßt. Um die Konsistenz und Festigkeit einer Bindung zu kennzeichnen, kommt *Hirschi* zu folgender Verknüpfung: Je enger eine Person durch *eins* der vorher beschriebenen Elemente an die Gesellschaft gebunden ist, desto stärker ist sie auch über die *anderen* Faktoren an die konventionelle Gesellschaft gebunden. Wir stellen hier drei von sechs möglichen Kombinationen vor, da *Hirschi* diese als besonders charakteristisch herausstellt:

a) Die Bedeutung einer Beziehung zwischen »attachment« und »commitment« besteht darin, daß die durch rein rationale Gründe (wie sie im »commitment« zum Ausdruck kommen) an die konventionelle Ordnung gebundenen Jugendlichen wahrscheinlich geringere emotionale Bindungen zu konventionellen anderen aufrechterhalten würden [56]. Dem tritt die enge Verzahnung von emotionaler und rational abwägender Sphäre entgegen.
b) Der Verknüpfung von »commitment« und »involvement« legt *Hirschi* die Annahme zugrunde, daß fehlende Bindungen eines Jugendlichen an die Gesellschaft lediglich eine Aussage über die Wahrscheinlichkeit delinquenten Handelns zulassen. Diese Wahrscheinlichkeit wird dadurch beeinflußt, daß schulische und berufliche Bestrebungen, die durch »involvement« beeinflußt werden, die Gelegenheit delinquenten Handelns einschränken [57].
c) Es besteht eine direkte Beziehung zwischen der emotionalen Beziehung (attachment) eines Jugendlichen zu anderen Personen und dem Glauben (belief) an die moralische Gültigkeit von Regeln, da »Respekt der Ursprung des Rechts ist« [58].

In seiner Untersuchung verknüpft *Hirschi* Elemente der Bindung an die Gesellschaft mit Personen oder Institutionen, die im Leben des einzelnen von Bedeutung sind. Die *emotionale Bindung (attachment) an die Eltern* [59], ein hauptsächliches Hindernis der Delinquenz, wirkt durch die psychologische Präsenz der Eltern, auch wenn Gelegenheit zu delinquentem Tun besteht. Die psychologische Präsenz hängt in hohem Maße von der Interaktion des Kindes mit den Eltern ab [60], und zwar unabhängig von Rasse und Klasse.

Die emotionale Bindung an die Schule wirkt als wichtiges Element der verknüpfenden Position der Schule zwischen konventioneller Familie und der konventionellen Welt der Arbeit und der Ehe [61] dadurch, daß der akademisch kompetente Schüler stärker an die Schule gebunden wird. Umgekehrt führen Frustration in der Schule und Ablehnung von Mittelschicht-Werten mit erhöhter Wahrscheinlichkeit zu Delinquenz.
Die Untersuchung der *emotionalen Bindung an Gleichaltrige* zeigt [62], daß delinquent handelnde Jugendliche mit größerer Wahrscheinlichkeit auch delinquente Freunde haben, obwohl diese Bindung keine negativen Gruppenziele oder -werte liefert.
Die Untersuchung der *Verwirklichung in konventionelle Aktivitäten* irgendeiner Art zeigt, daß zwischen diesen und Delinquenz eine geringe oder gar keine Beziehung besteht. Ungeachtet der Bindung an die Schule sind Jugendliche, die trinken, rauchen u.ä. »erwachsene« Aktivitäten ausführen, allerdings wahrscheinlicher delinquent als andere [63].
Als Fazit seiner Untersuchungen gelangt *Hirschi* zu der Überzeugung, daß keine Relation zwischen Werten, Zielen und Normen der Unterschicht und delinquenten Akten besteht, da Jugendliche unabhängig von Klasse und ethnischer Zugehörigkeit, ob delinquent oder konform, Normen und Werte der Mittelschicht gleich hoch bewerten [64], daß also Aspiration nach den Zielen einer höheren gesellschaftlichen Klasse nicht als verursachender Faktor bei der Auslösung delinquenten Handelns betrachtet werden kann.
Hirschi ist in seinem Konzept einer Kontrolltheorie bemüht, die Vorstellung einer schichtspezifischen Verteilung von Delinquenz konsequent zu widerlegen. Auf dieser Intention fußt seine Theorie, die besagt, daß Delinquenz dann eintritt, wenn ein Heranwachsender keine oder nur schwache Bindungen zur konventionellen Gesellschaft unterhält. In diese Theorie führt er nun verschiedene problematische Größen ein, die als der Theorie externe Größen zu verstehen sind. Die bedeutendste dieser Größen scheint uns die eines allgemein geteilten Werte- und Normensystems zu sein, die wir ja unter der Bezeichnung »absolute Moral« bereits bei *Merton* kritisiert haben. Auch haben wir bei *Merton* schon angemerkt, daß eine starke Betonung des rationalen und kalkulierenden Moments im Handeln den Blick auf eine Perspektive unreflektierten Handelns verbirgt. Wenn *Hirschi* feststellt, daß der Grad der Internalisierung gesellschaftlicher Normen – die Variation in der Moralität – im Wesen der Bindung des Jugendlichen an andere Personen, speziell seine Eltern, liegt, so muß hier gefragt werden, ob die Möglichkeiten der Vermittlung und Internalisierung von Normen nicht doch schichtspezifisch verteilt sind. Als Beispiel dafür wollen wir auf die sprachlichen Restriktionen hin-

weisen, die z.B. einem Jugendlichen aus der Unterschicht den schulischen Erfolg erschweren oder zu einer negativen Meinung des Lehrers über den Schüler führen, so daß beide Faktoren, die ja von Hirschi als Mittelschicht-Werte definiert werden, auf die normative Strukturierung des Jugendlichen zurückwirken.
Damit haben wir einen weiteren Kritikpunkt erwähnt: Die Relationen zwischen den einzelnen Dimensionen des Elternhauses, der Schule und der Gleichaltrigen sind ziemlich undifferenziert erarbeitet. Ebenso muß bemängelt werden, daß *Hirschi* die Wirkung aller vier Elemente der Bindung an die konventionelle Ordnung in unzulässiger Weise trennt, anstatt die Wirkung aller vier Faktoren zu gleicher Zeit zu untersuchen.
Zur Kritik der Untersuchungsmethode muß hier noch erwähnt werden, daß der anonyme Selbst-Report, der von *Hirschi* bevorzugt wird, die Möglichkeit klassenspezifischer Vernachlässigungen oder Übertreibungen als eine einflußreiche Größe mißachtet [65]. Schließlich muß man sich generell fragen, ob eine andere Operationalisierung des Begriffs »Delinquenz« nicht zu verschiedenen oder gar grundsätzlich anderen Untersuchungsergebnissen geführt hätte [66]. So wird nur durch ein Item erfragt, ob der Jugendliche jemals Gegenstände von einem bestimmten Wert gestohlen habe [67]. Einerseits grenzt *Hirschi* dadurch die Schwere einer delinquenten Handlung auf einen meßbaren Wert ein; andererseits berücksichtigt er Delikte unterhalb dieses Wertes nicht; ebenso vernachlässigt er Delikte wie z.B. Unterschlagung, Verleumdung, Scheck- oder Urkundenfälschung. Ein letzter zu kritisierender Punkt ist u.E. die Beschränkung auf eine Grundgesamtheit, die nur aus Jugendlichen besteht [68].

4.2. Soziale Kontrolle als gesellschaftliche Reaktion auf abweichendes Handeln

Bei einer »Durchsicht der amerikanischen kriminologischen Literatur und einem Vergleich mit entsprechenden europäischen Arbeiten (kann man) sagen, daß soziale Faktoren in der angelsächsischen Kriminologie stärker betont werden, wohingegen in der europäischen, insbesondere in der italienischen und deutschen Kriminologie, der Nachdruck stärker auf Merkmalen liegt, die der Person als biologischem oder als psychischem Wesen zukommen« [69]. Für eine soziologische Betrachtungsweise ist jedoch nicht allein die Verwendung sozialer Faktoren ausschlaggebend. »Die Verfehlung eines soziologischen Bezugsrahmens hängt (vielmehr) damit zusammen, daß der kriminelle Täter Ausgangs- und Endpunkt jeglicher kriminologischen Forschung darstellt« [70].

Gegen diese Position bezieht in zunehmendem Maße eine kriminalsoziologische Orientierung Stellung, die nicht den Täter und seine Tat als das eigentliche Problem sieht, sondern vielmehr die Perzeption dieser Phänomene problematisiert. »Die primäre Frage ist dann nicht, wer ist der Deviante?, sondern, wie definiert eine Gruppe den Devianten?« [71]. Dieser Ansatz ist unter verschiedenen Bezeichnungen bekannt geworden. Ohne hier auf eine Darstellung und Diskussion dieser Termini eingehen zu wollen, werden wir in Zukunft von dem »labeling approach« oder der »Labeling-Theorie« sprechen, da diese Begriffe auch in der deutschsprachigen Diskussion eingeführt sind und da der Begriff des »Labels« in seiner verbreiteten Verwendungsweise die Zuschreibung eines neuen Status und die daraus resultierenden Konsequenzen für seinen Träger in der Interaktion mit seiner Umwelt, wenn nicht zu beinhalten, so doch mindestens mitzudenken scheint. Der »labeling approach« hat sich in der BRD, initiiert durch die fruchtbare Aufarbeitung des Ansatzes durch *F. Sack*, in verstärktem Maße einer Analyse der Instanzen sozialer Kontrolle – wozu gemäß diesem Ansatz insbesondere die Institutionen aus dem Bereich der sozialen Arbeit zu zählen sind – und einer Kritik ihrer theoretischen Konzepte und ihrer Praxis zugewandt. In unserer Darstellung werden wir uns auf die institutionalisierten Teile der Sozialarbeit konzentrieren, die mit Defiziten irgendwelcher Art ihrer Adressaten befaßt sind, nicht jedoch ohne diese Instanzen in einen Funktionszusammenhang mit anderern Institutionen sozialer Kontrolle zu stellen.

4.2.1. Abriß einiger Aspekte des labeling approach

Ausgangspunkt der Labeling-Theorie ist die Annahme, daß Devianz, abweichendes Handeln also, keine inhärente Eigenschaft einer Handlungsweise oder einer Person darstellt, daß ergo eine Person oder eine Handlung nicht von sich aus oder an sich kriminell oder sonstwie abweichend sein kann, sondern auf der Grundlage gesellschaftlicher Normen und Werte als abweichend definiert und demgemäß behandelt wird. Devianz ist folglich das Produkt eines gesellschaftlichen Zuschreibungsprozesses.

Verhaltensregulierende Normen werden in einem fortlaufenden Prozeß sozialen Handelns gebildet. Da an diesem Normsetzungsprozeß in komplexen Gesellschaften verschiedene Gruppen mit divergierenden Interessen und Wertvorstellungen beteiligt sind, entsteht eine Heterogenität miteinander konkurrierender Normensysteme. Im Verlaufe dieses Konflikts gelingt es einer Gruppe, größere Macht auf die Entstehung und Durchsetzung von Normen auszüben. Formulierung und Anwendung normativer Mechanismen können also als ein politischer Akt betrachtet werden, in dem gesellschaftliche Gruppen in überlegene und unterlegene differenziert werden. Es wird angenommen, daß die politisch schwächeren und damit unterlegenen Gruppen Opfer von Normsetzung und -durchsetzung der politisch stärkeren Gruppen werden. Die Theoretiker des labeling approach glauben daraus schließen zu können, daß die Definition von Devianz selektiv angewandt wird.

Die Selektion einer Person als abweichend erfolgt nach Kriterien, die sich an dem kulturell gegebenen Maß der »Auffälligkeit« orientieren. In einer arbeitsteiligen Gesellschaft sind für die Definition »auffällig« nicht nur Gesetze verantwortlich, sondern auch Institutionen, die sich zur Wahrung ihrer Funktion, der Ausübung sozialer Kontrolle, auf ein Common-Sense Verständnis von Auffälligkeit stützen. Unter Zugrundelegung dieses gesellschaftlich geteilten Verständnisses kann jede persönliche Befindlichkeit oder Handlungsweise, die den Bruch einer informellen oder formellen Regel zur Folge hat, als auffällig definiert werden, so z.B. physische und psychische Versehrtheit oder eine als auffällig erkannte soziale Situation, wie Zugehörigkeit zur Unterschicht, unterschichtspezifische Verhaltensweisen, Kontakt mit bereits auffälligen Personen etc.

Gesetzliche Legitimierung und Rückenhalt in einem gesellschaftlich geteilten Verständnis von Normalität geben jedoch allein noch keine praktischen Instruktionen zur Durchführung der Kontrollfunktion. Regeln oder Normen bedürfen eines Satzes zusätzlicher Regeln oder Wissenssysteme, die ihre Anwendung ermöglichen und erlauben. Diese außerrechtlichen, vorbewußten, aber wissenschaftlicher Analyse durchaus zugänglichen Anwendungsregeln dehnen die Relevanz einer Norm über die Verhaltensvorschrift hinaus auf eine Anleitung zur Beschreibung und Rekonstruktion eines beobachteten Verhaltens und zur Beschreibung und Sinngebung einer als abweichend definierten Situation aus. Die die Normenanwendung untermauernden handlungsleitenden Wissensysteme oder pragmatischen Theorien der Normanwender erlauben eine Übertragung der negativen Bewertung einer Handlung auf den Handelnden: nicht nur die Situation ist abweichend, sondern auch der in der Situation Handelnde. Ein solcher Art zustande gekommenes Urteil beschreibt nicht nur eine Tatsache, es schreibt vielmehr Verantwortung und/oder Behandlungsbedürftigkeit zu und ist somit verursachend für das nunmehr zugeschriebene Merkmal, den Status, ein Abweicher und damit ein Kontrolladressat zu sein.

Eine in kommunikativem Handeln vollzogene Statusdegradierung eines Devianten schafft in der Wahrnehmung anderer Personen eine neue Identität. Diese Identität verdrängt die bisherige gültige Identität, denn sie läßt letztere als ein Produkt des Zufalls erscheinen, während die neue und scheinbar »erwiesene« Identität die Basisrealität (*Garfinkel*) darstellt, von der aus die zukünftigen Interaktionen zwischen Umwelt und Denunziertem erfolgen. Obwohl der Anlaß einer Statusdegradierung in einer einzelnen als abweichend definierten Handlung liegen mag, kann auf der Grundlage der aus dem Einzelfall neu geschaffenen Identität eine Generalisierung auf mögliche zukünftige Verhaltensweisen erfolgen. Eine Person, die einmal deviant gehandelt hat, wird als *der* Deviante typisiert, der grundsätzlich zu den verschiedensten abweichenden Handlungen fähig ist. Neben dem Identitätswandel, wie er sich in der Fremdwahrnehmung darstellt, findet auch in der Selbstsicht des als deviant Etikettierten ein Wandel statt. Dadurch, daß sich die in Interaktionen vermittelten gesellschaftlichen Reaktionen an dem Merkmal deviant als der hervorstechenden Eigenschaft der Person orientieren, erfährt der Betroffene eine Degradierung und Reduzierung seiner sozialen Teilnahmechancen. Die an der Typifikation des Devianten ausgerichteten Reaktionen lösen Mechanismen aus, durch die sich der Typisierte den Definitionen und Verhaltenserwartungen annähert und schließlich anpaßt, die ihm von der Umwelt entgegengebracht werden. Die Anpassung an in Interaktionen vermittelte Typisierungen erfolgt nicht zuletzt deshalb, weil der Typisierte erfährt, daß die bisher über seiner Person liegende Unsicherheit reduziert wurde.

Dieser wechselseitige Prozeß von Definition und Anpassung mit dem Resultat des Identitätswandels kann als »self-fulfilling prophecy« verstanden werden, d.h. daß eine Person sich den ihr zugechriebenen Befindlichkeiten und Verhaltensweisen real anpaßt, wodurch die ursprünglichen Zuschreibungen ihre Bestätigung finden. Durch diesen sich in Interaktionen konkretisierenden Mechanismus kann ein nach einer einmaligen Abweichung als deviant Abgestempelter einen derartigen Identitätswandel vollziehen, daß er sich selbst im Endergebnis als erheblichen und später mehrmaligen Abweicher erfährt und immer wieder konsequent in bezug auf diese Erfahrung handelt.

Ein Wandel in der Identität und die Herausbildung einer *devianten Identität* können als wichtige Voraussetzung in der Etablierung einer *devianten Karriere* bezeichnet werden. Als Folge sozialer Definitions- und Degradierungsprozesse entwickelt das Individuum Werte und Verhaltensweisen, die denen der »normalen« Umwelt konträr sind, die aber gleichzeitig in ihrer Gegensätzlichkeit zu der konventionellen Ordnung eine adäquate Form der Anpassung an die durch die gesellschaftliche Reaktion geförderten Probleme ermöglichen. Die Bedingungen der Eskalation von Devianz sind jedoch nicht allein mit der Erfassung und instanzen-spezifischen Behandlung des Devianten erfaßt. Eine deviante Karriere entwickelt sich vielmehr im besonderen Maße im Rahmen der selektiven Erfassung und Sanktionierung von Abweichenden im *System* der Instanzen sozialer Kontrolle. Die aufgrund formeller Kontrolle selektiv erfaßten Abweichenden erfahren eine weitere Kriminalisierung durch das pragmatische Hintergrundwissen der Kontrolleure; das sind auf spezifische Alltagspraxis gerichtete, als wissenschaftlich untermauert ausgegebene Begründungen zur Erklärung von Devianz und zur Legitimation von Kontrollzugriffen. Die Inhalte der auf der Basis pragmatischer Hintergrundtheorien getroffenen Definitionen sind weniger durch das Verhalten des Kontrolladressaten bestimmt, als vielmehr durch Weitergabe aktenmäßig bereits erfaßter Definitionen, die in Form formeller und informeller Informationen zwischen verschiedenen Ebenen einer Kontrollinstanz und verschiedenen Kontrollinstanzen weitergereicht werden. Durch die Weitergabe komprimierter Definitionen zu verschiedenen, zeitlich oft weit auseinanderliegenden abweichenden Handlungen entsteht dann der subjektive Eindruck einer devianten Persönlichkeit mit einer beachtlichen Belastung.

Einmal in diesen Prozeß eingespannt, hat ein Abgestempelter nur geringe Chancen, innerhalb seiner Karriere selbst Definitionsmodifikationen einzuleiten. Eine solche Möglichkeit ist z.B. die der »bargain justice«. Das »bargaining« – es ist besonders verbreitet in amerikanischen Gerichtsverfahren – gibt dem Kontrolladressaten die Gelegenheit, durch ein Schuldbekenntnis oder die Einwilligung zur Kooperation mit den Kontrollinstanzen den Tatbestand wie auch das Strafmaß auszuhandeln. Sozialarbeiter mögen selbst prüfen, bei welcher Gelegenheit in der ihnen bekannten Praxis gemäß dem Satz »... und bist du nicht willig, so brauch ich Gewalt...« gehandelt wird.

Zusammenfassend zu diesen einleitenden und im folgenden expliziter darzustellenden und auch zu diskutierenden Ausführungen kann gesagt werden, daß der labeling approach sich nicht mit kriminellem Verhalten als solchem beschäftigt, da es nach seinem Grundverständnis kriminelles Verhalten an sich nicht gibt. Gegenstand seines Interesses sind gesellschaftliche Strukturen, die allgemein anerkannte Wert- und Normsysteme produzieren, auf deren Grundlage ein Verhalten und eine Person als auffällig und abweichend definiert und behandelt werden. Die Labeling-Theorie befaßt sich demnach nicht mit einem ursprünglichen Verhalten, sondern mit dessen durch gesellschaftliche Reaktionen erzwungener Habitualisierung. Dieser theoretische Ansatz zielt somit auch auf eine andere Dimension der praktischen Verwertbarkeit als die unter 4.1. dargestellten Theorien. Es geht ihm zunächst nicht um eine Handlungsanleitung der Praxis im Sinne von Kontrollanweisungen zur Verhinderung von abweichendem Verhalten oder um eine Erhöhung des Kontrollwertes der Aktivitäten staatlicher Einrichtungen, sondern er sieht zumindest eine vordringliche Aufgabe in der Bewußtmachung der vorgängigen Prozesse der Interaktion und ihrer Konsequenzen zwischen denjenigen, die Normen anwenden und durchsetzen, und denjenigen, die durch besondere Umstände ihrer Situation und ihres Verhaltens in eine Auseinandersetzung mit ersteren geraten.

4.2.2. Normsetzung – Normdurchsetzung als politisches Problem

Wir hatten erwähnt, daß der labeling approach die analytische Beschränkung auf den Täter vermeidet und daß wir die kontrollierende und damit politische Dimension des Handelns im Bereich der sozialen Arbeit stärker betonen wollen. Der Begriff der Norm scheint uns geeignet zu sein, beide Ansprüche zu erfüllen [72]. Die Aufnahme und Verarbeitung dieses Begriffs in der Labeling-Theorie, die von Vertreter zu Vertreter differierend mit mehr oder minder explizitem kritischem bzw. politischem Anspruch auftritt, vermögen den Eindruck des Idealismus nicht ganz zu entkräftigen. Es ist zwar zutreffend, wenn angenommen wird, daß soziales Handeln in einem fortlaufenden Prozeß verhaltensregulierende Normen ausbildet. Diese reduzierte Perspektive verschleiert jedoch den Tatbestand, daß soziales Handeln immer bereits in einer konkreten gesellschaftlichen Situation stattfindet, im Falle der BRD in einer spätkapitalistischen Gesellschaft, die damit zum Ausgangspunkt der Betrachtung von Normsetzung und -durchsetzung werden muß.
Ein Rückblick in die Geschichte von Recht und Gesetz zeigt uns, daß Normen, ob sie sich nun als schriftlich fixiertes Gesetz, als Sitte, Brauch, Konvention oder in irgendeiner anderen Form manifestieren, sehr vielfältig und ständigem Wandel unterworfen sind. Diese Tatsache ist sowohl zwischen verschiedenen Gesellschaften als auch innerhalb einer Gesellschaft zu beobachten. Das bedeutet: es gibt kein einheitliches, über einen längeren Zeitraum konstantes Normensystem, sondern inter- und intragesellschaftlich nur eine Vielzahl oftmals miteinander konkurrierender Normensysteme mit je spezifischen Kontrollmethoden. Wenn man daraus schlußfolgernd anerkennt, daß die gesamte Palette krimineller und abweichender Handlungen eine gesellschaftsspezifische Größe darstellt, dann muß auch anerkannt werden, daß es *den* Kriminellen im Unterschied zu *dem* Konformen schlichtweg nicht geben kann. Kriminalität jeglicher Ausprägung und Schwere, kurz Devianz, kann dann nicht Eigenschaft oder Merkmal einer Person sein, sondern muß in einem sozialen Prozeß bewertet, definiert werden.

Die Frage, die nun zweifellos gestellt werden muß und deren Fragestellung lautet, welche Person(en) und welche Gruppe(n) ihre Norm- und Wertvorstellungen in den Definitionsprozeß einfließen lassen können, wird in ursprünglichen Fassungen der Labeling-Theorie gewöhnlich dahingehend beantowrtet, daß in einer Auseinandersetzung gesellschaftlich mächtiger Gruppen die eine Gruppe ihre Normen durchsetzen und der anderen, unterlegenen Gruppe diktieren kann. Dieser Antwort liegt zweifellos die Vorstellung zugrunde, die beteiligten Gruppen seien von ihrem Ursprung her gleichberechtigt konkurrierend und machtdezentralisierend.
In dieser Annahme sind u. E. zwei entscheidende Fehler enthalten: Normsetzung findet nicht in einer gesellschaftlichen Situation statt, die man mit dem Begriff »tabula rasa« umschreiben könnte, sondern soziales Handeln als Basis von Normierungsprozessen ist immer vor einem gesellschaftlichen Hintergrund zu sehen, der durch die gesellschaftlichen Produktionsverhältnisse als Grundlage der gesellschaftlichen Existenzsicherung bestimmt wird. In der kapitalistischen Gesellschaft sind diese Produktionsverhältnisse – vermittelt durch die Verfügung über fremde Arbeitsleistungen – gekennzeichnet durch »(die) Aneignung überschüssiger gesellschaftlicher Arbeit in Form von Mehrwert« [73]. Die in dieser Aneignung liegende materielle Basis bürgerlicher Herrschaft wird verdeutlicht durch die Herrschaft einer Klasse über eine andere. »Die jeweilige herrschende Klasse übt ihre Macht auf allen Ebenen des gesellschaftlichen Lebens, auf ökonomischem, politischem, kulturellem und sozialem Gebiet, aus, indem sie ihre Herrschaft zunehmend mittels des Staates generalisiert und institutionell absichert. Rechtliche Normen und öffentliche Sanktionsmöglichkeiten sowie meinungsbildende Medien sorgen für deren offizielle Legitimation und Durchsetzung« [74].
Der zweite Fehler scheint uns darin zu liegen, Personen oder Gruppen als Ausgangspunkt für die Entstehung von Normen zu wählen. Dieser Fehler dürfte in zwei Ursachen begründet sein. Zum einen ist nicht die bloße Existenz sozialer Klassen die Grundlage einer kapitalistischen Gesellschaft, sondern das spezifische, die kapitalistischen Produktionsverhältnisse konstituierende kapitalistische Eigentum an Produktionsmitteln ist die Grundlage der Klassenverhältnisse. Zum anderen scheint eine Personifizierung und Individualisierung gesellschaftlicher Macht einer Verwechslung von Klasseninteresse und empirischen Interessengruppen anheimzufallen. Eine Identifizierung politischer Herrschaft mit Klassenherrschaft hätte zuerst nachzuweisen, daß »(partikulare) Interessen und (politische) Strategien... tatsächlich die Qualität eines *Klasseninteresses* haben, d.h. mehr sind als nur der Ausdruck partikularer und situationsgebundener Sonderinteressen« [75]. Einem solchen Klasseninteresse

stehen jedoch die strukturelle Beschränktheit einzelkapitalistischer Interessenvertreter und die durch (inter)nationale Konkurrenz verhinderte langfristige Orientierung von Interessen und Strategien zu ihrer Durchsetzung entgegen.

Die Entwicklung nicht-warenproduzierender Arbeitskraft in Form staatlich organisierter bürokratischer Arbeit stellt nicht allein eine Folge gesellschaftlicher Differenzierung und Spezialisierung dar, sie ist gleichzeitig eine notwendige Bedingung der Systemerhaltung unter den Kriterien des Gesamtkapitals und gegen die Interessen des Einzelkapitals [76]. Rechtsetzung und -durchsetzung als Aufgaben des Staates errichten nicht nur Regeln des Rechtsverkehrs zwischen den Warenbesitzern, sie wehren auch gegen die Herrschaft des Kapitals sich artikulierende Interessen ab. Wenn wir uns nun ausschließlich letzterem Aspekt zuwenden, so muß erklärend hierzu gesagt werden, daß wir unter Interessen nicht nur und nicht hauptsächlich zweckrational entstandene und konkret artikulierte Interessen in einer politischen Auseinandersetzung zwischen Kapitaleignern und Lohnabhängigen verstehen, sondern vielmehr jedes Wert-, Normen- und Handlungsmuster, das bewußt oder vorbewußt, beabsichtigt oder unbeabsichtigt eine Störung im Kapitalakkumulationsprozeß darstellt. Damit glauben wir, auch Devianzformen erfaßt zu haben, die wie z.B. physische und psychische Versehrtheit Ausdruck einer persönlichen Befindlichkeit sind, ohne den Bruch einer formellen Regelung im Sinne des Strafrechts darzustellen [77].

In einer Gesellschaft vermitteln – gemäß der Interpretation des labeling approach – soziale und kulturelle Normen die Kriterien, an denen Konformität und Devianz gemessen werden. Die im Netz der Sozialbeziehungen durch den Prozeß sozialer Wahrnehmung zugeschriebenen Merkmale konstituieren somit die soziale Situation der als deviant Definierten. Diese Merkmale sind nicht aufgrund der objektiven Analyse eines Befundes zustandegekommen, sie unterliegen vielmehr sozialen Bewertungen. Es gilt nun zu fragen, welche gesellschaftlichen Prozesse für die Entstehung dieser Bewertungen verantwortlich sind.

In der kapitalistischen Gesellschaft trat eine Differenzierung der sozialen Lebensbereiche verbunden mit einer durch Arbeitsteilung bedingten Formalisierung des Arbeitsverhältnisses auf. »Die formalen Teilhabebedingungen wurden in Form quantitifzierbarer, überschaubarer Arbeitsleistungen gegeben, d.h. die Formalisierung der Teilhabebedingungen über die Leistung ließ alle übrigen personalen Merkmale für diese Handlungsbereiche irrelevant werden. Das Sinnverständnis von Arbeit wurde durch die Auflösung vorindustrieller Statusverträge grundlegend gewandelt und auf einen zeitlich und leistungsmäßig vertraglich festlegbaren Rahmen beschränkt« [78]. Nach Sicherung der materiellen Existenzgrundlagen konnte eine allgemein erwartbare Arbeitsbereitschaft nur noch über eine kommunikative Regelung der Arbeitsmotivation gesteuert werden. In dieser Kommunikation werden gesellschaftlich gesicherte Normen vermittelt, deren Einhaltung die Bedingung der Teilhabe an gerichteten Leistungsvollzügen ist. Ein Verhalten, das diesen Erwartungshaltungen widerspricht, wird als abweichend bezeichnet werden, aber nicht so sehr, weil es »die organisierte Sicherung der materiellen Existenzgrundlage (gefährdet), sondern vor allem die Kommunikation als Geltungsbasis der durchgesetzten Arbeitsverfassung« [79]. Die Aufkündigung der auf generalisierter Rationalität aufgebauten Teilnahmebedingungen muß aus der Perspektive des herrschenden Sinnverständnisses als unerwartetes, unberechenbares, irrationales und unvernünftiges Verhalten erscheinen, das es zu kontrollieren gilt, wenn nicht die Funktionsfähigkeit des kapitalistischen Produktionsprozesses gefährdet werden soll.

Bei Anerkennung der gesellschaftlichen Bedingheit der Ausgliederungsbedingungen abweichenden Verhaltens bereitet es keine Schwierigkeiten, zum Zwecke der Ausübung sozialer Kontrolle entstandene staatliche Organisationen in einen Funktionszusammenhang mit den gesellschaftlichen Erfordernissen der Ausgliederung zu bringen. Es muß jedoch betont werden, daß »gesellschaftliche Funktionen immer erst dann als staatliche entstehen, wenn sie nicht von Einzelkapitalisten wahrgenommen werden oder werden können« [80]. Bei der Wahrung dieser Funktionen müssen die eingesetzten staatlichen Instanzen zunächst das unter die Kategorie »Unvernunft« subsumierte Verhalten kanalisieren, in von gesellschaftlichem Sinn getragene und allgemein verstehbare Bahnen lenken. Die »Verstehbarmachung« wird mit Hilfe gesellschaftlich geteilter Standards zur Beschreibung der Normalität vorgenommen, einer Normalität, die, obwohl sie als gesellschaftliche Realität ausgegeben wird, nirgendwo als solche zu beobachten ist. Eine Definition dieser Art, die auf einem »vernünftigen Grund« basiert [81], erlaubt, eine Handlung unabhängig von Zeit und Ort, in Absehung von einer speziellen Situation und den möglichen unterschiedlichen Interpretationen der daran Beteiligten zu interpretieren und zu klassifizieren. In Anlehnung an *J. Matthes* wollen wir von diesem Zusammenhang als von einem *Common-Sense-Kontext* sprechen [82]. Instanzen, die Abweichung erkennen und kontrollieren sollen, müssen sich in Ausübung ihrer Funktion notwendigerweise von den im Common-Sense enthaltenen Werten und Normen bestätigen lassen. Sie sind an der Wahrnehmung ihrer gesetzlich fixierten Aufgaben jedoch dadurch gehindert, daß weder das ihre berufliche Position legitimierende Gesetz, noch ihr Tätigkeitsfeld praktische Instruktionen zur Durchführung enthalten.

Für die Instanzen sozialer Kontrolle und ihre Vertreter ist diese Einschränkung verknüpft mit der Suche nach Regeln, die ihnen die Anwendung der Normen erst ermöglichen. Rekapitulieren wir noch einmal, was wir zu Beginn bereits sagten: Jede Gesellschaft kennt nicht nur ein Normensystem, sondern viele unterschiedliche mit variierenden Graden der Institutionalisierung und der Autonomie. Das Recht ist nicht identisch mit der Norm, sondern »in einem weiteren Zusammenhang einer Vielzahl von normativen Regelungssystemen zu sehen« [83]. Mit dem von *F. Sack* eingeführten Konzept der Metaregel ist uns ein Begriff in die Hand gegeben, der alle die außerrechtlichen, vorbewußten, jedoch wissenschaftlicher Analyse zugänglichen Regeln kennzeichnet, die eine Anwendung des kodifizierten Rechts erlauben oder erst ermöglichen. Wie wir bereits sagten, bedeutet die Existenz derartiger Metaregeln, daß die Relevanz einer Norm über die Verhaltensvorschrift hinaus auf die Verknüpfung eines beobachtbaren Geschehens mit einem intentionalen Sinn ausgedehnt wird. Ein durch die Anwendung von Metaregeln zustande gekommenes Urteil einer Kontrollinstanz, nicht nur der der Rechtsprechung, beschreibt nicht nur eine erkannte Tatsache, es schreibt vielmehr Verantwortung zu und ist somit verursachend für das nunmehr zugeschriebene Merkmal, den »Status eines Kriminellen« [84]. Ergebnis eines Zuschreibungsprozesses ist also nicht eine verifizierte Behauptung, sondern die Schaffung der Eigenschaft Devianz.

Mit dem Konzept der Meta- oder Anwendungsregeln ist uns ein analytisches Mittel an die Hand gegeben, das uns eine der Hauptgrundannahmen des labeling approach erklären hilft: die schichtspezifische Verteilung des Etiketts Devianz, besonders in der Form der Kriminalität. Empirische Beobachtungen und die beredte Sprache der Kriminalstatistiken scheinen nahezulegen, die Angehörigen der Unterschichten seien in besonderem Maße kriminalitätsgefährdet. Dem steht die durch Untersuchungen erhärtete Annahme gegenüber, daß der überwiegende Teil, wenn nicht nahezu alle Mitglieder der Bevölkerung irgendwann eine gesetzlich strafbare Handlung begangen bzw. defizitäre Befindlichkeiten gezeigt haben [85]. Aus dieser Population wird nur ein geringer Prozentsatz herausgefiltert und einer Sanktionierung bzw. andersartigen Kontrollen zugeführt. »Wir haben davon auszugehen, daß dieser Selektionsprozeß nach bestimmten Regelmäßigkeiten abläuft, daß sich soziologische Gesetzmäßigkeiten nachweisen lassen, die hier im Spiele sind« [86]. Der labeling approach glaubt diese Gesetzmäßigkeiten in der Verwendungsweise der Anwendungsregeln oder handlungsleitenden Wissensysteme durch die Kontrolleure und in ihrem dadurch gesteuerten Verhalten erkannt zu haben, die für eine selektive Sanktionierung von Angehörigen der Unterschicht verantwortlich zu machen sind. Im Kern stimmen wir dieser Argumentation zu; an der Verwendung einiger grundlegender Annahmen haben wir jedoch Kritik anzubringen.

Bei der durch selektive Sanktionierung betroffenen Bevölkerungsgruppe wird meist etwas undifferenziert von Unterschicht(en) oder Unterklasse gesprochen. Diese Population ist nahezu ausschließlich der Gruppe der abhängig und sogenannt unqualifiziert Arbeitenden zuzuordnen. Zählt man nicht privilegierte Angestellte, Beamte und Facharbeiter hinzu, dann erhöht sich der Anteil dieser Population an der Erwerbstätigenstruktur nach einer Statistik von *Claessens* und anderen auf 81,6% (1969) [87]. Dieser Anteil hat seitdem zugenommen und steigt noch weiter an. Eine besonders beachtenswerte Zunahme hatte die Gruppe der im Beamten- und Angestelltenverhältnis tätigen Personen zu verzeichnen. *Offe*, der alle abhängig Arbeitenden als Arbeiter bezeichnet – produktiv tätig sind solche Arbeiter, die Mehrwert erzeugen und deren Arbeitskraft abstrakt, tauschwert-bezogen ist; bürokratisch tätig sind die Arbeiter, deren Arbeitskraft konkret, gebrauchswert-bezogen ist –, sieht die Zunahme dieser Arbeitsfunktionen in der Notwendigkeit begründet, »die Kapitalbewegung in allen ihren Phasen zum Gegenstand leitender, verwaltender, verteilender, planender usw. Tätigkeit zu machen« [88]. Zwischen dem hohen Anteil der derart Arbeitenden an der Erwerbstätigenstruktur und der hohen Delinquenzbelastung dieser Bevölkerungsgruppe (insbesondere in deren unterprivilegierten Schichten) glauben wir eine soziologische Regelmäßigkeit darin zu erkennen, daß geschriebenes Recht in antagonistischen Gesellschaften nicht klassenneutral ist, sondern daß »die Produktion der unmittelbaren materiellen Lebensmittel und damit die jedesmalige ökonomische Entwicklungsstufe eines Volkes oder eines Zeitabschnitts die Grundlage bildet, aus der sich die Staatseinrichtungen, die *Rechtsanschauungen*... entwickelt haben, und aus der sie daher auch erklärt werden müssen...« [89]. Wir sind allerdings der Ansicht, daß geschriebenes Klassenrecht über seine ihm eigene Selektivität hinaus besonders auf die Angehörigen der in der Arbeiterklasse enthaltenen Unterschicht selektive *Anwendung* findet, da diese durch ihre soziale Situation am meisten von einer gesellschaftsfunktionalen Erwartung von Normalität abweichen und in ihrer Situationsbewältigung auch tatsächlich den gröbsten Konflikten ausgesetzt sind.

Nachdem wir nun eher allgemein das Konzept der Anwendungsregeln als Deutung der Bedingungen selektiver Sanktionierung diskutiert haben, glauben wir, abschließend noch auf dieses Konzept in seiner Deutungskraft konkreter Interaktionen eingehen zu müssen. Wir hatten festgestellt, daß staatliche Instanzen sozialer Kontrolle bestimmter Regeln bedürfen, um ihre via Gesetz delegierte Funktion auszuüben. Obwohl die instanzen-spezifischen Regeln oder handlungsleitenden Wissenssysteme, wie wir sie auch genannt haben, sich durch allgemeine Plausibilitäten im Rahmen der sie jeweils umgebenden Verhältnisse auszeichnen, Plausibilitäten also, die in Anlehnung am Common-Sense zu verstehen sind, erfahren diese Regeln in der Aufnahme, Verarbeitung und Anwendung durch den einzelnen Vertreter einer Kontrollinstanz eine Unabhängigkeit, deren Ursache in der einzelmenschlichen Biographie zu suchen ist. Hiermit soll gesagt werden, »daß sich die Interaktionen des Alltags und die Wirkungen gesamtgesellschaftlicher Strukturlagen in der Lebensgeschichte des einzelnen zu unverwechselbaren Denk- und Handlungsdispositionen strukturieren, die von eigenen Plausibilitäten zusammengehalten werden...« [90]. Individuelle Definitionspotentiale sind als Ausdruck solcher biographischer Denk- und Handlungsdispositionen zu verstehen. Eine Annäherung und Angleichung verschiedener Definitionspotentiale, z.B. von Agenten einer sozialen Kontrollinstanz, finden auf dem Boden geteilten Common-Sense Wissens statt. Das Einbringen verschiedener Definitionspotentiale in einen Interaktionszusammenhang durch einen Klienten, eine das Verhalten desselben entdeckende Instanz und das Common-Sense Verständnis sind in ihrer Wechselwirkung konstituierend für die Ausprägung der jeweiligen Form von Devianz als gesellschaftlichem Phänomen [91].

4.2.3. Zuschreibung von Devianz als Etikett für das Handeln des Schwächeren in der Praxis der Sozialarbeit

Sozialarbeit scheint sich mit der Einteilung ihrer Pflichten z.B. in folgende sechs Funktionsbereiche: Familien-, Jugend- und Altenarbeit, Jugend- und Erwachsenenbildung, Vorschulerziehung, Resozialisierung, Rehabilitation, soziale Administration und soziale Planung [92] zunächst einer Kategorisierung als Instanz sozialer Kontrolle zu widersetzen. Eine Darstellung der Sozialarbeit in ihren historischen Entwicklungstendenzen und eine Einbindung ihres Ist-Zustandes in die herrschende gesellschaftliche Struktur wird den Beleg zu erbringen haben, daß sich die Realität sozialarbeiterischer Praxis für die Adressaten weniger als Hilfe denn als soziale Kontrolle erweist.

Armenpflege, Fürsorge und Sozialarbeit, um nur die drei tragenden Entwicklungsformen dieser Institution zu nennen, sind in ihrer jeweiligen historischen Epoche Interventionsformen der herrschenden Klasse gegen die durch Armut gekennzeichnete soziale Situation der Unterprivilegier-

ten. Basierend auf diesem Vorverständnis wird der Ausgangspunkt der Analyse der Armenpflege im Mittelalter eine agrarisch-strukturierte feudalistische Gesellschaft mit Ständeordnung sein. Der Klassengegensatz, der sich zwischen einer zahlenmäßig geringen Klasse grundbesitzender Adliger und Geistlicher und der großen Klasse meist besitzloser Leibeigener ausdrückte, fand seine Entsprechung in einer Weltordnung, die das ständische Über- und Untereinander der Menschen mit Hilfe der katholischen Religion zu einer durch Geburt determinierten Naturhaftigkeit emporstilisierte. Anders als in der weltlichen Kultur, die dem Problem der Armut lediglich als freiwillig gewähltem und vorübergehendem Zustand eines Adligen Beachtung schenkt, der auf diesem Wege Gnade vor Gott suchte, erhielt die Massenerscheinung der Armut in der christlichen Soziallehre als gottgewolltes Schicksal und christliches Prädikat einen weiten Raum zugeteilt. Die Armen bildeten nach dieser Lehre, als deren grundlegender Vertreter *Thomas von Aquin* bezeichnet werden kann, einen eigenen Stand, dessen vornehmlichste Funktion darin gesehen wurde, den Reichen Gelegenheit zu mildtätigem Tun zu gewähren. Die Höhe der gegebenen Almosen richtete sich nach der Bedürftigkeit des Empfängers und war so gehalten, daß sie lediglich die größte Not lindern konnte, ohne die generelle Arbeitspflicht zu untergraben. Bedürftige, die trotz dieser an sichtbaren Mängeln orientierten »Hilfe« in existentielle Not gerieten, wurden in Spitälern aufgenommen.
Die zunehmende Übernahme der Armenpflege durch die Städte und später den Staat kennzeichnete gleichzeitig die Auflösung des Feudalismus, die die Voraussetzungen zur Entstehung des Kapitalismus schuf. Im weiteren Verlauf wurden die Armen polizeilich überwacht und in »rechtmäßige« und »unrechtmäßige« Arme eingeteilt. Als Folge dieser Kontrolle entstand »ein neues Arbeitsethos im Zusammenhang von Strafe und Besserung« [93]. Armut war nicht länger ein gottgewolltes, gottgefälliges Prädikat, sondern ein individuelles Versagen, das als kriminelles Delikt zu kontrollieren und zu sanktionieren war. War die Almosenvergabe im Rahmen feudalistischer Armenpflege noch in der materiellen Notwendigkeit begründet, die Erhaltung der Arbeitskraft der unteren Klasse zur Fortdauer der Produktion im Hoch-Feudalismus zu sichern, so sollten die Gewaltmechanismen städtischer und staatlicher Organe der Armenpflege Arbeitsbereitschaft erzwingen.
Mit dem Übergang zur kapitalistischen Produktionsweise entwickelten sich vor dem Hintergrund von Klassenauseinandersetzungen »Ansätze einer Erziehung der Armen zur Arbeitsamkeit, bedingt durch die Anforderungen eines sich entfaltenden Kapitalismus, dessen Existenz von einem ausreichenden Potential an mehrwertschaffenden Arbeitskräften abhängig

ist« [94]. Als Konsequenz einer Sichtweite, die das Phänomen der Armut als eine über der gesellschaftlichen Entwicklung stehende Universalie betrachtete, zogen sich staatliche Institutionen aus der Armenpflege zurück und überließen das Feld privaten Hilfsorganisationen, die sich auf Anstaltserziehung konzentrierten. Ausgerichtet war diese Erziehung an christlichen und politischen Motiven, die unter dem Decknamen der Humanität ein Gegengewicht gegen die erstarkende Arbeiterbewegung bilden sollten. Die Funktionen dieser privaten oder kirchlichen Einrichtungen sind also nicht in den subjektiven Intentionen der jeweiligen Träger zu suchen, sondern in den objektiven Erfordernissen der kapitalistischen Produktionsweise.

»Gegenüber der systemimmanenten, unaufhaltsamen Zunahme von Massenelend, von Verschlechterung des Gesundheitszustandes, von steigenden Unfallzahlen, von hoher Kindersterblichkeit und von schneller Proletarisierung des größten Teiles der Bevölkerung mußten private Fürsorgevereine, kirchliche Initiativen und herkömmliche Sozialarbeit ihre grundsätzliche Ohnmacht und Hilflosigkeit bald eingestehen. Nachhaltige staatliche Interventionen auf sozialpolitischem Gebiet wurden zur Erhaltung der mehrwertschaffenden Basis des kapitalistischen Industriestaates Deutschland unumgänglich« [95]. Die sozialpolitischen Maßnahmen des Staates unterschieden sich von denen der meist noch privat organisierten Fürsorge, wenn auch beide darum bestrebt waren, die öffentliche Ordnung zu sichern und die bestehenden Besitz- und Produktionsverhältnisse zu wahren. Die Armenpflege und ihre Nachfolgerin, die Fürsorge, nahmen eine politische Funktion wahr, da sie Armut und Kriminalität in einen engen, ursächlichen Zusammenhang setzten und durch repressive und diskriminierende Maßnahmen bekämpften. Die entstehende Sozialpolitik verfolgte die gleiche politische Intention mit den Mitteln der Sozialgesetzgebung und staatlicher Einkommensumverteilung, ohne damit jedoch die eigentlichen Ursachen der Misere auch nur im entferntesten zu berühren.

Ohne nun noch auf weitere Entwicklungen der Fürsorge in der Weimarer Republik und unter dem Faschismus eingehen zu wollen, meinen wir, die hauptsächlichen Entwicklungstendenzen der Fürsorge erfaßt zu haben, die bis in die heutige Zeit beeinflussend für die institutionellen Prinziepien des herkömmlichen Handelns in der Sozialarbeit sind.

Die Ausweitung sozialpolitischer Maßnahmen wies der Sozialarbeit eine neue Position in dem System gesellschaftlicher Sicherungen zu. *H. Peters* vertritt die Ansicht, die verminderte Gefährdung des sozialen Status quo durch Armut und Devianz habe zu einer weitgehenden Freisetzung der Fürsorge aus dem Ziel-Mittel-Verhältnis sozialer Sicherheitspo-

litik geführt. Symptomatisch für diesen Prozeß ist – so *H. Peters* – ein Wandel in der professionellen Phraseologie der Sozialarbeit [96], den wir darüberhinaus durch eine Orientierung der Praxis begleitet sehen, die tendenziell abweichendes Verhalten nicht mehr als kriminell bezeichnet, sondern als Kennzeichen einer Krankheit definiert [97]. In entsprechender Literatur der Sozialarbeit ist nicht mehr in diskriminierenden Zuschreibungen von Kriminalität die Rede, dafür um so mehr von Erscheinungen entdeckter abweichender Verhaltensweisen, die dieses Verhalten in die Nähe von Krankheiten rücken. Pathologische Definitionen, wie sie in der Sozialarbeit Anwendung finden, sind amoralisch und weisen ein Verschulden des Betroffenen an seiner sozialen Lage zurück. Getragen von der Überzeugung, das eigentliche Problem heutiger Gesellschaften sei nicht materielle Not, sondern eine Störung mitmenschlicher Beziehungen, verlagert sich die Hilfeleistung der Sozialarbeit von der Linderung sichtbarer, materieller Mißstände zu einer Behandlung von Verhaltensstörungen und psychischen Hilfsbedürftigkeiten. Die Entstehung dieser Probleme wird zwar in dem einzelnen Individuum lokalisiert, dieses aber hat seinen sozialen und psychischen Zustand nicht selbst verschuldet; es kann mithin nicht zum Objekt einer Behandlung durch Strafe werden.
Die Konsequenzen der bis hierher dargestellten pathologischen Definition sind u.E. zweierlei: Eine Herauslösung der Handlungsadressaten der Sozialarbeit aus ihrem sozialen Platz in einer konkreten Gesellschaft ist gleichbedeutend mit einer Individualisierung eines gesellschaftlich politischen Phänomens. Der Gebrauch medizinischen Vokabulars schafft solchermaßen ein Verhältnis, das mit dem eines Arztes zu seinem Patienten vergleichbar ist, da der Klient sich der Hilfe versprechenden scheinbaren Rationalität des Sozialarbeiters unterordnen muß. *K. Dörner* weist darauf hin, daß klinische Begriffe die Ungleichgewichtigkeit von Kontrahenten errichten, da sie zu einer Entmündigung desjenigen beitragen, der Opfer einer pathologischen Definition wird [98]. Außerdem erlaubt Pathologisierung einen Eingriff in die Freiheit des Handlungsadressaten, bevor dieser u.U. gegen eine Norm verstoßen haben kann, denn auch bei einem ärztlichen Eingriff genügt der bloße Verdacht zur Legitimierung des Eingriffs. Hand in Hand mit präventiven Handlungschancen der Sozialarbeit geht die große theoretische Spannweite pathologischer Definitionen. Sie ermöglicht eine Bedingungsanalyse, die im psychischen Bereich ebenso wie im biologischen und sozialen festgemacht werden kann.
Die zweite Konsequenz, in der ersten bereits angeklungen und diese selbst enthaltend, ist mit einer Ausblendung gesellschaftlicher Strukturen aus der Analyse die Kehrseite der Individualisierung. Ein Hinüberlenken in die Sphäre des pathologischer Definition zugänglichen Privaten be-

deutet eine Entpolitisierung der Diskussion, da die gesellschaftlichen Gegebenheiten weder reflektiert noch in Frage gestellt werden. Gesellschaftlicher Status quo kann so zu einer eigenen Wertvorstellung hochstilisiert werden, die durch Ausgrenzung politisch unerwünschter oder gefährlicher Elemente geschützt werden muß [99]. Um als solches Element aufzufallen und definiert zu werden, genügt es bereits, die für die kapitalistische Produktion funktionale Kommunikation als Geltungsbasis der Arbeitsverfassung aufzukündigen, wie wir in Abschnitt 4.2.1. dargelegt haben.

Einer Individualisierung in der Analyse des Gegenstandes sozialarbeiterischer Tätigkeit schließt sich eine Individualisierung in der Praxis an. Objekt der »Hilfe« ist der einzelne »Patient« oder »Klient« mit seinem ganz speziellen Problem, der zunächst einer »Diagnose« und dann einer anschließenden »Therapie« unterworfen werden soll. Die herkömmliche Sozialarbeit geht oftmals von der Annahme aus, daß der mit einem Problem belastete Klient sich dieses Problems und seiner Unfähigkeit, es aus eigener Kraft zu lösen, bewußt geworden ist. Da Sozialarbeit gehalten ist, Routinelösungen zu vermeiden und die Individualität der Klienten zu wahren, erhält durch ihre Bindung an den Einzelfall die Suche nach Ursachen den Charakter zufälligen Findens. Auch wenn dem Klienten Gelegenheit gegeben wird, seine Situation selbst zu schildern, muß dies nicht dazu führen, daß die Definition des Sozialarbeiters dann auch tatsächlich mit der des Klienten übereinstimmt. Vielmehr wird der Sozialarbeiter tendenziell versuchen, seine offiziell gestützte und durch pragmatische Einstellungen bedingte Definition der Situation durchzusetzen, damit die Hilfe o.ä. der konstruierten Wirklichkeit reibungslos angepaßt werden kann. Es erfolgt in der Regel auch keine Anleitung, die dem Klienten ermöglichen könnte, sich seiner Bedürfnisse bewußt zu werden und diese zu artikulieren. Hilfsangebote werden sich also in der Regel an dem personenzentrierten Katalog der Instanz der Sozialarbeit orientieren, was Anpassung an gesellschaftliche Verhältnisse bedeutet; im konkreten Einzelfall werden sich die Zielvorstellungen aus der von dem Sozialarbeiter gegebenen Definition der Situation ableiten lassen. *M. Meinhold* meint nach einer Analyse von 40 Fallberichten herausgefunden zu haben, daß bei steigender Bedeutung des Klienten für den Produktionsprozeß die Funktion des Sozialarbeiters in zunehmendem Maße eine kontrollierende und disziplinierende wird. Es lassen sich ihrer Meinung nach drei Klientengruppen unterscheiden: Jugendliche, ältere und kranke Klienten und Kinder bzw. Mütter mit Kindern. Bei einem Vergleich besonders der ersten beiden Gruppen wird deutlich, daß nicht das eigentliche Problem Zielsetzung und methodisches Vorgehen bestimmt, sondern der von dem Sozialarbeiter angenommene Wert des Klienten für den Produktionsprozeß. Während einer älteren Frau schonende und einfühlungsvolle Behandlung und im Falle eines therapeutischen Mißerfolgs das Vorhandensein einer »psychischen Erkrankung« zugebilligt wird, muß ein Jugendlicher mit Härte und gegebenenfalls dem Etikett »Arbeitsscheu« rechnen [100].

Abschließend zu unseren bisherigen Ausführungen und gleichzeitig überleitend zum nächsten Abschnitt soll eine Grundannahme der Sozialarbeit untersucht werden, die bisher von uns nicht hinterfragt wurde. Wir meinen hiermit die weithin sozialarbeiterische Vorgehensweisen legitimierende Voraussetzung, ein Klient wende sich aus eigenem Entschluß und mit der Bitte um Hilfe in seinem Leiden an den Sozialarbeiter. Im Gegensatz dazu gelangt *H. Peters* nach der Analyse einer Untersuchung über Aktivitäten eines Jugendamtes zu der Überzeugung, daß sich die wenigsten Hilfsbedürftigen freiwillig an eine Einrichtung der Sozialarbeit wenden [101]. Die Stützung der von *Peters* erhobenen These allein durch eine Aktenanalyse ist jedoch fragwürdig, denn es ist wahrscheinlich, daß die Instanzen der Sozialarbeit ihre Akten dann weniger sorgfältig führen, wenn aus ihrer Interaktion mit dem Klienten keine definitive und abzusichernde Sanktion folgt, was bei freiwilligen Meldungen eher anzunehmen ist als bei formell eingeleiteten Handlungsprozessen. Trotz dieses berechtigten Einwandes vertreten wir die Ansicht, daß diese Untersuchung sehr wohl geeignet ist, die Hilfsbedürftigkeit der Handlungsadressaten als ein diesen bewußtes Problem in Frage zu stellen. Außerdem kann diese Untersuchung darüber Nachweis führen, daß ein Handlungszusammenhang sich erst durch die Interaktion verschiedener Instanzen sozialer Kontrolle zu einem Problem verdichtet, das ein kontrollierendes Einschreiten erforderlich macht. *Peters* meint, daß die von ihm analysierte Einrichtung der Sozialarbeit in der absoluten Mehrzahl der Fälle von dritter Seite, d.h. von anderen Kontrollinstanzen, Verwandten, Arbeitgebern usw. über rechtliche Normverstöße informiert wurde. Wie *Peters* zu Recht bemerkt, scheinen weniger Handlungsadressaten unter einem Problem zu leiden als vielmehr die Informanten unter einem von ihnen erkannten Normbruch [102].

4.2.4. Die Sozialarbeit im System der Instanzen sozialer Kontrolle

Die letzten Ausführungen müssen uns dazu führen, die Sozialarbeit mit ihren verschiedenen Einrichtungen in ein System der Instanzen sozialer Kontrolle einzugliedern, das sich dem Betrachter als ein funktionales Gefüge mit sektorieller Zuständigkeit darstellt. Eine Analyse dieses Ge-

füges darf sich natürlich keineswegs in einer Institutionenkunde erschöpfen, vielmehr muß sie versuchen, Kommunikations- und Interaktionsstrukturen zwischen den Instanzen als ein Moment in der Entsteheung und Definition abweichenden Handelns zu begreifen. Da der labeling approach von der Annahme ausgeht, daß Abweichung und Kriminalität keine Verhaltensformen eigener Qualität darstellen, »sondern als ein ›negatives Gut‹ analog zu positiven Gütern wie Vermögen, Einkommen, Privilegien« [103], die gesellschaftlich verteilt werden, zu verstehen sind, kann die Bedeutung der informellen und der formellen Interaktions- und Informationsstrukturen zwischen verschiedenen Instanzen sozialer Kontrolle nicht hoch genug eingeschätzt werden. Als zu diesem System sozialer Kontrolle gehörend müssen die Institutionen Kindergarten, Schule (von der Vorschule bis zur Hochschule), Sozialarbeit (private und öffentliche Träger; hier sei besonders an Erziehungshilfe, Familienfürsorge und die Jugend- und Landesjugendämter sowie Erziehungs- und Jugendwohnheime gedacht), Polizei (Schutz- und Kriminalpolizei), Strafjustiz und Strafvollzug und nicht zuletzt psychologische und psychiatrische Gutachter gerechnet werden. Dieses System ist darstellbar als ein System »gestaffelter Selektionsfilter« [104], in dem die einzelnen Instanzen im Rahmen des Prozesses selektiver Sanktionierung sektorielle Kontrolle ausüben. In Verbindung treten die einzelnen Elemente des Systems durch über netzartige Verflechtungen ablaufende Interaktionen. Neben diesen Interaktionen zwischen Instanzen, denen wir uns im folgenden zuwenden wollen, müssen aber auch Interaktionen zwischen Instanzenvertretern und Handlungsadressaten und zwischen Handlungsadressaten und Personen aus ihrer Umwelt beobachtet werden [105], womit drei Ebenen der Wirklichkeitskonstruktion »devianter Realität« unterscheidbar sind.
Eine Handlung, die entdeckt und als abweichend definiert einen Input in das Selektionssystem bildet, löst weitere Entscheidungen im Sinne der ersten Definition aus, so daß sich am Ende dieses Prozesses ein Gesamtbild einer Persönlichkeit ergibt, das nicht nur für zukünftige Interaktionen dieses Definierten mit den Kontrollinstanzen, sondern auch für seine Interaktion am Arbeitsplatz, in der Familie, Nachbarschaft und Freundesgruppe nachteilig ist. Weiterhin ist beachtenswert, daß aufgrund einer einmal getroffenen Definitionsprädisposition die weitere intra-organisationelle Interaktion im Kontrollsystem eine Eigendynamik entwickelt, die sich von dem eigentlichen Verhalten der Person relativ ablöst.
Das darf uns natürlich nicht zu der Vorstellung verleiten, das Sanktionshandeln liefe nun in allen Instanzen nach einem starren, verbindlichen Muster ab. Eintrittswege in das Kontrollsystem wie auch die Wege innerhalb unterscheiden sich nach den formalen Voraussetzungen der Instan-

zen, bei denen der Eintritt erfolgte, und differieren auch innerhalb ein und derselben Instanz nach dem situativen Kontext der Handlungsstruktur und deren Beurteilung durch den Kontrollagenten. Demgemäß ist auch erklärlich, daß eine Handlung als »kriminell« oder »krankhaft« definiert werden kann, denn sie liefert ihre Interpretation nicht mit. Diese erfolgt erst in einem unter soziologischen Gesetzmäßigkeiten ablaufenden Zuschreibungsprozeß. Ohne diese Gesetzmäßigkeiten noch einmal darlegen zu wollen, sei nur noch hinzugefügt, daß die von den Instanzenvertretern zur Beschreibung sozialer Tatsachen verwandten Informationen und die daraufhin getroffenen Aussagen »subjektive Beurteilungskomponenten (beinhalten), (so daß sie) nur vor dem Hintergrund des Normensystems des (Definierers) einen interpretierbaren Sinn erhalten« [106]. Die Informationen werden in Interaktionsnetzen weitergereicht, aus denen ersichtlich ist, wieviele Instanzen an dem Informations- und Definitionsprozeß beteiligt sind und welche Instanzen Informationen beschaffen bzw. erhalten [107]. Oftmals liegen Definitionen, ihre Vermittlung durch informelle Informationskanäle wie auch gleichzeitig eingebrachte Therapievorschläge nicht in dem Aufgabenbereich, der der entsprechenden Instanz auf gesetzlichem Wege übertragen worden ist. So ist es z.B. nicht Aufgabe der Polizei, »Verwahrlosung« oder »Triebhaftigkeit« festzustellen und daraufhin Einweisung in ein Heim oder psychiatrische Behandlung zu empfehlen. Gerade aber im Entscheidungsprozeß des Sozialarbeiters spielt die von anderen Instanzen vorgenommene Definition eine wichtige Rolle, da die Institution der Sozialarbeit in der Mehrzahl ihrer Fälle erst durch eine Information anderer, vorgeschalteter Instanzen tätig wird. M. Brusten hat festgestellt, daß Definitionsinhalte weniger durch das Verhalten der Adressaten als vielmehr von aktenmäßig bereits zuvor gelieferten Definitionen bestimmt werden. Zum Teil wird sogar auf fast wörtliche Formulierungen vorliegender Berichte zurückgegriffen [108]. Eine Prädisposition von Definitionsinhalten ist in der Sozialarbeit besonders schwerwiegend, da z.B. eine seitens der Polizei gegebene Definition der »Verwahrlosung« Maßnahmen der Sozialarbeit, wie Heimeinweisung legitimieren kann. Sollte sich trotz der Definitionsbereitschaft von Instanzenvertretern bei der Einordnung eines Verhaltens in eine Devianten-Kategorie eine Schwierigkeit ergeben, so steigt die Wahrscheinlichkeit, daß ein Gutachter – meist handelt es sich hierbei um einen Psychologen oder einen Psychiater – zu Rate gezogen wird. Im gleichen Maße steigt die Wahrscheinlichkeit, daß das Verhalten nicht als »kriminell«, sondern als »pathologisch« definiert wird.

Abschließend muß festgehalten werden, daß zum Zwecke der schnellen und lückenlosen Information geforderte Aktenzusammenfassungen einen sich verdichtenden Stigmatisierungsprozeß konstituieren, da sie eine Anhäufung und Komprimierung negativer Typisierungen bilden. Kennzeichen aller vermittelten Definitionen – von welcher Instanz sie auch in welche Richtung weitergegeben werden – ist, daß sie an formellen Erfordernissen ausgerichtet und somit »verhandlungssicher« gemacht sind.

4.2.5. Abschließende Bemerkungen zur Erklärungsrelevanz des labeling approach

Der Versuch einer kritischen Würdigung der Labeling-Theorie kommt einem Kampf mit Windmühlenflügeln gleich. Einer der amerikanischen Protagonisten der Theorie hat sie einmal als »relativistisch« bezeichnet. Mit dieser Bezeichnung scheinen uns einer der hauptsächlichen Kritikpunkte gegen den Ansatz und gleichzeitig das Basiskonzept des Ansatzes beschrieben zu sein. Dieses Konzept gruppiert sich um die Kategorie »Prozeß«, die gesellschaftliche Reaktionen auf abweichendes Handeln als dynamischen Interaktionsprozeß verstehen läßt. Diesem Konzept haben sich in den USA und seit einigen Jahren auch in der BRD zahlreiche Wissenschaftler zugewandt, die oftmals unter verschiedenen Namensschöpfungen ihre eigene Version der Labeling-Theorie anbieten. Es ist deshalb unmöglich, generell über *den* labeling approach zu sprechen oder zu urteilen; das Basiskonzept bietet dazu in seinen inhaltlichen Ausführungen ein zu bunt schillerndes Bild. Wir können somit nur versuchen, einige Zentralthemen des Ansatzes oder einige Fragestellungen, die uns diskussionswürdig, aber vernachlässigt zu sein scheinen, herauszugreifen.
Der labeling approach tritt mit einem Anspruch auf, der geeignet ist, die gesamte Kriminalsoziologie programmatisch auf eben diesen Ansatz zu reduzieren. Wir sind jedoch der Ansicht, daß im Rahmen der Labeling-Theorie der Kausalitätsforschung wieder ein Platz eingeräumt werden sollte, denn legitimer Forschungsgegenstand der Kriminalsoziologie sind auch die Situationen und Handlungszusammenhänge, die erst in einem späteren Zuschreibungsprozeß das Etikett »kriminell« erhalten. Schon *H. S. Becker* beschäftigt sich mit diesem Gegenstand, wenn er die Interaktionsstrukturen untersucht, die z.B. Zugang zu der Subkultur der Marihuanaraucher ermöglichen [109]. Er hat allerdings die Beschäftigung mit diesem Fragekatalog noch nicht explizit zu seinem Thema gemacht. *E. M. Lemert* formuliert sein kriminalsoziologisches Konzept bereits präziser, wenn er »primäre« und »sekundäre Devianz« unterscheidet. Primäre Devianz entsteht aus verschiedenartigen sozialen, psychologischen und kulturellen Kontexten und hat lediglich marginale Folgen für die individuelle psychische Struktur, in dem sie nicht zur Über-

nahme sozialer Rollen führt. Sekundäre Devianz ist deviantes Verhalten oder eine darauf aufbauende soziale Rolle, die irgendeine Form der Anpassung an die Probleme konstituiert, die durch die gesellschaftliche Reaktion auf primäre Devianz entstehen [110].

Die starke Betonung der Definitionsleistungen könnte den Eindruck entstehen lassen, daß – als Erbe der Auffassungen des symbolischen Interaktionismus – soziale Wirklichkeit durch Situationsdefinitionen erzeugt wird. Obwohl dieser Einwand nicht in der Programmatik des labeling approach begründet ist, sollte doch stärker hervorgehoben werden, daß soziale Wirklichkeit objektiv aufgrund materieller Produktion und der darauf gründenden Produktionsverhältnisse strukturiert ist und durch eine individuelle Bewußtseinsleistung lediglich vermittelt wird. Ebenso dürfen Interaktionen auf den verschiedensten Ebenen nicht verabsolutiert werden, sondern sind als durch eine konkrete gesellschaftliche Realität vermittelt zu begreifen.

Der Labeling-Theorie ist es noch nicht gelungen, überzeugend nachzuweisen, warum Handlungen in einer Gesellschaft als deviant definiert werden, während sie gleichzeitig in einer anderen Gesellschaft als durchaus normal gelten. In Abschnitt 4.2.1. haben wir schon ausführlicher darauf hingewiesen, daß wir das weithin vorgebrachte Konfliktmodell nicht für hinreichend halten, um Entstehung und Anwendung von Normen in einer historisch gewordenen Gesellschaftsstruktur zu erklären. Besonders die materielle Basis gesellschaftlichen Lebens darf größere Beachtung für sich beanspruchen. In der weiteren Ausarbeitung ist eine – wenn auch nicht programmatisch bedingte – Verengung auf Brüche formeller Regelungen und auf formelle Reaktionen zu beobachten. Es besteht die Gefahr, daß Verstöße gegen informelle Regelungen und der Erfolg oder Nicht-Erfolg informeller Reaktionen aus dem Blickfeld geraten. Außerdem ist der Entstehungszusammenhang zwischen informellen Definitionen und formellen Definitionen und Sanktionen abweichenden Handelns zu bedeutungsvoll, als daß er vernachlässigt werden dürfte. Die Sozialforschung zur Genese physischer und psychischer Versehrtheit, die vorzugsweise zum Problembereich und Praxisfeld der Sozialpolitik gerechnet wird, gibt uns ein lehrreiches Beispiel in der Verknüpfung materieller gesellschaftlicher Basis, informeller und formeller Definitionen und Reaktionen.

Ein Untersuchungsgegenstand des Ansatzes ist auch der Einfluß von Definition und Sanktion auf die Identität des Betroffenen. Hier wäre noch in einem weiten Arbeitsfeld zu analysieren, ob eine Statusdegradierung unter bestimmten Bedingungen zu einer Identitätsänderung oder -verhärtung führt und ob Definition und Statusdegradierung bereits ausreichende

Bedingungen für die Veränderung einer Identität sind oder ob diese Degradierung erst in Alltagsinteraktionen erfahren werden muß. Da wir eine Identitätsänderung als Voraussetzung einer kriminellen Karriere verstanden wissen wollten, erhält die Untersuchung der Bedingungen von Identitätsmanipulationen, und als solche können gesellschaftliche Reaktionen, die das Etikett Devianz schaffen, verstanden werden, auch eine tragende Bedeutung für die Bedingungen der Entstehung einer kriminellen Karriere. Wenig Interesse scheint bisher auch die Annahme gefunden zu haben, daß ein Individuum nicht nur eine Karriere durchlaufen kann, sondern in Analogie zu dem Rollenmodell verschiedene Karrieren gleichzeitig in verschiedenen Bezugsgruppen absolviert. Hieran schließt sich die Frage an, ob sich Karrieren gegenseitig ausgleichen und unter welchen Bedingungen eine Karriere eine mögliche andere verdrängt. Auch wenn eine Person infolge eines Definitionsprozesses eine deviante Karriere eingeschlagen hat, ist als Möglichkeit nicht auszuschließen, daß sie sich unter bestimmten Bedingungen zu einer Aufgabe der Karriere entschließt. Die Bedingungen, die die Umsetzung eines solchen Entschlusses in die Tat ermöglichen, sind noch weitgehend unerforscht.

4.2.6. Soziologie und soziale Probleme ein grundsätzliches Dilemma und mögliche Auswege

H. Blumer hat in einem seiner späten und in der BRD bislang weniger beachteten Aufsätze mit aller Deutlichkeit festgestellt, daß die Soziologie unfähig sei, soziale Probleme zu bestimmen oder gar überhaupt zu erkennen. Soziologen hätten versagt, die Prozesse zu beschreiben und zu erklären, die zur gesellschaftlichen Definition und Legitimierung von sozialen Problem führen [111]. Drei schwerwiegende Mängel lastet *Blumer* in dem Zusammenhang dem Soziologen bei der Behandlung sozialer Probleme an:

a) Mangelhaft ist das Fehlen einer Erklärungsmöglichkeit, »warum einige Fälle von Abweichung, Disfunktion oder Strukturspannung, die er feststellt, im Gegensatz zu anderen nicht den Status eines sozialen Problems erlangen« [112].
b) »Ein zweiter Mangel des konventionellen soziologischen Ansatzes ist die Annahme, daß ein soziales Problem im Grunde in der Form einer feststellbaren objektiven Bedingung in einer Gesellschaft existiert« [113].
c) Mängelbehaftet ist schließlich die Annahme, »daß die Ergebnisse, die aus der Untersuchung des objektiven Charakters eines sozialen Problems hervorgehen, der Gesellschaft solide und wirksame Mittel für die Lösung des Problems liefern« [114].

Die genannten drei Mängel dienen *Blumer* als Ausgangspunkte seiner zentralen These, »daß soziale Probleme einem Prozeß der kollektiven Definition unterliegen und seine Produkte sind« [115]. Mit dieser These berührt *Blumer* zweifellos einen empfindlichen Punkt der Sozialwissenschaften überhaupt: nämlich die Tatsache, daß sich diese Wissenschaften den »Stoff« ihrer Arbeit, die Daten und Problemkreise, von der gesellschaftlichen Realität vorgeben lassen müssen. Dies ist ein Umstand, den *Alfred Schütz* sogar zum erkenntnistheoretischen Postulat erhoben hatte: Die Wissenschaftler sollten bei der Produktion ihrer Denkkonstrukte an die Wissenskonstrukte und Denkstrukturen der Alltagshandelnden anknüpfen und ihre Denkfiguren als »Konstrukte zweiten Grades« betrachten [116].

Allerdings scheint *Blumer* mit der Deutlichkeit, mit der er auf diesen Punkt aufmerksam macht, ein wenig über das eigentliche Ziel hinausgeschossen zu sein. Es wäre fatal zu leugnen, wie er es tut, gesellschaftliche Probleme hätten keine objektiven und materiellen Grundlagen. *Blumer* ist dabei mit den eigenen Beispielen – wie etwa dem von ihm angeführten Exempel der Armut – zu schlagen. Das Problem Armut wird nicht von einer Definition erzeugt – jedenfalls nicht für die Betroffenen. Vielmehr liegt ihm eine bestimmte Struktur materieller Güterverteilung zugrunde; es wird bedingt dadurch, daß bestimmte ökonomisch unterprivilegierte Gruppen ihr Leben am Rande der Existenz fristen müssen, ohne selbst über Produktionsmittel verfügen zu können und ohne ihre Arbeitskraft auf dem Markt in monetären Besitz ausreichend umsetzen zu können. Allerdings – und darin liegt der Aussagewert der *Blumer*schen These – werden die Sichtweisen, in denen die Betroffenen und die übrigen Gesellschaftsmitglieder die zugrundeliegenden Tatbestände betrachten und auf ihr Handeln beziehen, durch Definitionsleistungen gesteuert. Über die gesellschaftlichen und politischen Prozesse, die wiederum diesen Definitionsleistungen zugrundeliegen, sagen sozialwissenschaftliche Theorien in der Tat wenig aus. So ist beispielsweise wenig geklärt, warum in der Überflußgesellschaft die Entwendung von Lebensmitteln, die zu einem großen Teil wegen Nichtverkäuflichkeit vernichtet werden, ein soziales Problem darstellt, während das Zigarettenrauchen, das in seinen Auswirkungen weite Kreise der Bevölkerung (auch die nichtaktiven »Mitraucher«) existenziell bedroht, zwar zunehmend mit Mißfallen belegt wird, aber noch nicht den Status eines legitimen sozialen Problems erlangt hat. Insofern ist *Blumer* zuzustimmen, wenn er sagt: »Es ist ein grober Fehler anzunehmen, daß jede Art von bösartigen oder schädlichen sozialen Bedingungen oder Gegebenheiten in einer Gesellschaft automatisch zu einem sozialen Problem für die Gesellschaft werden« [117].

Nach *Blumer* werden die einzelnen Stufen einer Karriere eines sozialen Problems – vom Auftauchen des Problems, seiner Legitimierung über die Mobilisierung von Initiativen bis zur Durchführung offizieller Aktionspläne – zuwenig analysiert und beachtet. Insbesondere bestehen nur ungenügende Erkenntnisse über das Problemmanagement durch Interessengruppen oder auch durch die offiziell zur Problembehandlung eingesetzten gesellschaftlichen Spezialgruppen, die, wie *H. S. Becker* es einmal in anderem Zusammenhang ausgedrückt hat [118], lediglich ihre raison d'être mit dem Problem verbinden. Vernachlässigt wird von seiten der Sozialwissenschaftler vor allem auch, Informationen darüber einzuholen, wie gesellschaftlich weniger mächtige Gruppen und die von Mißständen geradezu Betroffenen die für sie problematische Situation definieren und welche Elemente sie in die Problembestimmung einfließen lassen würden.
Aus dieser kritischen Beurteilung *Blumers* heraus wird ein grundsätzliches Dilemma praxisferner Sozialwissenschaft deutlich, das darin besteht, daß diese Wissenschaft – gerade aufgrund ihrer Praxisferne – bei ihrer notwendigen Anknüpfung an die vorgängige gesellschaftliche Realität sich die Daten und Informationen relativ unreflektiert vorgeben lassen muß, bzw. aus sich heraus eine Reflexion der Manipulation der Daten und Informationen in dieser Realität nur ungenügend leisten kann. Der einzige Ausweg aus diesem Dilemma besteht – jedenfalls was die Behandlung sozialer Probleme anbetrifft – darin, daß Sozialwissenschaftler selbst in die Handlungszusammenhänge der Praxis eingreifen, innerhalb derer relevante Definitionen geleistet werden oder geleistet werden könnten, Das würde auf ein Kooperationsmodell hinauslaufen, in dem Sozialwissenschaftler, Sozialarbeiter und die Betroffenen gleichberechtigte Funktionen bei der Definition und der Zielfindung der Problemlösungen erhielten. Es ist gleichzeitig wichtig, auf das Problemmanagement innerhalb bestehender Aktionsmodelle und die sich dort eröffnenden Möglichkeiten der kritischen Einbringung soziologischen Wissens über die Abhängigkeit des abweichenden gesellschaftlichen Handelns von sozialer Kontrolle näher einzugehen.
In einem Aufsatz kommen *I. L. Horowitz* und *M. Liebowitz* zu folgender Feststellung: »Die Untersuchung sozialer Abweichung in der amerikanischen Soziologie beruhte traditionsgemäß auf einem Modell, das delinquentes Verhalten den Instrumenten der sozialen Wohlfahrt zuweist. Dieses Modell strebte an, die sichtbaren Instanzen der sozialen Kontrolle (die Polizei, die Rechtsprechung und die Wohlfahrtsagenten) dadurch zu liberalisieren, daß sie von Bestrafungs- zu Rehabilitierungsinstrumenten verwandelt wurden. Diese zugrundeliegende Prämisse, daß Bestrafung und Rehabilitation die beiden allein möglichen Reaktionen auf Abwei-

chung sind, führt zur konventionellen Tendenz, abweichendes Verhalten eher in *therapeutischen* als in *politischen* Begriffen zu bewerten« [119]. Diese Feststellung läßt sich unseres Erachtens in der Allgemeinheit in wesentlichen Gehalten auch auf bundesrepublikanische Verhältnisse übertragen. In der BRD werden im Rahmen dieses therapeutischen Paradigmas, wie aus den Deskriptionen der Forschungen zur Labeling-Theorie hervorgeht, über Prozesse sozialer Kontrolle abweichender Status zugeteilt und abweichende Karrieren für die Betroffenen eröffnet. Dieser Effekt steht im Gegensatz zu den eigentlichen humanitären und auch gesellschaftspolitischen Anliegen der Protagonisten in dem Aktionsmodell der Wohlfahrt. *Horowitz* und *Liebowitz* vertreten diesbezüglich die These, daß in dem bestehenden Aktionsmodell, das durch die Leitsätze des therapeutischen bzw. Strafparadigmas konstituiert ist, weder logisch noch pragmatisch alle gegenwärtig gegebenen Möglichkeiten der Behandlung sozialer Probleme ausgeschöpft werden [120].
So wird gemeinhin ohne kritische Reflexion abweichendes Handeln als ein soziales Problem eingestuft. Dabei wird wie selbstverständlich angenommen, »daß Abweichung ein Problem ist, das irgendwie bewältigt werden muß«. Weiterhin wird angenommen, »daß Abweichung ein Problem der *Allgemeinheit* ist, was bedeutet, daß soziale Instanzen das Recht haben zu intervenieren« [121]. Darüber hinaus wird das der Problematik zugewiesene Attribut »sozial« in einen Gegensatz zu »politisch« gesetzt. »Daraus ergibt sich, daß Abweichung von Experten behandelt wird, anstatt von denjenigen Öffentlichkeiten debattiert zu werden, die angeblich bedroht sind« [122]. Auf diese Weise wird der wichtige politische Prozeß, mit welchem Stellenwert Probleme bedacht werden, welche Wert- und Zielvorstellungen zu ihrer Behandlung entworfen werden und wie diese Projektionen schließlich in konkrete Handlungsstrategien und -programme umgesetzt werden, für breite Teile der Öffentlichkeit ausgeblendet. Ganz zu schweigen davon, daß die Betroffenen den geringsten Zugang zu diesen Entscheidungsprozessen besitzen. Das Verfahren sozialer Kontrolle, das zur Handhabung legitimer sozialer Probleme durch Spezialisten gesellschaftlich und politisch formell verankert wird, gerinnt zu einem scheinbar unpolitischen Verfahren der Staatsverwaltung, ohne daß die grundsätzlichen sozioökonomischen und politischen Konflikte, die die Grundbedingungen dieser Probleme abgeben, öffentlich-politisch – und zwar gerade durch Mitarbeit der Betroffenen – diskutiert und angegangen werden.
Die a-politisierte Kontrolle sozialer Probleme, die im Grunde jedoch einen gravierenden politischen Stellenwert hat, muß zugunsten einer politisierten Behandlung dieser Fragen aufgegeben werden. Die Soziologie

kann, wenn sie bereit ist, ihre praxisferne Stellung aufzugeben, zu einem Instrument der kritischen Reflexion für die einzelnen Standpunkte innerhalb dieses politischen Prozesses sowie der kontrollierten Informationsgewinnung und -verarbeitung im Rahmen der notwendigen politischen Zielfindungs- und Entscheidungsprozesse werden [123]. »Die politischen Fragen, die einem Konfliktmodell der Abweichung innewohnen, konzentrieren sich auf die Anwendung sozialer Kontrolle in der Gesellschaft« [124]. Aus der Weiterentwicklung der Soziologie zu einem derartigen Instrument, das einen gesellschaftstheoretischen Bezug wahrt, könnten Fragestellungen zur Modalität, zur Zielrichtung und zum Ausmaß gesellschaftlicher Kontrolle theoretisch entwickelt werden. Die Verwirklichung solcher Aktionsmodelle setzt allerdings die Politisierung der eigentlichen von sozialen Problemlagen Betroffenen wie auch der engagierten Sozialarbeiter und Sozialwissenschaftler voraus.

Vorausgesetzt werden muß aber auch, daß der Stellenwert von Theorie und Forschung in diesem Zusammenhang eine eindeutige Bestimmung erfährt. *K. Holzkamp* hat wissenschaftliches Handeln – alternativ zu bestehenden Auffassungen – als *»bedingungskontrolliert-exemplarische Praxis«* [125] bezeichnet. *Holzkamp* hat damit einen weiter auszubauenden Weg gewiesen, der auch unseren Intentionen in bezug auf das Verhältnis von Sozialwissenschaft und sozialer Arbeit entgegenkommt. Die eben begrifflich formulierte wissenschaftliche Praxis definiert er »als vorbereitendes Moment innerhalb umfassenderer direkter Praxis, ... (dadurch) ist die Unterscheidung zwischen ›reiner‹ und ›angewandter‹ Forschung radikal aufgehoben: ›Wissenschaft‹ kann dieser Auffassung nach nicht nur auf ›Praxis‹ bezogen werden, ...empirische Wissenschaft findet vielmehr in bedingungskontrolliert-exemplarischer Praxis als Vorbereitung für direkte Praxis ihre einzige rational ausweisbare und begründbare Funktion« [126]. Ein Postulat von *W. Hofmann* kann man in direkter Ergänzung dazu sehen: »Von den Möglichkeiten der Gesellschaft her wird Wissenschaft... ihre letzten Wertungskriterien gewinnen – und Wissenschaft ist befähigt und daher berechtigt, begründete, mit wissenschaftlichen Mitteln selbst erschlossene Werturteile auszusprechen. ...Wissenschaft hat dieser Welt zu sagen, was möglich geworden ist« [127]. Diesen Bestimmungen nach müßte eine empirische Forschung zu sozialen Problemen und deren gesellschaftlicher Kontrolle im Aktionsrahmen sozialer Arbeit immer schon Stellung zu ihrem Objektbereich beziehen, indem sie auf andere Möglichkeiten der dort vorherrschenden Realbedingungen, die während und in der Forschung analysiert und in ihren Wirkungen erklärt worden sind, verweist oder wenigstens Verweisungsmöglichkeiten eröffnet. Das zeigt jedoch auch mit aller Deutlichkeit, daß es verfehlt wäre, einer sozialromantischen Ideologie der »großen« politischen Umwälzung in diesem Zusammenhang zu verfallen. Nichts könnte schädlicher sein für die allenthalben in Ansätzen [128] in Gang gekommene wissenschaftliche, praktische und politische Kleinarbeit als eine solche Art unreflektierter Sozialromantik. Vielmehr wird eine realistische Sichtweise des Problems der Verwirklichung sozialer Arbeit nach möglichen effektiven Organisationsformen einer derartigen Praxis Ausschau halten müssen.

Anmerkungen

1 *R. König* 1968b, S. XII.
2 Vgl. ebenda, S. X.
3 Vgl. ebenda, S. XII ff.
4 Siehe etwa *F. Sack* 1968 und 1969.
5 Vgl. *R. König* 1968b, S. XIII.
6 *A. K. Cohen* 1970, S. 87.
7 Zur Beschreibung der Entwicklung der »klassischen« und der »positiven« kriminologischen Schulen vgl. folgende Arbeiten: *F. Sack* 1968, S. 434–445; *G. B. Vold* 1970, S. 14–140; *A. K. Cohen* 1970, S. 76–95.
8 Vgl. *A. K. Cohen* 1970, S. 97–105.
9 Vgl. *A. K. Cohen* 1968, S. 223 ff.
10 *M. F. A. Montagu* 1968, S. 240.
11 Vgl. *R. König* 1972, S. 214 ff.; *W. J. Goode* 1970, S. 11 ff.
Vgl. auch den Begriff der Primärgruppe bei *Cooley* im 2. Kapitel dieser Arbeit.
12 Vgl. *S. Glueck* & *E. Glueck* 1968, S. 282.
13 Vgl. *W. McCord u. a.* 1969, S. 86.
14 *S. Glueck* & *E. Glueck* 1968, S. 281, und *W. McCord u. a.* 1969, S. 130 und 138.
15 Vgl. *S. Glueck* & *E. Glueck* 1968, S. 285 ff.; *dies.* 1963, S. 185 ff.; *W. McCord u. a.* 1969, S. 179 ff.
16 *M. Gold* 1963, S. 13 f.
17 Vgl. *A. Bandura* & *R. H. Walters* 1959, S. 32.
18 Vgl. *M. Gold* 1963, S. 39.
19 Vgl. ebenda.
20 Vgl. ebenda, S. 40 und 138.
21 Vgl. *A. Bandura* & *R. H. Walters* 1959, S. 26. Eine Zusammenfassung familialer Kontrollen in Abhängigkeit von sozialer Schicht bringt in aller Ausführlichkeit *B. Caesar* 1972.
22 Vgl. *A. Bandura* & *R. H. Walters* 1959, S. 32–37 und 53–62.
23 Vgl. ebenda, S. 191 f. und S. 242 ff.
24 *P. Jacobi* 1970, S. 9.
25 Vgl. ebenda, S. 14 f.
26 *R. König* 1969, S. 184.
27 Vgl. *S. Glueck* & *E. Glueck* 1968, S. 7, und *A. Bandura* & *R. H. Walters* 1959, S. 4.
28 Vgl. beispielsweise *W. McCord u. a.* 1969, S. 10 f.; *A. Bandura* & *R. H. Walters*

1959, S. VIII; *S. Glueck* & *E. Glueck* 1968, S. 13; *M. Gold* 1963, S. 1f.; *P. Jacobi* 1970, S. 1.
29 Vgl. *S. Glueck* & *E. Glueck* 1968, S. 281.
30 *R. König* 1969, S. 209.
31 Vgl. *L. Yablonski* 1967, S. 172.
32 Ebenda, S. 195.
33 Ebenda, S. 195f.
34 *H. Haferkamp* 1972b, S. 30.
35 Vgl. *P. Lerman* 1967–68, S. 66.
36 Vgl. *E. Durkheim* 1970, S. 159.
37 Vgl. *E. Durkheim* 1951, S. 247ff.
38 Vgl. ebenda, S. 257f.
39 Vgl. *R. K. Merton* 1961, S. 121f. und 131f.
40 Ebenda, S. 133.
41 Ebenda.
42 Ebenda, S. 162.
43 Ebenda.
44 Vgl. ebenda, S. 144ff.
45 Vgl. ebenda, S. 121f. und 132. Siehe auch *R. Ahlheim u. a.* 1971, S. 67.
46 Vgl. *R. K. Merton* 1961, S. 122.
47 Vgl. *R. Bohnsack* 1973, S. 86, sowie *E. M. Lemert* 1967, S. 4ff.
48 Ebenda, S. 5. *A. K. Cohen* 1965, S. 6, ist zuzustimmen, wenn er *Mertons* erstem, nicht revidiertem Anomiekonzept vorwirft, es sei indivudalistisch und atomistisch, da es das Individuum als Rollenträger »in a box by himself« betrachte. *Cohen* fordert dagegen eine interaktionistische Sichtweise, die den Einfluß der Erfahrungen und Bewertungen anderer auf das Denken und Handeln des Individuums berücksichtigt. *E. M. Lemert* 1967, S. 10, kritisiert, daß *Merton* das Individuum als ein relativ frei handelndes Wesen definiert, wohingegen es doch durch seine Mitgliedschaft in verschiedenen Gruppen durch deren Forderungen »gefangen« sei.
49 *R. Bohnsack* 1973, S. 86.
50 Vgl. ebenda. *E. M. Lemert* 1967, S. 6, hält es für unumgänglich, daß die Unterscheidung zwischen Werten und Mitteln – in der Art wie *Merton* sie trifft – aufgegeben wird. *R. H. Turner* 1953–54, S. 305, bemerkt: »Diesem Schema ist... nur schwer zuzustimmen, da in der Praxis die Differenzen zwischen Mitteln und Zielen nicht leicht zu bestimmen sind.« *K. D. Opp* 1968, S. 110f., kritisiert ebenfalls, daß *Merton* unklar läßt, »ob eine gegebene institutionalisierte Norm als kulturelles Ziel oder als regulierende Norm zu bezeichnen ist«. Außerdem hält er es nicht für geklärt, »ob ein kulturelles Ziel oder eine regulierende Norm institutionalisiert sind oder nicht«.
51 Vgl. ebenda, S. 119. *R. A. Cloward* & *L. E. Ohlin* 1970 übernehmen *Mertons* Anomiethese; sie beziehen jedoch die sozial erstrebenswerten Ziele auf die jeweilige Position des einzelnen in der Sozialstruktur (vgl. ebenda, S. 89f.). Durch die Entstehung einer Subkultur und die Einfügung des Individuums in diese sehen sie die Möglichkeit kollektiver Problemlösungen gegeben (vgl. ebenda, S. 126). Als dritten Erweiterungsvorschlag fügen die Autoren ein Konzept des sozialstrukturell begrenzten Zugangs zu illegitimen Mitteln in die Anomiediskussion ein (vgl. ebenda, S. 146 und passim).
52 *J. Ritsert* 1971, S. 219.
53 Vgl. *T. Hirschi* 1969, S. 10.

54 Vgl. ebenda, S. 16.
55 Vgl. ebenda, S. 18ff.
56 Vgl. ebenda, S. 27f.
57 Vgl. ebenda, S. 28f.
58 Ebenda, S. 30.
59 Vgl. ebenda, S. 83–94.
60 Vgl. ebenda, S. 94.
61 Vgl. ebenda, S. 110–127.
62 Vgl. ebenda, S. 135–158.
63 Vgl. ebenda, S. 196.
64 Vgl. ebenda, S. 224.
65 Vgl. *St. Box* & *J. Ford* 1971, S. 43.
66 Vgl. *H. H. Bohle* 1972, S. 126–131.
67 Vgl. *T. Hirschi* 1969, S. 54.
68 Vgl. *St. Box* & *J. Ford* 1971, S. 38.
69 *F. Sack* 1969, S. 970.
70 Ebenda, S. 978.
71 *E. Rubington* & *M. S. Weinberg* 1971, S. 4.
72 Vgl. auch *F. Sack* 1973, S. 133.
73 *H. U. Deppe* 1973, S. 120.
74 Ebenda.
75 *C. Offe* 1972, S. 69.
76 Zur funktionalen Notwendigkeit des Staates im kapitalistischen System vgl. ebenda, S. 27–63.
77 Vgl. *G. Albrecht* 1973, S. 791f.
78 *P. Runde* 1971, S. 27.
79 Ebenda, S. 29.
80 *E. Altvater* zit. in: *C. Offe* 1972, S. 55.
81 Vgl. das Konzept des »reasonable cause« in: *H. T. Buckner* 1968b, S. 7.
82 Vgl. *J. Matthes* 1973, S. 114.
83 *F. Sack* 1968, S. 454.
84 Ebenda, S. 469.
85 Vgl. ebenda, S. 463.
86 Ebenda, S. 464.
87 Vgl. *D. Claessens u. a.* 1973, S. 204.
88 *C. Offe* 1972, S. 49.
89 *F. Engels* 1971, S. 152.
90 *J. Matthes* 1973, S. 117.
91 Vgl. ebenda, S. 115ff.
92 Vgl. *W. Hollstein* 1973, S. 10.
93 *Arbeitskreis Kritische Sozialarbeit* 1971, S. 9.
94 *M. Nowicki* 1973, S. 64.
95 Ebenda, S. 75.
96 Vgl. *H. Peters* 1969, S. 407f.
97 Vgl. *A. K. Cohen* 1970, S. 68.
98 Vgl. *K. Dörner* 1969, S. 61.
99 Ebenda, S. 62.
100 Vgl. *M. Meinhold* 1973, S. 218f.
101 Vgl. *H. Peters* 1970, S. 348ff.
102 Vgl. ebenda, S. 349f.

103 *F. Sack* 1968, S. 469.
104 Vgl. *J. Goldstein* 1969, S. 562 ff.
105 Vgl. *M. Brusten* 1973, S. 87.
106 Ebenda, S. 101.
107 Vgl. ebenda, S. 94.
108 Vgl. ebenda, S. 103.
109 Vgl. *H. S. Becker* 1966.
110 Vgl. *E. M. Lemert* 1967, S. 17. Zur Diskussion der Begriffe »primäre Abweichung« und (sekundäre) »Devianz« vgl. *G. Albrecht* 1973, S. 787. Einwände gegen den Begriff der »primären Devianz« erhebt *C. Schumann* 1973, S. 34 f.
111 Vgl. *H. Blumer* 1973, S. 149 ff.
112 Ebenda, S. 152.
113 Ebenda, S. 153.
114 Ebenda, S. 154.
115 Ebenda, S. 155.
116 Vgl. *A. Schütz* 1967, S. 59 und passim.
117 *H. Blumer* 1973, S. 156.
118 Vgl. *H. S. Becker* 1966, S. 156.
119 *I. L. Horowitz* & *M. Liebowitz* 1973, S. 166.
120 Vgl. ebenda, S. 167.
121 Ebenda.
122 Ebenda.
123 Diese Hoffnung oder auch Forderung unterstreicht u. E. die weithin zurecht im Prozeß befindliche Abkehr der Soziologie von der ›reinen‹ oder ›wertfreien‹ Theorie auf der einen Seite oder der abstrakt ›kritischen‹ Theorie auf der anderen Seite.
124 *I. L. Horowitz* & *M. Liebowitz* 1973, S. 172.
125 Vgl. diesen Begriff bei *K. Holzkamp* 1972, S. 135 ff.
126 Ebenda, S. 135.
127 *W. Hofmann* 1971, S. 73 ff.
128 An dieser Stelle eine umfassende Beschreibung und Belegung dieser Aktivitäten zu liefern, ist aus verständlichen Gründen unmöglich. Statt dessen möchten wir hier lediglich auf die Handlungsbereiche sozialer Arbeit hinweisen, in denen gehäuft derartige Ansätze unternommen wurden. Es handelt sich dabei um die Arbeit mit Obdachlosen, mit Drogen- und Alkoholgefährdeten, mit randständigen Jugendlichen etc. Sozialplanerische Ansätze finden sich auch in den sozialpädagogisch relevanten Sektoren der Bildungsplanung und Bildungspolitik.

Literaturverzeichnis

Adorno, Th. W.: »Einleitung«, in: E. Durkheim 1967.

Ahlheim, R. u.a. (Autorenkollektiv): Gefesselte Jugend. Fürsorgeerziehung im Kapitalismus, Frankfurt a.M., 1971.

Albrecht, G.: »Die ›Erklärung‹ von Devianz durch die ›Theorie‹ des Symbolischen Interaktionismus – Neue Perspektiven und alte Fehler«, in: Soziologie – Sprache, Bezug zur Praxis, Verhältnis zu anderen Wissenschaften. René König zum 65. Geburtstag, hersg. von *G. Albrecht, H. Daheim* & *F. Sack*, Opladen, 1973.

Arbeitskreis Kritische Sozialarbeit: Geschichte und Funktion der Sozialarbeit, Frankfurt a.M., 1971.

Autorenkollektiv: »Charakter und Aufgaben der marxistisch-leninistischen Soziologie in der DDR«, in: Soziologie im Sozialismus. Materialien der Tage der marxistisch-leninistischen Soziologie in der DDR, Berlin (DDR), 1970.

Bahrdt, H. P.: »Zur Frage des Menschenbildes in der Soziologie«, in: Archives européennes de sociologie, No. 1, Tome II, 1961, S. 1–17.

Bandura, A./Walters, R. H.: Adolescent Aggression. A Study of the Influence of Child-Training Practices and Family Interrelationships, New York, 1959.

Becker, H. S.: Outsiders. Studies in the Sociology of Deviance, Toronto, 1966 (first paperback ed.).

Benoit-Smullyan, E.: »The Sociologism of Emile Durkheim and his School«, in: *H. G. Barnes* (Hg.). An Introduction to the History of Sociology, Chicago, III., 1948.

Berger, P. L.: Einladung zur Soziologie. Eine humanistische Perspektive, Olten und Freiburg i.Br., 1969.

Berger, P. L./Kellner, H.: »Arnold Gehlen and the Theory of Institutions«, in: Social Research, Vol. 32, 1965, S. 110–115.

dies: »Marriage and the Construction of Reality. An Exercise in the Microsociology of Knowledge«, in: *H. P. Dreitzel* (Hg.), Recent Sociology, No. 2, Patterns of Communicative Behavior, London, 1970.

Berger, P. L./Luckmann, Th.: Die gesellschaftliche Konstruktion der Wirklichkeit. Eine Theorie der Wissenssoziologie, Frankfurt a.M., 1969.

Berger, P. L./Pullberg, St.: »Verdinglichung und die soziologische Kritik des Bewußtseins«, in: Soziale Welt, Jg. 16, 1965, S. 97–112.

Bernard, L. L.: Social Control in its Sociological Aspects, New York, 1939.

Bierstedt, R.: »An Analysis of Social Power«, in: *L. A. Coser* & *B. Rosenberg* 1970.

Blau, P. M.: Exchange and Power in Social Life, New York–London–Sidney, 1967 (2. Aufl.).

Blumer, H.: »Soziale Probleme als kollektives Verhalten«, in: *W. R. Heinz/P. Schöber* 1973.

Bohle, H. H.: Anomie und Schichtung. Inwieweit lassen sich empirisch feststellbare Beziehungen zwischen Kriminalitätsbelastung und Schichtzugehörigkeit mit der Anomietheorie vereinbaren?, Diplomarbeit, Universität Bielefeld, 1972 (Manuskript), erscheint demnächst in der Reihe Kritische Texte zur Sozialarbeit und Sozialpädagogik unter anderem Titel.

Bohnsack, R.: Handlungskompetenz und Jugendkriminalität, Neuwied und Berlin, 1973.

Box, St./Ford, J.: »The Facts Don't Fit: On the Relationship Between Social Class and Criminal Behaviour«, in: The Sociological Review, Vol. 19, 1971.

Brearley, H. C.: »The Nature of Social Control«, in: *J. S. Roucek* (Hg.), Social Control, New York–New Delhi, 1956 (2. Aufl.).

Brotz, H.: »Social Stratification and the Political Order«, in: *A. M. Rose* 1962.

Brusten, M.: »Prozesse der Kriminalisierung – Ergebnisse einer Analyse von Jugendamtsakten«, in: *H.-U. Otto/S. Schneider*, 2. Halbband, 1973.

Buckner, H. T.: The Police and Social Control, Vortrag für das jährliche Treffen der American Sociological Association, Boston, 1968a, (Manuskript).

ders.: Transformations of Reality in the Legal Process, Vortrag für das jährliche Treffen der American Sociological Association, Boston, 1968b (Manuskript).

Caesar, B.: Autorität in der Familie. Ein Beitrag zum Problem schichtenspezifischer Sozialisation, Reinbek bei Hamburg, 1972.

Claessens, D.: »Rolle und Verantwortung«, in: Soziale Welt, Jg. 14, 1963, S. 1–13.

ders.: Status als entwicklungs-soziologischer Begriff, Dortmund, 1965.

ders.: Familie und Wertsystem. Eine Studie zur »zweiten, sozio-kulturellen Geburt« des Menschen und der Belastbarkeit der »Kernfamilie«, Berlin, 1967 (2., überarb. Aufl.).

ders.: Instinkt, Psyche, Geltung, Bestimmungsfaktoren menschlichen Verhaltens. Eine soziologische Anthropologie, Köln–Opladen, 1968.

ders.: Rolle und Macht, München, 1970 (2., überarb. Aufl.).

ders.: »Enkulturation«, in: Wörterbuch der Soziologie, hersg. von *W. Bernsdorf*, Bd. 1, Frankfurt a. M., 1972 (Neuauflage).
Claessens, D./Klönne, A./Tschoepe, A.: Sozialkunde der Bundesrepublik Deutschland, Düsseldorf–Köln, 1973 (6., überarb. Aufl.).
Cloward, R. A./Ohlin, L. E.: Delinquency and Opportunity, London, 1970 (Neuauflage).
Cohen, A. K.: »The Sociology of the Deviant Act: Anomie Theory and Beyond«, in: ASR, Vol. 30, 1965, S. 5–14.
ders.: »Mehr-Faktoren-Ansätze«, in: *F. Sack* & *R. König* 1968.
ders.: Abweichung und Kontrolle, München, 1970 (Neuauflage).
Cooley, C. H.: Social Organization. A Study of the Larger Mind, New York, 1912 (Neuauflage von 1909).
ders.: Social Process, New York, 1918.
ders.: Human Nature and the Social Order, New York u. a. Orte, 1922 (Neuauflage von 1902).
Coser, L. A./Rosenberg, B. (Hg.): Sociological Theory: A Book of Readings, London, 1970 (3. Aufl.).
Cuvillier, A.: »Besprechung des ›Homo Sociologicus‹ von R. Dahrendorf«, in: Kyklos, Vol XII, 1959, S. 674–675.
Dahrendorf, R.: Homo Sociologicus. Versuch zur Geschichte, Bedeutung und Kritik der Kategorie der sozialen Rolle, Köln und Opladen, 1968 a (7. Aufl.).
ders.: Pfade aus Utopia. Arbeiten zur Theorie und Methode der Soziologie, Gesammelte Abhandlungen I, München, 1968 b (2. Aufl.).
Deppe, H. U.: »Arbeit, Herrschaft, Medizin«, in: *K. Dörner/U. Plog* (Hg.), Sozialpsychiatrie. Psychisches Leiden zwischen Integration und Emanzipation, Neuwied und Berlin, 1973 (2., überarb. Aufl.).
Dörner, K.: »Über den Gebrauch klinischer Begriffe in der politischen Diskussion«, in: *W. Abendroth u. a.*, Die Linke antwortet Jürgen Habermas, Frankfurt a. M., 1969.
Dreitzel, H. P.: Die gesellschaftlichen Leiden und das Leiden an der Gesellschaft. Vorstudien zu einer Pathologie des Rollenverhaltens, Stuttgart, 1968.
Durkheim, E.: The Elementary Forms of the Religious Life. A. Study in Religious Sociology, Glencoe, III., 1947.
ders.: Suicide. A. Study in Sociology, Glencoe, III., 1951.
ders.: The Division of Labor in Society, New York–London, 1964, (5th paperback ed.).
ders.: Soziologie und Philosophie, Frankfurt a. M., 1967.
ders.: Education and Sociology, New York–London, 1968 (2. Aufl.).

ders.: Die Regeln der soziologischen Methode, hersg. von *R. König,* Neuwied und Berlin, 1970 (3. Aufl.).

Engels, F.: Das Begräbnis von Karl Marx, in: *K. Marx/F. Engels,* Ausgewählte Schriften in zwei Bänden, Bd. II, Berlin (DDR), 1971 (19. Aufl.).

Everett, H.: »Social Control«, in: Encyclopedia of the Social Sciences, Vol. III/IV, New York, 1950 (6. Aufl.).

Faris, E.: The Nature of Human Nature, New York, 1937.

Galtung, J.: »Gewalt, Frieden und Friedensforschung«, in: *D. Senghaas* 1972.

Gehlen, A.: Studien zur Anthropologie und Soziologie, Neuwied und Berlin, 1963.

ders.: Urmensch und Spätkultur. Philosophische Ergebnisse und Aussagen, Frankfurt a. M. und Bonn, 1964 (2., überarb. Aufl.).

ders.: Der Mensch. Seine Natur und seine Stellung in der Welt, Frankfurt a. M. und Bonn, 1966 (8. Aufl.).

ders.: Die Seele im technischen Zeitalter. Sozialpsychologische Probleme in der industriellen Gesellschaft, Reinbek bei Hamburg, 1967 (10. Aufl.).

ders.: Anthropologische Forschung. Zur Selbstbegegnung und Selbstentdeckung des Menschen, Reinbek bei Hamburg, 1970 (7. Aufl.).

Geiger, Th.: Vorstudien zu einer Soziologie des Rechts, hersg. von *P. Trappe,* Neuwied und Berlin, 1964.

Gerth, H./Mills, C. W.: Person und Gesellschaft. Die Psychologie sozialer Institutionen, Frankfurt a. M. und Bonn, 1970.

Glueck, S./Glueck, E.: Jugendliche Rechtsbrecher, Stuttgart, 1963.

dies.: Unraveling Juvenile Delinquency, New York, 1968 (5. Aufl.).

Goffman, E.: Stigma. Über Techniken der Bewältigung beschädigter Identität, Frankfurt a. M., 1967.

ders.: Wir alle spielen Theater. Die Selbstdarstellung im Alltag, München, 1969.

ders.: Verhalten in sozialen Situationen. Strukturen und Regeln der Interaktion im öffentlichen Raum, Gütersloh, 1971.

Gold, M.: Status Forces in Delinquent Boys, Ann Arbor, Mich., 1963.

Goldstein, J.: »Police Discretion Not to Invoke the Criminal Process. Low Visibility Decisions in the Administration of Justice«, in: Yale Law Journal, Vol. 69, 1969, S. 543–594.

Goode, W. J.: »Norm Commitment and Conformity to Role-Status Obligations«, in: AJS, Vol. 66, 1960–61, S. 246–258.

ders.: Soziologie der Familie, 1970 (3. Aufl.).

Gouldner, A. W.: »Reziprozität und Autonomie in der funktionalen Theorie«, in: *H. Hartmann* 1967.

Gouldner, A. W.: The Coming Crisis of Western Sociology, London, 1971 (Neuauflage).

Gross, P.: Reflexion, Spontaneität und Interaktion. Zur Diskussion soziologischer Handlungstheorien, Stuttgart–Bad Cannstatt, 1972.

Gurvitch, G.: »Social Control«, in: *ders./W. E. Moore* (Hg.), Twentieth Century Sociology, New York, 1945.

ders.: Dialektik und Soziologie, Neuwied und Berlin, 1965.

Habermas, J.: »Anthropologie«, in: *A. Diemer/I. Frenzel* (Hg.), Philosophie. Das Fischer Lexikon, Frankfurt a. M., 1965 (alte Ausgabe).

ders.: Zur Logik der Sozialwissenschaften, Beiheft 5 der Philosophischen Rundschau – Vierteljahresschrift für philosophische Kritik, Tübingen, 1967.

ders.: »Nachgeahmte Substanzialität. Eine Auseinandersetzung mit Arnold Gehlens Ethik«, in: Merkur, 24. Jg., 1970, S. 313–327.

ders.: Technik und Wissenschaft als »Ideologie«, Frankfurt a. M., 1971 a (5. Aufl.).

ders.: Theorie und Praxis. Sozialphilosophische Studien, Frankfurt a. M., 1971 b (4., neubearb. Aufl.).

ders.: »Vorbereitende Bemerkungen zu einer Theorie der kommunikativen Kompetenz«, in: *ders./N. Luhmann*, Theorie der Gesellschaft oder Sozialtechnologie – Was leistet die Systemforschung?, Frankfurt a. M., 1971.

ders.: Legitimationsprobleme im Spätkapitalismus, Frankfurt a. M., 1973.

Haferkamp, H.: Soziologie als Handlungstheorie. P. L. Berger/T. Luckmann, G. C. Homans, N. Luhmann, G. H. Mead, T. Parsons, A. Schütz, M. Weber in vergleichender Analyse und Kritik, Düsseldorf, 1972 a.

ders.: Kriminalität ist normal. Zur gesellschaftlichen Produktion abweichenden Handelns, Stuttgart, 1972 b.

ders.: Die Struktur elementarer sozialer Prozesse. Logik und Gehalt eines Forschungsleitfadens zur soziologischen Analyse und Erklärung, Stuttgart, 1973.

Hartig, M./Kurz, U.: Sprache als soziale Kontrolle. Neue Ansätze zur Soziolinguistik, Frankfurt a. M., 1971.

Hartmann, H.: »Stand und Entwicklung der amerikanischen Soziologie«, in: *ders.* 1967.

Hartmann, H. (Hg.): Moderne amerikanische Soziologie. Neuere Beiträge zur soziologischen Theorie, Stuttgart, 1967.

Harvey, O. J.: »An Experimental Approach to the Study of Status Relations in Informal Groups«, in: ASR, Vol. 18, 1953, S. 357–367.

Haug, F.: Kritik der Rollentheorie und ihrer Anwendung in der bürgerlichen deutschen Soziologie, Frankfurt a. M., 1972.

Heinz. W. R./Schöber, P. (Hg.): Theorien kollektiven Verhaltens. Beiträge zur Analyse sozialer Protestaktionen und Bewegungen, Bd. 2, Darmstadt und Neuwied, 1973 (Neuausgabe).

Hirschi, T.: Causes of Delinquency, Berkely – Los Angeles, 1969.

Hofmann, W.: »Vom Werturteil in der Gesellschaftslehre«, in: *ders.*, Universität, Ideologie, Gesellschaft. Beiträge zur Wissenschaftssoziologie, Frankfurt a. M., 1971 (5. Aufl.).

Hollingshead, A. B.: »The Concept of Social Control«, in: ASR, Vol. 6, 1941, S. 217–224.

Hollstein, W.: »Sozialarbeit im Kapitalismus. Themen und Probleme«, in: *ders./M. Meinhold* 1973.

Hollstein, W./Meinhold, M. (Hg.): Sozialarbeit unter kapitalistischen Produktionsbedingungen, Frankfurt a. M., 1973.

Holzkamp, K.: Kritische Psychologie. Vorbereitende Arbeiten, Frankfurt a. M., 1972.

Homans, G. C.: »Bringing Men Back In«, in: ASR, Vol. 29, 1964, S 809 bis 818.

ders.: »Soziales Verhalten als Austausch«, in: *H. Hartmann* 1967.

ders.: Elementarformen sozialen Verhaltens, Köln und Opladen, 1968.

ders.: Theorie der sozialen Gruppe, Köln und Opladen, 1970 (5. Aufl.).

Horowitz, I. L./Liebowitz, M.: »Soziale Abweichung und politische Marginalität: Ansatz zu einer Neudefinition der Beziehung zwischen Soziologie und Politik«, in: *W. R. Heinz/P. Schöber* 1973.

Jacobi, P.: Die soziale Kontrolle in der Familie und ihre Bedeutung für das abweichende Verhalten Jugendlicher, in: Familie und Jugendkriminalität, Bd. 4, hersg. von *Th. Würtenberger,* Stuttgart, 1970.

Janowitz, M.: »Wissenschaftshistorischer Überblick zur Entwicklung des Grundbegriffs ›Soziale Kontrolle‹«, in: KZfSS, Jg. 25, 1973, S. 499–514.

Jonas, F.: Die Institutionenlehre Arnold Gehlens, Tübingen, 1966.

ders.: Geschichte der Soziologie IV. Deutsche und amerikanische Soziologie mit Quellentexten, Reinbek bei Hamburg, 1972 (2. Aufl.).

Kasakos, G.: Zeitperspektive, Planungsverhalten und Sozialisation. Überblick über internationale Forschungsergebnisse, München, 1971.

König, R.: »Die Begriffe Gemeinschaft und Gesellschaft bei Ferdinand Tönnies«, in: KZfSS, Jg. 7, 1955.

ders.: »Emile Durkheim 1858–1917«, in: KZfSS, Jg. 10, 1958, S. 561–586.

ders.: »Soziale Kontrolle«, in: *ders.* (Hg.), Soziologie. Das Fischer Lexikon, Frankfurt a. M., 1968 a (2. Aufl. der Neuausgabe).

ders.: »Theorie und Praxis in der Kriminalsoziologie«, in: *F. Sack/R. König* 1968 (b).

ders.: »Soziologie der Familie«, in: *ders.* 1969.
ders. (Hg.): Handbuch der empirischen Sozialforschung, Bd. II, Stuttgart, 1969 (2., veränderte und erweiterte Aufl.).
ders.: »Einleitung«, in: *E. Durkheim* 1970.
ders.: »Familie und Familiensoziologie«, in: Wörterbuch der Soziologie, hersg. von *W. Bernsdorf*, Bd. 1, Frankfurt a. M., 1972 (Neuauflage).
Kolb, W. L.: »A Critical Evaluation of Mead's ›I‹ and ›Me‹ Concepts«, in: *J. G. Manis* & *B. N. Meltzer* 1972.
Krappmann, L.: »Neuere Rollenkonzepte als Erklärungsmöglichkeit für Sozialisationsprozesse«, in: Familienerziehung, Sozialschicht und Schulerfolg, hersg. von der Redaktion betrifft: erziehung, Weinheim–Berlin–Basel, 1971.
ders.: Soziologische Dimensionen der Identität: Strukturelle Bedingungen für die Teilnahme an Interaktionsprozessen, Stuttgart, 1972 (2. Aufl.).
Kuhn, Th. S.: Die Struktur wissenschaftlicher Revolutionen, Frankfurt a. M., 1967.
Laing, R. D./Phillipson, H./Lee, A. R.: Interpersonelle Wahrnehmung, Frankfurt a. M., 1971.
Landis, P. H.: Social Control, Social Organization, and Disorganization in Process, Philadelphia, 1956 (Neuauflage).
LaPiere, R. T.: A Theory of Social Control, New York–London–Toronto, 1954.
Lemert, E. M.: Human Deviance, Social Problems, and Social Control, Englewood Cliffs, N. J., 1967.
Lerman, P.: »Gangs, Networks, and Subcultural Delinquency«, in: AJS, Vol. 73, 1967–68. S. 69–72.
Lichtmann, R.: »Symbolic Interactionism and Social Reality: Some Marxist Queries«, in: Berkely Journal of Sociology, Vol. XV, 1970, S. 75–94.
Lorenzer, A.: Zur Begründung einer materialistischen Sozialisationstheorie, Frakfurt a. M., 1972.
Luhmann, N.: Macht im System, o. Ort, o. Jahr (Manuskript).
ders.: »Politische Planung«, in: Jahrbuch für Sozialwissenschaften, Bd. 17, 1966.
ders.: »Soziologie als Theorie sozialer Systeme«, in: *ders.*, Soziologische Aufklärung. Aufsätze zur Theorie sozialer Systeme, Köln und Opladen, 1970.
ders.: »Einfache Sozialsysteme«, in: Zeitschrift für Soziologie, Jg. 1, 1972 a, S. 51–65.
ders.: Rechtssoziologie, Bd. 2, Reinbek bei Hamburg, 1972 b.
Lukács, G.: Geschichte und Klassenbewußtsein. Studien über marxistische Dialektik, Neuwied und Berlin, 1971 (Neuauflage).

Lumley, F. E.: Means of Social Control, New York, 1925.

Malinowski, P.: »Polizei-Kriminologie und soziale Kontrolle – Soziologische Analyse und Kritik des pragmatischen Handlungswissens der Kriminalpolizei«, in: Die Polizei – Eine Institution öffentlicher Gewalt, hersg. vom Arbeitskreis Junger Kriminologen, Neuwied und Berlin, 1974 (die Seitenangaben beziehen sich auf das der Veröffentlichung zugrundeliegende Manuskript, da der Sammelband bei Abschluß dieses Manuskripts noch nicht erschienen war).

Malinowski, P./Münch, U./Schwilick, R.: Teilnehmende Beobachtung polizeilicher Praxis. Projektentwurf, Bielefeld, o. Jahr, veröffentlicht unter dem Titel »Monopolisierte Polizeiforschung?«, in: Kriminologisches Journal, 5. Jg., 1973, S. 126–136.

Manis, J. G./Meltzer, B. N.: Symbolic Interaction. A Reader in Social Psychology, Boston, 1967, 2nd edition, 1972.

Mannheim, K.: Freedom, Power, and Democratic Planning, New York, 1950.

ders.: Mensch und Gesellschaft im Zeitalter des Umbaus, Darmstadt, 1958.

ders.: Wissenssoziologie, Auswahl aus dem Werk, hersg. von *K. H. Wolff*, Neuwied und Berlin, 1964.

Marcuse, H.: Der eindimensionale Mensch. Studien zur Ideologie der fortgeschrittenen Industriegesellschaft, Neuwied und Berlin, 1970 (Neuauflage).

Martindale, D. A.: Institutions, Organizations, and Mass Society, Boston u. a. Orte, 1966.

Marx, K.: Das Kapital, Bd. I, Marx-Engels-Werke, Bd. 23, Berlin (DDR), 1972.

Marx, K./Engels, F.: Die deutsche Ideologie, Marx-Engels-Werke, Bd. 3, Berlin (DDR), 1969.

ders.: Manifest der kommunistischen Partei, in: K. Marx/F. Engels, Ausgewählte Schriften in zwei Bänden, Bd. I, Berlin (DDR), 1971 (19. Aufl.).

Matthes, J.: Hat die Wissenssoziologie eine Zukunft?, Antrittsvorlesung an der Universität Münster, 1967 (Manuskript).

ders.: »Sozialarbeit und soziale Kontrolle«, in: *H.-U. Otto/S. Schneider*, 1. Halbband, 1973.

McCord, W./McCord, J. in Zusammenarbeit mit *Zola, J. K.:* Origins of Crime. A New Evaluation of the Cambridge-Sommerville Youth Study, Montclair, N. J., 1969 (Neuauflage).

McKinney, C./Loomis, Ch. P.: »The Typological Tradition«, in: *J. S. Roucek* (Hg.), Contemporary Sociology, New York, 1958.

Mead, G. H.: On Social Psychology. Selected Papers, hersg. von *A. Strauss*, Chicago–London, 1965 (2. Aufl.).
ders.: Geist, Identität und Gesellschaft aus der Sicht des Sozialbehaviorismus, hersg. von *Ch. W. Morris*, Frankfurt a. M., 1968.
ders.: Philosophie der Sozialität. Aufsätze zur Erkenntnisanthropologie, Frankfurt a. M., 1969.
Meinefeld, W.: Die Kategorie der Norm, ihr Stellenwert in der soziologischen Theorie und in der Sozialforschung, Diplomarbeit, Universität Bielefeld, 1971 (Manuskript).
Meinhold, M.: »Zum Selbstverständnis und zur Funktion von Sozialarbeitern. Am Beispiel von Theorie und Praxis der sozialen Einzelhilfe«, in: *W. Hollstein/M. Meinhold* 1973.
Meltzer, B. N./Petras, J. W.: »The Chicago and Iowa Schools of Symbolic Interactionsm«, in: *T. Shibutani* (Hg.), Human Nature and Collective Behavior. Papers in Honor of Herbert Blumer, Englewood Cliffs, N. J., 1970.
Merton, R. K.: Social Theory and Social Structure. Revised and Enlarged Edition, Glencoe, III., 1961.
ders.: »Einführung«, in: *G. C. Homans* 1970.
Mills, C. W.: Kritik der soziologischen Denkweise, Neuwied und Berlin, 1963.
Mills, Th. M.: »Power Relations in Three-Person Groups«, in: ASR, Vol. 18, 1953, S. 351–357.
Montagu, M. F. A.: »Das Verbrechen unter dem Aspekt der Biologie«, in: *F. Sack/R. König* 1968.
Nowicki, M.: »Zur Geschichte der Sozialarbeit. Historischer Abriß und politischer Stellenwert von Sozialarbeit in einer ›Geschichte von Klassenkämpfen‹«, in: *W. Hollstein/M. Meinhold* 1973.
Offe, C.: Strukturprobleme des kapitalistischen Staates. Aufsätze zur Politischen Soziologie, Frankfurt a. M., 1972.
Opp, K. D.: Kriminalität und Gesellschaftsstruktur. Eine kritische Analyse soziologischer Theorien abweichenden Verhaltens, Neuwied und Berlin, 1968.
Otto, H.-U./Schneider, S. (Hg.): Gesellschaftliche Perspektiven der Sozialarbeit, 2 Halbbände, Neuwied und Berlin, 1973.
Park, R. E.: On Social Control and Collective Behavior, Selected Papers, hersg. von *R. H. Turner*, Chicago–London, 1967.
Park, R. E./Burgess, E. W.: Introduction to the Science of Sociology, Chicago–London, 1969 (Neuauflage).
ders./Burgess, E. W./McKenzie, R. D.: The City, Chicago, III., 1925.
Parsons, T.: »General Theory in Sociology«, in: *R. K. Merton/L. Broom/*

L. Cottrell Jr. (Hg.), Sociology Today: Problems and Prospects, New York, 1959.
ders.: »The Superego and the Theory of Social Systems«, in: *ders./R. F. Bales/E. A. Shils* (Hg.), Working Papers in the Theory of Action, New York, 1953.
ders.: »Family Structure and the Socialization of the Child«, in: *ders./R. F. Bales* (Hg.), Family, Socialization and Interaction Process, New York–London, 1955.
ders.: The Structure of Social Action. A Study in Social Theory with Special Reference to a Group of Recent European Writers, New York–London, 1968 a, (4th paperback ed.).
ders.: »Entstehung und Richtung abweichenden Verhaltens«, in: *F. Sack/R. König* 1968 (b).
Peters, H.: Moderne Fürsorge und ihre Legitimation, Köln und Opladen, 1968.
ders.: »Die politische Funktionslosigkeit der Sozialarbeit und die ›pathologische‹ Definition ihrer Adressaten«, in: Jahrbuch für Sozialwissenschaften, Bd. 20, 1969.
ders.: »Die mißlungene Professionalisierung der Sozialarbeit. Das Verhältnis von Rolle, Handlungsfeld und Methodik«, in: KZfSS, Jg. 22, 1970, S. 325–355.
Pitts, J. R.: »Social Control, I: The Concept«, in: International Encyclopedia of the Social Sciences, Vol. 14, 1968.
Plessner, H.: »Soziale Rolle und menschliche Natur«, in: *ders.*, Diesseits der Utopie. Ausgewählte Beiträge zur Kultursoziologie, Düsseldorf–Köln, 1966.
Popitz, H.: »Soziale Normen«, in: Archives européennes de sociologie, No. 2, Tome II, 1961, S. 185–198.
ders.: Über die Präventivwirkung des Nichtwissens. Dunkelziffer, Norm und Strafe, Tübingen, 1968.
ders.: Prozesse der Machtbildung, Tübingen, 1969 (2. Aufl.).
ders.: Der Begriff der sozialen Rolle als Element der soziologischen Theorie, Tübingen, 1972 (3. Aufl.).
Remmling, G. W.: Wissenssoziologie und Gesellschaftsplanung: Das Werk Karl Mannheims, Dortmund, 1968.
Ritsert, J.: Erkenntnistheorie, Soziologie und Empirie, Frankfurt a. M., 1971.
Rose, A. M.: »Preface«, in: *ders.* 1962.
ders. (Hg.): Human Behavior and Social Process. An Interactionist Approach, London, 1962.

ders.: »Systematische Zusammenfassung der Theorie der symbolischen Interaktion«, in: *H. Hartmann* 1967.
Ross, E. A.: »Social Control«, in: AJS, Vol. 1, 1896.
ders.: Social Control. A Survey of the Foundations of Order, New York–London, 1916 (9. Aufl.); Neuausgabe unter dem gleichen Titel, hersg. von *J. Weinberg/G. J. Hinkle/R. C. Hinkle*, Cleveland–London, 1969.
Rubington, E./Weinberg, M. S. (Hg.): Deviance/The Interactionist Perspective. Text and Readings in the Sociology of Deviance, London, 1971 (6. Aufl.).
Runde, P.: Die soziale Situation der psychisch Behinderten und ihrer Rehabilitation. Ein kritischer Beitrag zur Soziologie der Behinderten, München, 1971.
Sack, F.: »Neue Perspektiven in der Kriminologie«, in: *ders./R. König* 1968.
ders.: »Probleme der Kriminalsoziologie«, in: *R. König* 1969.
ders.: »Abweichendes Verhalten aus soziologischer Sicht – Folgen für die Sozialarbeit«, in: *H.-U. Otto/S. Schneider*, 1. Halbband, 1973.
ders./König, R. (Hg.): Kriminalsoziologie, Frankfurt a. M., 1968.
Schelsky, H.: »Ist die Dauerreflexion institutionalisierbar? Zum Thema einer modernen Religionssoziologie«, in: *ders.*, Auf der Suche nach Wirklichkeit, gesammelte Aufsätze, Düsseldorf–Köln, 1965.
ders.: »Über die Abstraktheiten des Planungsbegriffs in den Sozialwissenschaften«, in: *K. Schlechta* (Hg.), Der Mensch und seine Zukunft, Darmstadt, 1967.
ders.: »Zur soziologischen Theorie der Institution«, in: *ders.* (Hg.), Zur Theorie der Institution, Düsseldorf, 1970.
Schmid, H.: »Friedensforschung und Politik«, in: *D. Senghaas* 1972.
Schumann, C.: Förderung krimineller Karrieren durch das Jugendamt, Diskussionspapier zum Symposion »Kinderdelinquenz«, veranstaltet vom Arbeitskreis Junger Kriminologen im Zentrum für interdisziplinäre Forschung, Bielefeld, 1973 (Manuskript).
Schumann, K. F.: Zeichen der Unfreiheit. Zur Theorie und Messung sozialer Sanktionen, Freiburg i. Br., 1968.
Schütz, A.: Collected Papers I. The Problem of Social Reality, hersg. von *M. Natanson*, Den Haag, 1967 (2. Aufl.).
Segerstedt, T. T.: Gesellschaftliche Herrschaft als soziologisches Konzept, Neuwied und Berlin, 1967.
Sellin, Th.: »Die Bedeutung von Kriminalstatistiken«, in: *F. Sack/R. König* 1968.
Senghaas, D. (Hg.): Kritische Friedensforschung, Frankfurt a. M., 1972 (2. Aufl.).

Shibutani, T.: »Reference Groups and Social Control«, in: *A. M. Rose* 1962.
Simmel, G.: Soziologie. Untersuchung über die Formen der Vergesellschaftung, Berlin, 1968 (5. Aufl.).
Spittler, G.: Norm und Sanktion. Untersuchungen zum Sanktionsmechanismus in differenzierten Gruppen, Olten und Freiburg i. Br., 1967.
Sumner, W. G.: Folkways, Boston u. a. Orte, 1940 (Neuauflage).
Tenbruck, F. H.: »Zur deutschen Rezeption der Rollentheorie«, in: KZfSS, Jg. 13, 1961, S. 1 ff.
Thibaut, J. W./Kelley, H. H.: The Social Psychology of Groups, New York–London, 1959.
Thomas, W. J.: The Unadjusted Girl. With Cases and Standpoint for Behavior Analysis, Boston, 1923.
Trappe, P.: »Einleitung: Die legitimen Forschungsbereiche der Rechtssoziologie«, in: *Th. Geiger* 1964.
Turner, R. H.: »Value-Conflict in Social Disorganization«, in: Sociology and Social Research, Vol. 38, 1953–54.
ders.: »Role Taking: Process Versus Conformity«, in: *A. M. Rose* 1962.
ders.: »Introduction«, in: *R. E. Park* 1967.
Vold, G. B.: Theoretical Criminology, New York, 1970 (5. Aufl.).
Wagner, H. R.: »Displacement of Scope: A Problem of the Relationship Between Small-Scale and Large-Scale Sociological Theories«, in: AJS, Vol. 69, 1963–64, S. 571–584.
Weber, M.: Wirtschaft und Gesellschaft. Grundriß der verstehenden Soziologie, Studienausgabe hersg. von *J. Winckelmann*, 2 Halbbände, Köln–Berlin, 1964.
Weiß, J.: Weltverlust und Subjektivität. Zur Kritik der Institutionenlehre Arnold Gehlens, Freiburg i. Br., 1971.
Wolff, K. H.: »Soziale Kontrolle«, in: Wörterbuch der Soziologie, hersg. von *W. Bernsdorf*, Bd. 3, Frankfurt a. M., 1972 (Neuauflage).
ders.: »Karl Mannheim in seinen Abhandlungen bis 1933«, in: *K. Mannheim* 1964.
Wrong, D. H.: »Some Problems in Defining Social Power«, in: *H. P. Dreitzel* (Hg.), Recent Sociology, No. 1, On the Social Basis of Politics, London, 1969.
ders.: »The Oversocialized Conception of Man in Modern Sociology«, in: *L. A. Coser/B. Rosenberg* 1970.
Yablonski, L.: The Violent Gang, Bungay, 1967 (Neuauflage).

Sachregister

Kürzelverzeichnis aufgeführter Zeitschriften:

AJS = American Journal of Sociology
ASR = American Sociological Review
KZfSS = Kölner Zeitschrift für Soziologie und Sozialpsychologie